정신분석의 이삭을 줍다

치료자를 위한 길잡이

정신분석의 이삭을 줍다

2018년 10월 22일 1판 1쇄 인쇄 / 2018년 10월 31일 1판 1쇄 발행

지은이 민성혜 / 펴낸이 민성혜
펴낸곳 글과마음 / 출판등록 2018년 1월 29일 제2018-000039호
주소 (06151) 서울특별시 강남구 테헤란로 313, 215호
전화 02) 567-9730 / 팩스 02) 567-9733
전자우편 writingnmind@naver.com
편집 및 제작 Book공방

ISBN 979-11-964772-0-2 (93180)

이 도서의 국립중앙도서관 출판시도서목록(CIP)은 서지정보유통지원시스템 홈페이지
(http://seoji.nl.go.kr)와 국가자료공동목록시스템(http://www.nl.go.kr/kolisnet)에서
이용하실 수 있습니다. (CIP제어번호: CIP2018033345)

정신분석의 이삭을 줍다

치료자를 위한 길잡이

민성혜 지음

글과마음

돌아가신 민병현, 송선의 부모님께
감사의 마음을 담아
이 책을 바칩니다.

이 책은 초보 치료자에게 분석정신치료를 소개하기 위해 썼습니다. 여기서 초보 치료자라 함은 이에 관한 명확한 정의가 있다기보다는 제가 임의로 정한 용어입니다. 대략 환자와 주1회의 정신치료를 한다고 할 때, 약 1년을 지속해서 환자와 정신치료를 하는 일이 버겁다고 느끼거나, 실제로 그렇게 해 본 적이 별로 없는 치료자를 대상으로 삼았습니다. 약 30여 년 전에 제 자신이 초보 정신치료자로서 느꼈던 막막함과 당혹감을 다시 상기하며 가능한 한 초심으로 돌아가서 초심자의 마음을 헤아리려고 노력하였습니다.

초보자를 위한 이 책을 기획하게 된 또 다른 이유는 제가 1998년 미국에서 정신분석을 수련하고 돌아와서 2018년 현재에 이르기까지 지속적으로 대학병원의 정신과 전공의를 대상으로 정신치료를 지도감독하면서 느낀 안타까움에 있습니다. 정신치료의 배움에서도 전체적인 맥락을 이해하면 실제 정신치료를 수행할 때 많은 도움이 된다고 생각합니다. 그러나 초심자일수록 배움에서 전체적인 맥락을 파악하기란 어려운 법이지요. 이 책의 4, 5, 6부의 주제들은 초심자가 정신분석의 전체 맥락을 파악하는 데 도움을 주려고 쓴 것입니다.

이 책의 제목을 '정신분석의 이삭을 줍다'로 정한 이유는 이 책이 정신분석을 총체적으로 규모 있게 소개했다기보다는 분석정신치료를 수

행함에 있어서 도움이 될 정도의 부분적이고 초보적인 소개에 그쳤다고 생각한 데 있습니다. 다소 주제들이 산만하게 느껴지는 이유는 여기 실린 대부분의 주제가 제가 약 20여 년 간 여러 모임에서 그때그때의 필요에 의해서 발표한 내용이라서 그렇습니다. 원고가 남아 있는 것도 있었고 자료만 남은 경우도 있었는데 대부분 다시 손을 봐서 새롭게 고쳐서 썼습니다. 초보 치료자에게 실질적인 도움을 주기 위한 글들은 이번에 새롭게 쓴 것이 많습니다. 전에 발표된 글 중에서 여성정신의학회지와 대한분석치료학회지에 실린 글들이 있는데 다시 발췌해서 이 책에 신도록 허락해 주셔서 감사의 말씀을 드립니다.

무엇보다 처음부터 끝까지 이 책을 묶어 내도록 격려하고, 원고 교정의 수고를 아끼지 않은 남편에게 고마움의 마음을 전합니다.

2018년 어느 여름날,
저자 드림.

제1부 첫 면담

1. 내가 환자를 봐도 될까요?

의료 행위를 업으로 삼는 대부분의 전문직 직종에서는 한 사람이 어느 정도의 수준에 도달해서 혼자 일을 수행할 수 있게 되기 전까지 그보다 더 숙련되거나 관련된 일에 경험이 많거나 한 다른 사람이 지도감독을 해줄 것입니다.

하지만 정신과와 그 외의 분야에서 지도감독을 하는 것이 좀 다릅니다. 예를 들면 외과의로 수련을 받는 경우는 처음 집도를 할 때, 보통은 수련 전문의나 상급 연차 전공의가 같이 수술실에 들어가서 바로 옆에서 수술을 거들어 주면서 지도감독을 해주곤 합니다. 내과에서도 전공의가 환자를 맡을 때, 상급 연차 전공의 아니면 전문의가 같이 지도감독을 하면서 약은 제대로 쓰는지 환자에게 필요한 검사를 적기에 하는지 등을 봐주게 되지요.

정신치료 분야도 지도감독이 필요합니다만, 다른 직종과 한 가지가 좀 다르다고 할 수 있는데요, 환자와 치료자는 오로지 단 둘이 면담실에서 마주하게 되고 수련 전문의나 상급 연차 전공의가 같이 들어가서 초보 치료자의 치료를 바로 그 자리에서 봐줄 수가 없지요. 물론 나중에 슈퍼비전의 시간을 통해서 지도감독을 해줄 수는 있지만요.

과연 내가 지금 환자와 면담실에서 만나서 혼자 치료할 수 있는 걸까, 자격은 되는 걸까 하는 의구심을 초보 치료자는 가질 수 있겠지요. 때로 의욕이 충만한 초보 치료자는 어서 환자를 보고 싶은 마음에 왜 자신에게는 기회가 오지 않는가 하고 아쉬워할 수도 있겠습니다. 치료자의 성격적인 특성이 어떻든 간에, 초보 치료자가 자신감을 가지고 처음 치료에 들어가기는 어렵겠지요.

제가 이 시점에서 한 가지 도움이 되는 말을 드린다면, 환자를 도와주는 기대치를 낮추어서 생각하라고 하겠습니다. 어차피 초보 치료자에게 이 분야의 가장 고난도 치료라 할 수 있는 정신분석을 받으러 오는 환자는 없을 것이고 만일 환자가 혹시라도 그런 오해를 하고 있다면, 지금 정신분석을 하는 게 아니라고 이야기 하면 됩니다. 그저 정성을 다해서 환자가 하고자 하는 이야기를 듣겠다는 정도의 마음가짐을 가지면 오히려 도움이 될 거라고 생각합니다.

자, 가정해봅시다. 친구의 입장에서 이야기를 듣는 태도를 가지면서 친구보다 반응을 좀 덜 드러내 보인다는 정도의 마음가짐을 치료자가 갖는다면 처음에 느끼는 불안을 덜 수 있을 겁니다. 우리가 친구의 이야기를 들을 때 꼭 어떤 자격이 필요하다고 생각하지는 않지요. 이런 이유로 때로는 정신치료를 한다는 일을 너무 쉽게 생각해서 누구나 할 수 있는 일 정도로 생각할 수도 있지만 만일 이런 태도를 가지고 본격적으로 이 일을 한다면 머지않아 곤경에 처할 가능성이 높습니다.

하지만 처음 치료를 시작하는 초보 치료자로서는 지금까지 살아온 자신의 됨됨이를 그냥 믿는 마음이 도움이 됩니다. 다시 설명을 부연하자면, 자신이 가진 심리적인 건강한 힘을 믿으면서 다른 사람의 아픔에 공감하면서 견디고 들을 수 있을 거라는 희망을 가지는 거지요. 그 외에 정신병리에 관한 지식을 얼마큼 숙달했는지, 정신역동에 관한 이해가 얼마나 되어 있는지 등등은 그 다음의 문제라고 저는 생각합니다.

두말할 나위도 없이, 첫 면담에 들어가서 앉기 전의 초보 치료자의 마음은 누구나 복잡하게 마련입니다. 당연히 전문가로서의 자신감은 결여되어 있을 것이고 이로 인한 불안에 대처하는 방식도 치료자마다 다 다르지요. 어쩌면 초기 면담에서 파악해야만 한다고 하는 항목을 암기하려는 방식으로 준비를 하려고 하거나, 스스로의 불안에 압도되어 환자보다도 더 불안한 상태로 면담실에 앉아있거나 할 수도 있습니다. 혹은 자신감이 충만한 치료자인양 자신을 세뇌해서 위풍당당하게 마치 치료자인 자신은 환자와는 아주 다른 처지에 놓인 양하는 기분으로 임하는 경우도 있겠지요. 하지만 대부분의 초보 치료자는 아마도 어중간한 이 어딘가에 놓여있을 가능성이 큽니다.

첫 면담이 환자에게 있어서 첫 면담일 뿐 아니라 치료자에게도 만일 첫 면담이라면 어차피 서로 불안한 두 사람이 만나는 형국이 되겠지요. 이때 환자는 도움을 청하는 입장이므로, 구조상으로 볼 때, 도움을 주는 입장인 치료자보다 훨씬 더 복잡한 마음 상태일 것이 분명합니다. 따라서 만일 환자가 초보 치료자를 드러내 놓고 무시하는 듯해하는 언행을 일삼더라도 이런 맥락에서 이해한다면, 자신과 마찬가지로 불안해하는 초보 치료자를 무시하는 방식을 통해서 환자는 자신의 불안을 다루고 있을 가능성이 큽니다. 이를 안다면 초보 치료자로서의 취약한 자존감은 덜 손상 받게 될 것입니다.

환자의 이야기에 너무 압도되지도 않으면서, 그렇지만 환자의 이야기에 마음의 문을 닫고 기계적으로만 듣는 상태는 아닌 정도를 유지하려고 노력할 수 있다면, 아마도 여러분은 이제 환자와 단 둘이 면담실에 앉을 수 있는 기본적인 자세가 준비되었다고 볼 수 있습니다.

2. 이 환자는 왜 왔을까요?

수련생 중에서 가끔 이런 말을 하곤 하는 경우를 봅니다. 이 환자는 저 보다 더 건강한 거 같은데요? 그 다음에는 아마도 '왜 왔을까요.?'라는 의문을 마음속에서 묻고 있겠지요. 그렇습니다. 여러분이 처음에 환자를 보다 보면, 치료자인 자신보다 건강하고 힘이 있어 보이기도 하고, 또한 다른 여러 분야에서 자신보다 훨씬 뛰어난 점이 많은 환자도 보게 됩니다. 그래서 치료자로서 주눅이든다구요? 만일 그렇게 생각한다면 아직 이 일의 속성을 잘 알고 있지 못해서일 가능성이 큽니다.

불교에서 '인생은 고(苦)다.'라고 말하곤 하지요. 바로 이와 같이 누구나 한 인생을 살아가면서 고통 없이 지나갈 수는 없습니다. 그래서 바로 지금 여러분과 같이 면담실에서 대면하고 앉아 있는 환자는 겉으로 보이는 사회경제적 위치, 지적인 우열 등의 잣대와 상관없이 모두 각자의 주관적인 고통에 시달리기 때문에 치료를 받으러 온 것입니다. 치료자인 우리가 할 일은 그 고통이 무엇인지 우선 잘 들어주면서 알아보는 일이지요. 따라서 여러분이 객관적인 척도로 그 환자보다 뭐가 낫네 못하네 하는 건 사실 큰 의미가 없습니다.

물론 개중에는 환자 쪽에서 '나는 적어도 나보다 이러이러한 게 더 나은 치료자라야 내가 정신적으로 도움 받을 수 있다.'라고 생각하는 경우가 있습니다. 이런 환자라도 여러분이 진지하게 성심껏 들어주면서 초기의 래포 형성에 성공한다면 치료를 시작할 수 있습니다.

또 한 가지 드는 의문은 왜 지금 이 환자가 나(여러분)에게 왔을까, 하는 거예요. 대부분 그렇습니다만, 보통 환자들이 고통스러울 때 처음부터 치료에 오지는 않습니다. 특히 정신적 고통의 경우에 그러하지요. 아마도 여러분에게 오기 전에 이 환자는 스스로 정신적 고통을 완화시킬 여러 가지 방법을 찾아서 시도해 봤을 가능성이 높습니다. 혼자서 의지로 극복해 보려고 한다거나, 또는 친구나 지인에게 이야기를 털어 놓고 도움을 구한다거나, 혼자 또는 가족과 여행을 떠나본다거나, 때로는 사는 환경을 변화시키려고 학교를 휴학한다든지, 직장을 그만둔다든지 하는 등등의 방법으로 말이지요.

제가 여러분에게 말하고 싶은 것의 요점은 이 모든 방법으로도 해결이 안 될 때 환자는 치료를 찾아서 여러분에게 온다는 사실입니다. 사회문화적으로 자신의 심리 내면을 전문가에게 드러내는 일에 익숙하지 않은 비교적 나이가 많은 환자는 고통스럽더라도 치료에 오기까지 더 많은 시간이 걸립니다. 반면에 자신의 심리 내면을 드러내는 일에 별 스스럼이 없는 요즘의 젊은 환자는 비교적 더 빨리 치료에 다가올 수도 있구요.

또 한 가지 기억하면 도움이 되는 건, 왜 이 시점에서 이 환자가 치료를 찾았을까 하는 질문입니다. 최근의 어떤 일이 이 환자를 힘들게 해서 치료에 오게 하는 직접 원인이 되었는지, 즉 이를 선행요인이라고 말하곤 하지요. 이 환자는 스스로 자발적으로 치료가 필요하다는 생각이 들어서 왔는지, 자신은 치료가 필요 없다고 생각하지만 주변의 강력한 권유로 왔는지, 혹은 자신도 치료가 필요하다고 생각하던 와중에 주변의 권유에 적극 호응해서 오게 되었는지 등등이지요.

환자가 명시적으로 말하는, 치료를 찾은 이유가 실제 환자가 치료에 오게 된 이유와 꼭 부합하는 건 아닐 수 있다는 점도 기억할 필요가 있습니다.

3. 이제 이 환자와 뭘 하지요?

자 이제 진짜로 환자와 단 둘이 면담실에서 대면하고 앉았습니다. 그때 여러분의 마음속에 떠오르는 게 바로 '자 이제 뭘 하지?'가 아닐까요? 보통 초보 치료자는 자신이 환자에게 뭘 해주어야 하는가에 관한 압박을 많이 받습니다. 그러나 처음에 여러분이 할 일은 그것보다는 자신의 오감인 시각, 청각, 촉각, 후각, 미각을 우선 열어두는 자세를 취하는 일입니다.

제가 여기서 이야기하는 일들을 그러나 여러분이 강박적으로 의식하면서 일어나게 하는 건 바람직하지 않을뿐더러 그게 제 의도도 아니라는 걸 기억해 주셨으면 합니다. 제가 바라는 건 한번 읽어 보시고 기억한 다음에는 세세한 항목들은 잊어버리시더라도 제가 이야기하고자 하는 치료자의 태도는 꼭 기억하고 계셨으면 하는 거지요.

환자와 뭘 해야 하는지에 관해서 생각할 때, 한 가지 항상 염두에 둘 일은 면담 시간 내에 환자가 경험하는 긴장과 불안의 수준을 어느 정도나 완화시켜야 할지 하는 일이지요. 만약 분석정신치료를 지향하는 치료를 생각한다면, 환자가 충분히 이야기할 수 있을 정도로 불안과 긴장을 완화시키도록 도와주면서도 동시에 환자가 가지고 있는 자신의 고통을 피하지 않고 다루지 않을 수밖에 없게 할 정도의 불안은 유지시키는 일이 바람직합니다.

지지정신치료를 지향하는 치료를 생각한다면 무엇보다도 환자의 불안을 가능한 한 충분히 경감시켜주려는 방향으로 도와주는 태도를 취하는 게 바람직하다고 저는 생각하구요. 문제는 처음에 더구나 초보 치료자의 입장에서 환자를 볼 때는 이렇게 가늠하는 것조차가 어렵다는 데 있지요. 그러므로 면담을 진행하면서 환자의 긴장도와 불안 수준을 지속해서 가늠해 보는 일이 도움이 될 것입니다. 하지만 환자의 불안 수준을 잘 가늠하려면 치료자 자신의 불안이 잘 조절되어서 면담 시간 중에 어느 정도 편한 마음을 유지할 수 있어야 가능합니다. 이 부분이 초보 치료자에게는 쉽지 않은 일이기도 하지요.

환자와 뭘 할지 하는 문제에서 또 하나 중요한 문제는 환자가 뭘 원하는지를 알아보는 일이라고 생각합니다. 환자가 이 치료에 무엇을 기대하고 뭘 원해서 왔는지를 알아보는 일이지요. 이때에도 환자가 명시적으로 이야기하는 치료에 대한 기대나 치료에서 원하는 바를 들으면서, 다른 한 편으로는 어쩌면 명시적으로 이야기하고 있지는 않지만 암묵적으로 전하고자 하는 이야기는 없는가를 들으려고 노력하는 게 도움이 됩니다.

4. 이 환자는 앞으로도 계속 올까요?

수련생의 정신치료 지도감독을 하다 보면 한 가지 공통적으로 보이는 현상으로 자신이 보는 환자가 과연 계속해서 치료에 호응할지에 관한 의구심과 불안을 가지고 있다는 점을 들 수 있겠습니다.

치료자의 이 의구심과 불안은 환자의 입장으로 바꾸어 놓고 생각하면 어쩌면 더 이해하기가 쉬울 듯합니다. 즉, 질문을 자신이 환자라면 다시 와서 이 치료자와 계속해서 치료 작업을 하고 싶은 마음이 들까, 로 바꾸어서 생각해 보는 거지요. 첫 만남에서 치료자에 대해 좋은 인상을 가졌을까요? 혹은 치료자를 신뢰할 만한 사람으로 보았을까요? 환자가 이야기하고 나서 조금이라도 이런 작업이 도움이 될지도 모른다는 사실을 긍정적으로 경험했을까요? 많은 초보 치료자는 자신이 환자에게 도움을 주고 있다는 사실을 과소평가하는 경향이 있습니다. 따라서 환자가 제 나름대로 치료에서 도움을 경험하고 있다고 해도, 치료자는 무언가 과도하게 불안해하는 경우가 없지 않습니다.

환자가 계속해서 치료에 호응하는 여부의 문제는 물론 치료의 지속성을 결정짓게 하는 중요한 과제이기도 합니다. 하지만 초보 치료자가 종종 간과하는 사실은, 특히 초기 평가 면담의 지속 여부가 어쩌면 많은 부분이 환자의 치료에 대한 동기에 달려 있다는 거지요. 아무리 치료자가 성심성의껏 전문적인 도움을 주려고 노력해도, 때로는 바로 그런 진지한 치료자의 태도에 환자가 오히려 겁을 먹어서 자신의 문제를 아직은 진지하게 대면할 용기를 내지 못하거나 더 이상의 평가 면담을 원치 않을 수도 있겠지요.

환자가 다음 면담 시간의 약속을 잡고 가더라도 이 환자가 실제로 그 시간에 와야지만 평가 면담이 지속됩니다. 많은 초보 치료자를 좌절시키곤 하는 일 중의 하나는 환자가 약속한 시간에 아무 연락도 없이 나타나지 않는 거지요. 저도 정신치료를 주로 하는 임상을 시작한 초창기에 이런 일을 때로 겪고는 하였습니다. 그 이후로 제가 사용하는 방법은 다음과 같습니다.

첫 면담에서 지나치게 환자가 치료에 대해 양가적인 마음을 보이거나 불안감을 드러내면, 첫 면담에서 바로 다음 면담을 약속하기보다는 집에 가서 이것저것 생각해 보고 다음 면담을 지속할 것인지 결정한 뒤에 다시 연락하라고 권합니다. 그럼에도 불구하고 때로 환자가 다음 면담 약속을 바로 잡겠다고 하는 경우는 오히려 제가 말리기도 합니다. 물론 이렇게 하면 대부분의 경우에 다시 연락이 안 오지요.

이를 두고 초보 치료자는 의아하게 생각할 수 있겠지요. '아니, 이게 무슨 해결책이지?'라고요. 제가 먼저 강조하고 싶은 부분은 초보 치료자일 때 지나칠 정도로 환자를 설득해서 정신치료를 끌고 갈 수 있다는 강박관념에 사로잡히지 않았으면 하는 겁니다. 이 밖에도, 초보 치료자의 열정으로 어떤 환자든 자신이 끌고 갈 수 있을 거라고 생각하다가, 오히려 치료자로서의 자신감과 자존감에 상처를 받지 않았으면 하는 사실도 제 간절한 바람입니다.

저에게 있어서 초보 치료자 시절에 도움이 된 조언이 있었다면 "이 환자와 인연이 되면 보는 것이고 인연이 안 되면 못 보게 된다고 생각하라."는 말이었습니다. 이런 정도로, 다소는 느긋한 마음을 가지는 게 오히려 도움이 된다고 저는 지금도 생각하고 있습니다. 그도 그럴 것이, 한 사람의 치료자가 모든 환자를 다 볼 수 있는 것도 아니고, 분석정신치료는 특히 여러 요인이 맞아떨어질 때 시작할 수 있고 치료적 효과도 낼 수 있기 때문입니다.

첫 면담에서 초보 치료자가 또 마음에 두고 있어야 할 일 중의 하나는 환자의 감정을 어느 정도 이 시간에 드러내게 하는 게 도움이 되나 하는 일입니다. 흔히 환자가 면담 중에 감정이 솟구쳐 울거나, 화를 내면 마치 치료나 그 면담이 잘 된 것으로 오인하기도 하는데, 이는 단순하게 말하기 어렵고 여러 가지를 고려해서 평가해야 합니다.

첫 면담에서 환자가 예상치 않게 펑펑 눈물을 쏟아내며 울거나, 화를 벌컥 내는 경우도 있습니다. 저는 미국에서 정신분석을 공부하는 중에 한 대학의 학생상담실에 파트타임의 자원봉사자로 나가서 한 여학생을 상대로 상담했던 적이 있었습니다.

이때, 그 학생이 첫 면담 시간에 이야기하다가 화가 나서(물론 치료자인 저에게 화를 낸 것은 아니었고, 또한 현실 검증력이 떨어진 정신병적인 상태도 아니었습니다.) 갑자기 의자에서 일어나더니 면담실 내를 이리저리 걸어 다니면서 이야기를 한 경우가 있었습니다. 그 환자가 일어나서 삿대질을 하면서 이야기하는 것이 치료자인 저에게 그렇게 위협적으로 느껴진 것은 아니었고, 환자가 이야기하는 내용의 맥락상 이해가 가능한 부분도 있고, 어쩌면 그 환자의 사회문화적 배경 등을 고려할 때 그럴 수도 있겠다 싶어서 어떤 제지도 하지 않았습니다. 그 환자는 그 이후에는 감정 조절이 어느 정도 이루어져서 더 이상 상담 중에 다시 일어나서 이야기하는 일은 없었습니다.

환자가 첫 면담이나 평가 면담에서 계속 울 때에, 일부러 다른 질문을 해서 그 감정에서 빠져나오도록 도와줄 수도 있고, 혹은 실컷 울도록 놔

두고 조용히 경청할 수도 있습니다. 하지만 치료자는 자신이 이 시점에서 왜 이런 태도를 취하는지에 관한 이유를 알고 있어야 하지요. 그 환자가 다른 곳에서 잘 경험하지 못한, 편하게 울고 이를 수용해주는 치료자와의 관계에서 더 치료적인 도움을 받을지, 아니면 적절한 수준에서 감정 표현이 되는 게 아니라 지나치게 봇물같이 터져 나와서 면담 후에 환자가 추슬러지지 않은 감정으로 인해서 더 힘들게 될지, 혹은 치료에 대한 두려움을 가지게 될지 등의 생각을 치료자는 할 수 있어야 하겠지요.

마지막으로 다시 제가 강조하고 싶은 점은 첫 면담 이후에 환자가 치료자를 다시 찾아올지 안 올 지에는 적잖지 않게 많은 요인이 관여된다는 거지요. 초보 치료자 여러분이 너무 자책한다거나 의욕이 꺾인다거나 하지 않으시기를 바랍니다.

제2부 치료자의 궁금증

1. 무의식이 감정, 생각, 행동에 미치는 영향

오늘 강의의 제목은 '무의식이 우리의 감정과 생각과 행동에 미치는 영향'에 관해서입니다. 저는 무의식이 어떻게 우리의 의식에 영향을 미쳐서 우리의 감정과 생각과 행동에 영향을 주는지에 관해 말하려고 합니다. 아마도 '무의식'이란 단어를 한 번도 들어보지 못한 분은 아무도 없겠지요? 여러분 중에는 자신은 이미 무의식이 무엇인지 알고 있다고 생각하는 분도 있고, 아니면 무의식이 있는지 없는지 별 관심이 없는 분도 있으리라고 봅니다. 혹은 무의식이 있다하더라도 나는 내 의지대로 내 인생을 살기 때문에 무의식이든 뭐든지에 휘둘리지 않는다고, 즉 무의식이 우리에게 끼치는 영향을 인정하지 않는 분도 있겠지요.

하지만 제 생각에는 우리가 '무의식'이란 용어는 알고 있지만 실제로 그 무의식이 어떻게 우리 마음에 영향을 끼치고 있고, 그 무의식의 공상과 욕망이 우리의 정신(심리) 세계에서 어떠한 현실이 되어 감정과 생각과 행동에 영향을 미치는지에 관해서 우리가 잘 알고 있기는 어렵다고 봅니다. 문자 해독에서 문자 그대로의 기술적인 독해에는 문제가 없지만, 그 글의 뜻을 정확히 아느냐 하는 건 또 다른 문제이듯이 말이죠. 나는 배가 고파요, 라고 하는 말을 문자 그대로의 기술적인 해독 외에 그 뜻을 살펴서 이해하려면 여러 가지 맥락을 고려해야 합니다. 따라서 문맹률 외에 실질 문맹률이 몇 퍼센트, 라는 등으로 말하지요. 저는 우리의 마음에 관해서도 바로 이러한 잣대로 생각해 본다면 실제 우리의 마음을 이해하는 각자의 심리적인 실질 이해력은 낮을 수밖에 없다고 생각합니다.

우리가 살아가면서 겪는 어려움, 그리고 마음의 갈등을 느낄 때 도움이 되는 방법에는 여러 가지가 있습니다. 꼭 정신과적인 치료 방법이 아니라고 해도 말이지요. 예를 들어 보자면, 우리의 마음이 혼란스럽고 괴로울 때, 자신을 잘 이해해 주는 가까운 사람이 옆에 있기만 하더라도, 한결 든든하겠지요. 뿐만 아니라, 좋아하는 음식을 먹으면서 잠시 맛의 오묘한 깊이에 빠지면서 충만감을 느끼거나, 아니면 음악을 들으면서 현실의 속박에서 벗어나서 언어 이전의 세계에서 위안을 찾기도 하고, 때로는 산과 들, 그리고 바다 등의 자연 속에서 마음의 안정을 찾기도 합니다. 그밖에도 각자가 믿는 종교에 의지해서 기도함으로써 한없는 위안과 마음의 든든함을 느끼기도 합니다. 정신과 영역 안에서의 치료 방법에도 여러 가지가 있으며 모두 그 나름대로 효과적인 방법이라고 알려져 있습니다.

제가 여러분에게 이야기하려고 하는, 정신분석 개념을 가지고 환자의 마음을 이해하거나 혹은 우리 마음을 이해하고, 그 개념에 바탕을 두고 하는 치료로서의 정신분석이나 분석정신치료, 역동정신치료는 이러한 여러 가지의 다양하고 효과적인 치료 방법 중의 하나입니다.

정신분석을 간단히 이야기하자면 이렇습니다.

정신분석은 사람의 마음을 탐구하는 학문이며, 이와 관련된 치료의 한 방법이라고 하겠습니다. 지금으로부터 약 120여 년 전, 당시에도 무의식의 개념이 알려져 있기는 했지만, 대체로 사람의 마음이라고 할 때, 이를 의식과 거의 동일하게 간주했었습니다.

그러나 프로이트는 무의식의 개념을 체계적으로 사용하여 발전시키고 정신분석의 기법을 고안하여 치료의 한 방법으로써 임상에서 환자를 치료할 때 사용하였습니다. 프로이트가 무의식의 개념과 그 중요성을 이야기한 후에 우리는 마음이라는 것이 단지 의식만을 뜻하는 게 아니라는 점을 알게 되었고, 이로써 우리는 드디어 우리 마음의 실제적 한계를 알게 되었다고도 말할 수 있었겠지요.

21세기를 넘어오기 전에『타임』이라는 잘 알려진 미국 잡지가 20세기를 움직인 중요 인물 100인을 선발했는데 프로이트도 그 안에 들었습니다. 잘 알다시피 프로이트는 정신분석이라는 분야를 새로 열었고, '무의식'의 깊이와 그 중요성을 인식하게 만드는 데 적잖이 기여했습니다. 무의식이라는 개념은 특히 서양에 있어서는 심리 분야 외에도 그들의 문학, 예술, 사회 등에 큰 영향을 미쳐서 그들의 문화 속에 자연스럽게 자리 잡고 있다고 볼 수 있습니다.

우리나라를 비롯한 동양에서도 오래 전부터 마음에 관한 관심이 있어 왔지요. 저는 과문한 탓에 이 부분에 관해서는 잘은 모릅니다만, 최근에 책을 읽다가 그 부분에 관해 나름대로 잘 요약 된 부분이 보여서 아래에 다음과 같이 인용합니다.

중국 송나라 진덕수가 편찬한『심경(心經)』은 마음공부의 교재였다. 우리나라에『심경』이 전해진 것은 16세기 중엽이었다. 퇴계 이황은『심경』이 들어오자 당시 가장 큰 관심을 가졌다. 그는『심경』을『근사록(近思錄)』만큼 비중 있게 취급했다. […중략…] 다산 정약용도『심경밀험(心經密驗)』을 지어『소학』이 밖을 다스리는데 비해『심경』은 속을 다스리는 것으로 평가한 후 자신의 경전 연구를『심경』으로 귀결시키겠다고 했다. 이황과 정약용에서 보듯이 뛰어난

학자의 삶에는 언제나 치열한 마음공부가 있었다. 불교에서는 더더욱 마음공부를 중시한다. 『마하반야바라밀다심경(摩訶般若波羅蜜多心經)』, 즉 『반야심경』은 세상의 원리, 인간 삶의 원리를 이해하는 데 핵심 사상인 공(空)과 색(色)을 풀이한 경전이다.

－강판권, 『나무예찬』, 도서출판 지식프레임, 2017, 276~277면.

여러분이 매일 임상에서 환자 분들에게 듣는 이야기는 어떤 건가요? 부부 사이의 갈등, 고부 갈등, 부모 자식 간의 갈등, 직장 내에서 상사와 혹은 아랫사람 또는 동료와의 갈등, 친구 사이의 갈등 등등의 이야기들이 아닌가요? 대부분 환자 분들이 호소하는 괴로움을 듣다보면, 부모와 자식, 동료, 혹은 남편이나 아내가 어떻게 자신을 힘들게 하는가에 관한 이야기들이지요.

이런 이야기들을 들으면서 여러분은 어떻게 개입하는지요? 물론 어떤 상황에서 환자의 이야기를 듣는지, 즉 충분한 시간을 갖고 환자 이야기를 들을 수 있는 상황인지, 또는 환자가 어떤 도움을 기대하는지에 따라 치료자인 여러분이 개입하는 방향이 달라질 것입니다.

어떤 환자 분에게는 충분히 들어주고 실컷 이야기하게 하는 일 ventilation(환기)만으로도 큰 도움이 될 수 있고, 어떤 경우에는 제3자의 입장, 즉 객관적인 입장에서 '내가 객관적으로 볼 때, 내 의견은 이렇다.' 아니면 '당신이 이런 점은 문제가 있어 보인다.' 또는 '이렇게 해 보면 어떻겠느냐.'라는 등의 직접적인 충고를 해주는 방식으로 도움을 주기도 합니다.

정신분석, 분석정신치료 또는 역동정신치료에서 환자를 도와주는 방식은 그 환자가 자신의 무의식을 깨달을 수 있도록 도움을 주는 일입니다. 이를 좀 더 풀어서 이야기해보면, 환자에게 자신의 정신(심리)적 현실로 인해서 자신이 스스로 그러한 갈등의 발생에 기여하고 있는 점이 얼마나 되는지를 보여주는 일입니다. 이 일은 환경과 사회를 기반으로 한 사회문화적인 객관적 현실을 치료자가 부정하거나 폄하해서가 아니라, 이러한 사실보다는 치료자의 더 중요한 목표가 자신에게 도움을 청하러 온 환자를 면담실 안에서 도와주어야 하고, 그러려면 그 환자의 문제점을 다루어 주어야만 하는 일이어서지요.

우리는 어떻게 자신의 무의식을 깨달을 수 있을까요?

누구나 자신도 모르게 말실수를 한 경험이 있겠지요. 때로는 무의식이 갑작스럽게 터져 나와서 우리를 놀라게 하는 경우가 있는데 말실수가 이러한 경우 중의 하나이지요. 때로 우리는 영문을 모른 채 갑자기 기분이 나빠지거나 아니면 행복하게 느끼기도 하구요.

무의식의 특징 중에서 무엇보다 중요한 점은 바로 무의식이 힘을 가지고 있다는 사실입니다. 즉 무의식은 역동적이며 힘으로 가득 차 있다, 라고 정신분석에서는 봅니다. 따라서 어떤 무의식적인 공상을 의식에서 깨닫게 되면 될수록 그런 힘이 감소되며, 어떤 공상이 의식에서 깨달아지지 못한 채로 무의식에 머물러 있을수록 그런 힘은 더 증가됩니다. 이렇게 우리가 깨닫지 못하고 있는데 강한 무의식의 힘이 우리에게 영향을 미친다는 사실은 결코 기분 좋은 일이 아닐 테지요. 아마도 그래서 사람들은 때로는 정신분석이란 단어만 들어도 왠지 모를 거부감을, 심지어 강한 혐오감을 느끼기도 합니다.

그럼, 다음의 내용을 한번 살펴볼까요? 1994년에 처음으로 출간되어 북유럽과 독일에서 20여 년간에 걸쳐서 스테디셀러로 자리매김한 『소피의 세계 : 소설로 읽는 철학』(요슈타인 가아더)에서도 무의식의 속성을 소개하고 있습니다.

그렇지만 너는 네 무의식적인 충동에서 벗어날 수 없을 거다. 우리가 할 수 있는 일은 다만 우리가 유쾌하지 않은 것을 무의식 속으로 밀어 넣을 때에 지나치게 긴장하지 않는 것이다. 네가 들쥐가 드나드는 구멍을 막아 버리려고 하는 것과 꼭 같은 이치다. 그 일을 할 수는 있겠지만 들쥐는 정원 어느 다른 곳에 또 나타난다는 것을 너는 알 수 있을 거야. 의식과 무의식 사이의 문을 느슨하게 해두는 것이 가장 바람직하다고 할 수 있다.

우리가 자신의 전공을 선택하고, 직업을 선택할 때, 또한 각자의 배우자를 선택할 때, 그리고 우리가 누구를 좋아하고 싫어하는지에 관해서 우리 자신이 왜 그런 선택을 하지 않으면 안 되는지에 관해 모두 다 알고 있다고는 말할 수 없습니다. 우리 인생에서 중요한 일들이 우리의 내부에서 우리를 몰고 가는 어떤 힘에 의해 영향을 받는데, 우리가 그 동기를 모르면 모를수록, 그 힘은 우리로 하여금 행동으로 옮기게 하고 거기에 더 빠져들게 합니다. TV 드라마에서 흔히 보는, 사랑에 빠진 연인을 그 주변에서 떼어 놓으려 할수록 연인은 떨어지기는커녕 더 빠져들곤 하지 않나요? 그러므로 이 대목에서 놓칠 수 없는 중요한 사실은, 우리 인생에서 가장 중요한 결정들이 무의식적인 동기에 의해 거의 이루어진다고 말해도 지나친 말이 아니겠지요.

억압된 무의식은 항상 표현의 기회를 찾으려고 합니다. 보통 우리가 대화할 때 의식에서는 그런 충동을 누르고 사회문화적 상황에 적절하게 맞추어서 이야기하게 됩니다. 정신분석이나 분석정신치료에서의 기본적인 규칙이라고 일컬어지는 '마음에 떠오른 대로 다 이야기 하라.'는 바로 의식에서의 이러한 노력을 제거해서 무의식에 있는 것이 표출되도록 만들기 위한 기법 중의 하나입니다.

그러나 이는 말처럼 쉬운 일은 절대 아닙니다. 심지어는 정신분석에서 실제로 '자유연상'을 할 수 있게 되면 그때가 바로 종결이 가능한 시점이라는 우스갯소리가 있을 정도이니까요. 대부분의 환자들은 여러 가지 이유로 이렇게 하지 못합니다. 이 생각은 중요하지 않은 듯하다, 관련이 없는 듯하다, 엉뚱한 이야기인 듯하다, 사소한 일인 듯하다, 말하기 창피하다 등등의 이유로 말이지요. 환자 중에는 마음에 떠오른 대로 이야기하는 일 자체가 거의 불가능한 사람도 있는데 특히 자신을 통제하지 못하는 것에 극심한 공포를 갖는 경우가 그런 이유의 하나이기도 하지요.

정신분석 및 분석정신치료나 역동정신치료는 억압된 무의식의 파생물이 드러나도록 고안한 치료의 세팅과 기법이 있고, 또한 이러한 파생물이 드러날 때 이에 저항하는 여러 현상을 다루도록 고안된 치료의 세팅과 치료 기법을 통해서, 그것은 이루어지게 됩니다.

우리가 정신분석이나 분석정신치료에서 치료 세팅을 정해서 시도하는 이유는 쉽게 이해하기 어려운 무의식의 현상을 조금 더 자연스럽고 뚜렷하게 잘 드러나게 하는 환경으로 만들어서 치료자와 환자가 그것을 함께 이해하고자 해서입니다. 조금 더 구체적으로 말하자면, 이들의 만남은 가능한 한 밖의 소음이 덜 들리는 조용한 방에서, 일정한 간격으로 규칙적으로 이루어집니다. 전통적인 정신분석의 경우에, 주 4회에서 5회, 분석정신치료의 경우에는 주 1회에서 2회 등 일정한 시간동안 보통 45분이나 50분을 서로 만나면서 상담합니다. 치료비는 어떤 방식으로 지불하고 하는 등등의 치료 계약도 수행하지요.

또한 환자에게 이 시간에 와서 생각, 느낌, 감각 등 무엇이나 가리지 않고, 마음에 떠오른 대로, 중요하고 중요하지 않고를 가리지 않고, 있는 그대로를 말하게 하는 것. 이른바 '자유연상'이라는 기법을 주로 쓰게 됩니다. 다른 한 편으로는 환자의 이야기를 들으면서 어떻게 이를 다룰지 하는 데 있어서 그 나름의 독특한 치료 기법을 알맞게 사용하지요.

바로 이러한 방법의 사용을 통해서 치료자인 우리가 원하는 바는, 가능한 한 환자에게 그의 의식에서의 감정, 생각, 행동이 어떻게 무의식과 연관되어 있는지를 보여주고 경험하게 해서(사람은 자신이 직접 경험하지 않는 한 이를 믿지 못하곤 하지요.) 환자가 자신의 무의식에 대한 이해가 넓어지게 하는 거지요.

　이상적으로 말한다면 더 이상 무의식의 갈등에 의해 현재의 의식에서 그가 경험하는 현실의 경험이 왜곡되지 않기를 바라면서 가능한 한 무의식의 영향으로부터 자유로울 수 있도록 돕는 일입니다. 이 부분에서 여러분이 오해하지 말았으면 합니다. 정신분석을 했다고 해서 우리가 자신의 무의식에 관해 모든 걸 알게 되는 게 아닙니다. 정신분석이나 분석정신치료는 그 당시에 그 환자에게 가장 긴요하게 문제가 된 갈등과 연관된 무의식을 알게 하는 것일 따름이지요.

　저항과 연관해서 프로이트가 한 말을 소개하면 이렇습니다.

　프로이트는 우리가 '모른다.'라고 할 때 이는 '알고 싶지 않다.'와 종종 같은 말이라고 했습니다. 무슨 얘기냐 하면요, 환자가 알고 싶지 않다, 라고 하는 마음이 먼저 다루어져야 하며, 이를 다루는 과정 및 절차가 바로 저항을 다루는 일이기도 하지요. 환자의 저항이 줄어들어야 무의식의 병리적인 생각과 의식적인 생각 사이에 어떤 연관이 있는지를 추적해 볼 수 있다고 하겠습니다.

　그러면, 왜 환자는 자신의 무의식을 깨닫는 이런 작업에 대해 저항하는 걸까요? 그 이유는 간단합니다. 무의식에 대한 이런 이해를 갖게 되는 일과 그로 인해 따라오는 변화를, 우리가 보통 위험한 일로 간주하기 때문입니다.

　다시 말하면, 치료자의 태도가 중요한데 무의식을 이해하고 그로 인해 따라올 변화가 위험한 일이 아니라, 오히려 도움이 될 거라고 하는 태도를, 치료자가 확고히 가지고 있다면, 이는 두려운 미지의 세계인 무의식을 이해하는 작업을 하는 환자에게 적잖은 도움이 됩니다. 예를 들어 아이가 엄마 젖이나 우유를 먹다가 다른 음식을 먹기 시작할 때, 혹은 아이가 새로운 음식을 먹게 될 때, 엄마들이 보통 취하는 태도를 생각해 보시면 비슷한 면이 있지요. 엄마가 하듯이 직접적으로 환자를 격려한다기보다는 격려하는 태도를 보인다는 점에서 기본적으로 유사하다고 볼 수 있겠지요.

프로이트는 말하기를 우리에게는 충분하게 경험되지 않은 경험이 있는데, 이는 바로 우리가 충분하게 경험하기를 바라지 않았던 경험이다, 라고 지적했습니다. 우리 인간에게는 그게 어떤 흥분이든지, 혹은 기억이나 감각*perception*(지각)을 불러일으키는 경험을 시도하지 않으려 하는, 즉 경험에 저항하는 힘이 있으며, 어떤 경우에는 이에 저항해서 자신을 방어하려는 힘이 강해서 결국 경험을 못하게 되기도 하고, 또 다른 경우에는 정신의 평형을 깰 정도로 강하게 차단하지는 않지만, 결국 다른 어떤 곳에서 불쾌감을 느끼게 만든다고 말하면서, 이를 두고 '역동 원칙 *dynamic principle*'이라고 했습니다.

역동 원칙의 한 예로 신경증을 가지고 설명을 하자면 다음과 같이 말할 수 있겠습니다.

신경증은 억압된 본능과 자아의 방어하는 힘 사이의 갈등의 표현이라고 말합니다. 아이는 본능이 위험한 것이라고, 또 본능을 제거해야 한다고 결론을 내게 되는데, 왜냐하면 아이에게는 이 방법(결국 나중에 신경증을 초래하는) 외에는 다른 더 효과적인 방법이 없기 때문이지요. 이때에 의식에서 제거되어 억압된 본능은 무의식에서 변하지 않은 상태로 남아 있게 되고, 인격의 발달 과정에서 소외가 됩니다.

한편 인격의 다른 부분에서는 유아기적인 본능을 성인의 본능 구조로 발달시키고 다른 더 효과적인 방어 방법을 적용하는 일을 배우게 됩니다. 즉, 이제는 이런 본능에 굴복하는 것이 아니지요. 반면에 한풀 꺾여 억압된 본능의 부분들은 그 후의 인격 발달에서 소외됩니다. 만약 우리가 치료에서 이러한 억압을 제거하는 데 성공한다면, 전에 한번 제거 되어 억압되었던 부분이 이제 우리의 전체 인격과 다시 만나서 더 성숙한 발달의 과정을 이루게 되는 거지요.

우리가 갈등이 없이 살 수 있다면 얼마나 좋을까요? 과연 인간은 갈등 없이 살 수 있을까요? 자아ego에서 통합과 합성의 기능이 이루어지는 데 자아에서 통합할 수 있는 기능이 생기기 시작하면, 만약 평화라는 게 있을 수 있다고 가정하더라도, 역설적이긴 하지만 어린아이에게서 평화는 사라지게 됩니다. 물론 이런 평화를 깨기 싫어서 아예 자아에서 통합을 거부하고 분열split의 기제를 계속해서 사용하려 한다면, 그건 더 심각한 문제를 불러일으키곤 하지요.

실례를 통해 얘기해 볼까요? 말하자면, 이드id(원본능)에서는, 한 대상에 대한 사랑과 증오의 감정도 갈등을 야기함이 없이 나란히 존재하지만요. 자아가 통합의 기능을 하게 되면 한 대상에 대한 사랑과 증오의 감정은 갈등을 불러일으키게 됩니다. 다시 말하면, 발달 단계가 '더 높은 경지'로 가게 되면서 갈등이 생기게 되는 거지요. 그러므로 갈등과 그 결과로 인해 뒤에 따라오는 모든 일들은 바로 인간이 더 높은 수준의 발달 단계를 거치면서 치러야 할 대가인 셈입니다.

이를 다시 부연하자면, 인간이 원시적이고 동물적인 발달 단계에서, 좀 더 높은 수준의 문화를 발달시키는 사회적 단계의 문명화를 이루면서 발달해온 결과의 총합이 바로 갈등이요, 우리 인간이 인간답게 살기 위한 숙명으로서 지고 가야 하는 짐이 바로 갈등이라고 말한다면, 조금은 위안이 될는지요?

2. 듣고 또 듣고, 언제까지 들어야 하나요?

정신분석과 분석정신치료에서 치료자는 많은 시간을 듣는 일에 쓰지요. 물론 치료자가 말을 안 하는 건 아니지만 보통의 사회적 관계의 맥락에서 일어나는 대화와 비교하면 현저히 적은 빈도로 일어납니다. 입만 다물면 된다구요? 듣기는 일종의 무형의 행위라서 듣기의 기술을 가르치거나 배우는 일은 쉽지 않습니다.

수련생의 정신치료 사례에 관해 슈퍼비전(지도감독)을 수행하다 보면 몇 가지 흔한 양상을 보게 됩니다. 정신치료에서 듣기의 중요성은 아마 처음에서 끝이라고 말해도 과장이 아닐 정도이지요. 그런데 이 글의 제목처럼 수련생은 '듣고 또 듣고, 언제까지 들어야 하나요?'의 화두를 보통 붙들고 있지, 과연 어떻게 들어야 하는지에 관해서는 깊이 숙고하는 듯이 보이지 않습니다. 제가 수련생들에게 이에 관해 설명하는 방식은 이렇습니다.

보통 수련생은 자신이 정신치료 한 세션(치료시간)의 내용을 정리해서 슈퍼비전에 가져옵니다. 그러면, 저는 우선 환자가 이야기한 내용 자체를 있는 그대로의 수준에서 더 요약해보라고 합니다. 그 다음에 환자가 명시적으로 이야기한 내용의 바로 밑에 지나가고 있는 내용이 있다면 그건 무엇일지 상상해 보도록 하지요. 여러 가지 추측을 자유롭게 해보도록 하고, 거기서 더 나아가 만일 그 밑의 층위에서는 어떤 내용이 지나가고 있을지 등을 지속적으로 상상해 보도록 격려합니다. 그 다음에서야 그럼, 이 시점에서 이 환자가 명시적으로 이야기한 이 내용을 통해 어느 수준의 내용에 관해 접근하는 게 치료에 현실적인 의미가 있을지를 생각해 보도록 유도합니다.

이럴 경우에, 저는 말합니다. 슈퍼비전에 정리해서 가져온 세션의 내용을 우리가 책을 읽을 때처럼 생각하라구요. 흔히 독해력, 문해력이라는 말이 있습니다. 그래서 저는 종종 국어시간에 지문을 읽듯이 읽어 보라고 합니다. 글쓴이가 명시적으로 쓴 내용을 해독하면서 한편으로는 행간의 의미를 집어보는 걸 보통 독해력이라고 하지요. 문해력이라고도 하구요. 마찬가지로 우리는 환자가 이야기한 내용을 가지고 이해해야 하니 청취 독해력, 혹은 청취 이해력이라고 해야 할지도 모르겠네요.

어쩌면 정신치료자는 한 가지 불리함을 가지고 출발하는데, 이 까닭은 말이 발화되면서 끊임없이 움직이고 사라지는 데 있지요. 글처럼 정지되어 활자로 우리에게 몇 번이고 다시 살펴볼 수 있는 시·공간의 여유를 허용하지 않습니다. 그래서 수련생은 슈퍼비전에서 하듯이 마치 글을 여러 번 여유 있게 읽어서 곰삭이는 과정을 실제 치료 시간 내에서 하기는 어렵습니다. 이 과정의 훈련이 충분히 반복되고 치료자가 이를 몸에 배는 것처럼 해서 치료 시간 내에서 적용하는 길 밖에는 없지요. 그래서 정신치료자가 되는 훈련의 시간 역시, 다른 모든 전문 분야처럼 많은 시간이 필요하게 될 터이지요.

다시 처음의 질문으로 돌아가 봅시다.

언제까지 듣고 또 들어야 하는 걸까요? 일반적인 듣기는 주로 의식적으로 뚜렷하게 의사소통하려는 점에 주목하게 됩니다. 다시 말하면 상대방이 말하는 걸 액면 그대로 받아들이는 자세를 뜻하지요. 하지만 앞에서도 이미 말했지만 분석정신치료의 듣기에서는 환자가 이야기한 내용을 단순히 요약, 반복하는 것만으로 치료를 할 수는 없습니다. 이미 그 부분은, 적어도 현실검증력을 보유하고 있는 수준의 환자라면 아마 환자 스스로도 알고 있는 사실일터이니까요.

적어도 분석정신치료에서 지향하듯 환자의 내면을 이해해서 도와주려면, 환자 스스로 이야기하면서도 자신이 말하는 것의 뜻이나 의미를 다 알지 못하는 걸 치료자가 들으면서 환자 이야기의 숨은 뜻을 찾을 수 있게 도와주어야 합니다. 같은 내용의 환자의 말을 환자가 다른 맥락에서 이해하게 되도록 도와줄 수 있을 만큼 치료자가 우선 이해할 수 있을 때까지 끊임없이, 들어야 하겠지요.

하지만 지금 제가 열심히 듣는다고 한 것을 그 사이에 치료자가 아무 말도 하지 않고 듣기만 하는 거라고 오해하지 않으시길 바랍니다. 이 부분에 관해서는 제가 제2부에서 '환자에게 무슨 이야기를 해야 할지 모르겠어요!'에서 더 자세히 설명하려고 합니다.

그럼, 듣기에 관해 분석가들이 어떤 생각을 발전시켜왔는지 살펴볼까요? 치료자의 듣는 방식에 관해 프로이트는 「정신분석을 행하는 의사들에게 주는 권고」(1912)라는 논문에서 그가 생각하는 정신분석에서의 듣기에 관해 의견을 피력합니다. 그는 분석 시간에 환자의 이야기를 기록하지 말라고 하면서 그 나름의 독특한 방식을 제안하지요. 프로이트는 분석가가 어떤 특정한 것에 주의를 기울이는 대신에 '주의를 고르게 분산시키는' 방식을 취하라고 권합니다.

그 이후에 많은 정신분석가들이 다양한 표현으로 이 방식을 구체화하려고 노력하였습니다. 몇 가지를 소개해 볼까요?

샌들러(1992)는 주의력을 '자유롭게 부유하게' 놓아두면서 들으라고 권하는가 하면 이를 더 밀어붙인, 다소 극단적인 입장의 비온(1967)은 '기억도 없고 욕망도 없는' 상태로 들으라는 권유도 하고 있습니다. 그런가 하면 '구조이론structural theory'의 관점에서 안나 프로이트(1956)는 '이드, 자아, 초자아로부터 같은 거리를 유지하면서의 듣기'를 제안했고 그 이후의 분석가들 사이에서는 이에 현실을 덧붙여서 '이드, 자아, 초자아 및 현실로부터 같은 거리를 유지하고 듣는 태도'가 제안되기도 했습니다. 이러한 '부유하는 주의력을 가지고 듣기'는 정신분석에서 환자가 말하는 방식으로 권장되는 '자유연상'에 비견되는 치료자가 취하는 듣기의 태도입니다. ('부유하는 주의력'에 관해선 후술하겠습니다.) 프리드만(1983)은 듣기의 과정이야말로 정신분석 치료의 필수요소라고 강조하기도 했습니다만 더 집중해서 듣는, 더 의도적인 형태의 주의를 기울여서 듣는 일의 중요성을 강조하였습니다.

이에 비해 브레네이스(1994)는 분석가가 취할 이상적인 듣기의 최적의 자세야말로 이러한 두 가지의 태도가 합해진 듣기라고 하였습니다. 다시 말하면, 그는 한편으로 프로이트가 주장한 '부유하는 주의력을 가지고 듣는 태도'와 다른 한 편으로 프리드만이 이야기한 '더 집중하고 의도적인 형태의 집중력을 가지고 듣는 태도'를 가져와서 이 사이를 오가야 한다고 주장하였습니다. 그는 또한 분석적 듣기가 일반적인 듣기와 다른 점이, 매개체가 주로 청각을 사용한다는 점과 듣기의 목적이 상대방(환자)의 주관적인 반응을 유발한다는 점이라는 사실을 주목하였습니다.

이러한 분석적인 듣기의 태도가 그냥 얻어질 수 있는 건 아닙니다. 아들러와 바챤트(1996)는 분석적 경청은 매우 수준이 높게 복잡한 일이며 이는 훈련해서 얻어지는 기술이라고 하였습니다. 이를 풀어서 설명하자면, 환자가 말하는 것을 들으면서, 지금 환자가 말하려고 하는 건 무엇이고 만약 환자가 덜 억제되었다면 말하려고 하는 건 무엇일지, 또한 환자가 무의식적으로 말하려고 하는 건 무엇인지를 듣는 동시에, 치료자 자신의 의식에서 일어나는 감정의 흐름도 놓치지 않는 상태를 말하는 것입니다. 레익(1948)은 분석가는 '제3의 귀'를 가지고 들어야 한다는 주장을 했습니다. 그의 주장에 의하면 분석가는 '제3의 귀'인 무의식의 의미를 파악할 수 있는 능력을 가진, 은유나 비유를 들을 수 있는 '제3의 귀'를 가지고 무의식에서 나오는 소리를 들을 수 있어야 한다고 하였습니다.

이와는 좀 더 결이 다른 차원의 듣기를 주장한 분석가인 슈레진저(1994)는 다음과 같이 말했습니다. 분석가는 한 쪽의 귀로는 환자와 같은 문화적 배경의 측면에 서서 환자가 이야기하는 것이 어떤 가정을 뜻하는지를 듣고, 다른 귀-제2의 귀-로는 순진하게 혹은 심지어는 어린아이 같은 태도로 듣는 것이라고 하였습니다. 그가 말한 '제2의 귀'로는, 관습적인 기대나 환자가 말하는 게 이런 의미일 것이다, 라고 가정하는 등의 마음의 틀을 모두 잠시 미루어 두고, 환자가 말하는 것의 의미를 모를 때 그것을 치료자의 짐작으로 채워 넣지 않으며, 혹은 환자가 말하는 뜻을 알 때도 치료자가 직접 그것을 말하지 않는 태도를 견지하고는 합니다.

또한 양태에 관해서도 여러 분석가들이 의견을 내놓았습니다.

마이스너(2000)는 듣기를 주관적/객관적, 적극적/수동적, 역동적/기원적 등으로 구분하구요, 이와 비슷하게 볼라(1996)도 수용적이고 품어주면서 수동적이고 조용히 기다려주는 걸 모성적 형태의 듣기라고 하고, 반면에 적극적이고 해석적인 태도를 갖고 듣는 경우를 부성적 형태의 듣기라고 명명하기도 했습니다.

브레네이스(1994)도 두 가지 모드의 듣기에 관해 말한 바 있었습니다. 첫째는 거리를 두면서 예민하게 듣는 것인데 이는 대부분 치료자가 깨닫지 못하는 상태에서 수용적으로 듣는 것이며 자동적이고 매우 개인적인 듣기이며, 둘째는 환자가 말하는 것의 함축성을 찾으려는 태도로 듣는 것인데 이는 특정한 필터를 통해서 일어나는 듣기로, 동시적이고 더 의식적이며 직접적인 모드라고 할 수 있겠습니다. 브레네이스의 주장에 의하면 이러한 듣기의 두 가지 모드 자체가 오락가락하는 게 아니라, 치료자가 이러한 모드를 알아차리는 일이 오락가락한다고 하였습니다. 결국, 치료자는 동시에 이러한 두 가지 모드의 듣기를 동시에 수행하여야 한다고 말할 수 있겠습니다. 가드너(1991)도 우리의 마음이 진동처럼 오락가락*oscillation*하면서 어떤 규칙성과 리듬을 가지고 작용하는 게 아니라, 이 모든 일이 한 번에 일어나는데 이를 진동처럼 오락가락한다는 개념으로 설명하려는 시도는 오히려 왜곡만을 초래할 것이라고 우려하였어요.

마이스너(2000)는 분석적인 듣기가 분석적인 관계에서 일어난다는 사실을 우리에게 새삼스럽게 상기시키고 있습니다. 그는 객관적인, 또한 주관적인 듣기가 서로 상호작용적이며 자신보다 타자(환자)에게 더 주의를 집중하거나, 혹은 그 반대로 하는 일인데 그 균형을 잡는 일이 중요하고 어느 한 쪽으로 지나치게 기울면 환자의 이야기를 잘못 알아듣거나 오해할 위험성이 증가한다고 하지요.

초보 치료자가 행하기 쉬운 실수 중의 하나로는 환자의 말을 너무 열심히 듣다가 환자가 하는 이야기가 점차 모호해지고 환자가 하는 말의 의미가 이제는 사라졌는데도 이를 정작 파악하지 못하고 계속 열심히 듣는 경우가 있다는 거예요. 또는 환자의 이야기를 너무 열심히 듣다가 환자와의 동일시가 지나치게 이루어지게 돼서 이제는 마치 환자를 다 안다는 생각을 하고, 그럼으로써 환자가 미처 이야기를 다 하기 전에 치료자인 자신이 환자가 말하고자 하는 바를 다 파악하고 있다고 믿는 경우가 있을 수도 있습니다. 쉴레진저(1994)는 젊은 치료자가 배워야만 하는 일의 하나는 적극적인 청취자가 되어야 하지만 열렬한 청취자가 되지는 말아야 하는 일이라고 유의한 바 있었죠.

환자가 자신의 이야기를 할 때 치료자는 환자의 마음속에 무엇이 있는지를 들으면서도, 의식, 전의식, 무의식의 수준에서 듣기 위해 노력해야 합니다. 또한 언제 어떤 걸 다루어야 할지를 들으면서 결정해야 합니다. 이런 과정은 치료자에게 무의식적으로 일어나는 것입니다. 쉽게 이야기해 본다면, 치료자는 열린 마음을 가지고 흥미를 가지면서 기대하는 단순한 태도로써 들으라는 거지요.

환자가 이야기하는 말에는 비-언어적 표현도 있습니다. 목소리의 톤, 행동, 태도 등을 말하지요. 또한 치료자 자신의 감정, 이미지, 생각 등도 있는데 이런 것 중의 어떤 건 '부유하는 주의력(의식적인 집중과 긴장을 통한 주의력의 집중이 아니고 분석가가 분석적 태도를 견지할 때 취하는 독특한 방식의 주의력인데 이는 주의력을 다소 느슨하게 놔두는 상태로 이렇게 하는 이유는 그럼으로써 오히려 민감하게 환자로부터 오는 언어적, 비언어적 의사소통에서의 의미 있는 신호나 자극을 포착하기 위해서입니다.)'에서 오고, 어떤 건 이미 알고 있는 환자에 관한 지식에서 오고, 또한 어떤 건 다른 환자로부터의 경험 혹은 이론을 통한 앎에서 옵니다. 물론 치료자 자신이 받은 개인정신분석이나 개인정신치료의 경험을 통해 알게 된 자신의 여러 갈등과 경험이 이 모든 것에 서로 상호작용해서 일어나겠지요.

환자의 이야기를 들을 때 치료자는 환자의 발화 패턴에 주목하기도 합니다. 예컨대 환자가 쉬지 않고 45분의 시간을 사용하는 경우도 있구요. 뚜렷한 조증의 증상이 아닌 경우에도 이런 패턴을 보이는 경우도 있습니다. 한 동안 이런 점을 지적하지 않고 치료자가 그저 관찰하고 기억해 두었다가 어느 정도 환자가 치료 세팅에 조금 익숙해지거나 편해졌다고 생각될 때, 그 패턴을 슬그머니 환기해보지요. "계속 쉬지 않고 말씀하시는데 혹시 말없이 가만히 있으면 그것이 불편하게 느껴지나요?" 등과 같이 말입니다. 그러면서 치료 초기라면 "쉬지 않고 말하게 되면 때로는 오히려 마음에 떠오르는 것을 이야기하기가 어려워진다."라고 알려주기도 합니다. 분석정신치료에서 환자가 말하는 방식에 관해 치료자가 개입하는 일종의 교육적인 목적을 가진 것이기도 하지요.

어떤 환자의 경우는 "치료비를 생각해서, 이 시간에 될 수 있는 대로 많이 드러내 뭔가 얻어가려고 한다."라고 말하기도 합니다. 그럼 바로 이 부분을 우선 다루면 도움이 되지요. 이렇게 말했던 환자가 치료가 더 진행된 이후에는 한 5분 간 침묵하기도 합니다. 이때 환자는 "요즘은 말없이 있을 때 선생님이 물어보면 오히려 더 귀찮다. 그냥 내버려 두었으면 하는 그런 생각이 든다."라고 하기도 해요.

3. 경험하라구요? 무엇을 어떻게 경험하는 거지요?

페니쉘(1941)은 분석치료자가 빠질 수 있는 실수에 관해 두 가지의 경우를 들었습니다. 첫 번째는 치료자가 '경험'을 '지식'으로 대체해서 치료를 '생각의 게임'으로 만드는 경우이고, 두 번째는 앞의 경우와 반대로 지나치게 경험만을 중시해서 치료자가 치료에 도움이 될 만한 아무런 작업을 하지 않고 그냥 치료실에 앉아있으면서 '부유floating'하는 경우를 말합니다.

정신분석가가 될 수 있는 길은 경험을 통한 배움만이 가능하다고 플레밍(1987)이 정신분석의 배움에 관한 책에서 말했지만, 물론 그 이전에도 많은 분석가들이 이와 비슷한 의견을 이미 표현하였습니다. 분석정신치료자가 되는 길도 이와 마찬가지라고 저는 봅니다. 정신분석에서만큼은 아니더라도 분석정신치료는 결국 우리의 심리 내면을 탐구하는 작업이며 이러한 방식으로 환자를 도와주기 위해서는 책을 읽거나 강연을 듣거나 하는 방식으로는 배우기가 어렵지요.

이 글을 읽는 여러분 중에는 제 말이 이상하게 들릴 수도 있겠네요. 흔히 책을 통해 우리는 인생에 관해 많은 걸 알게 되고 또한 책을 통해 인생의 어려운 시기에 많은 도움을 얻게 되기도 하는 게 사실인데 말이지요. 게다가 정신분석에 관심을 가지고 예를 들면 프로이트 전집 24권을 다 읽었다든지, 온갖 종류의 심리학책을 다 섭렵했기 때문에 이제 자신은 인간의 깊은 심리에 관한 통찰을 얻었다고 생각하는 분도 있을 것입니다. 책을 많이 읽고 인간의 심리에 관해 많을 걸 배웠을 수도 있습니다. 하지만 그 배움으로 인해 자신의 갈등에 관해서도 정말로 깨달음을 얻어서 자신이 변화했는지 묻는다면 벌써 머뭇거리는 분들이 많겠지요? 그 다음으로 그런 인간 심리에 대한 깨달음을 가지고, 자기 자신이 아니라 자신에게 도움을 청하러 온 타인(환자)을 도와서 그 환자로 하여금 마음의 갈등의 근원을 깨닫게 하고 더 나아가 변화를 하도록 도울 수 있는가 하는 물음을 던지면 얼마나 많은 치료자 분들이 한숨을 내어 쉬게 될까요?

분석정신치료자가 되기 위한 배움의 과정에서 인지적 배움의 과정도 필수적이긴 하지만 페렌찌와 랑크(1927)도 언급했듯이 그것은 경험에 의해 배우는 것 이후의 2차적인 위치에 속합니다. 따라서 분석정신치료자가 되기 위한 일차적인 경험은 치료자 자신의 심리 내면의 움직임을 깨달고 그 의미를 이해하는 일입니다. 이를 위해 분석가가 되기 위해선 소위 말하는 '교육 분석'을 받는 일이 필수과정이 되는 거지요.

프로이트가 정신분석 연구와 임상에 들어선 1895년 이후 여러 가지의 시도와 실패의 과정을 거쳐서 30년이 지난 1925년에 와서야 아이팅곤의 제안으로 정신분석가가 되기 위한 세 가지 필수과정 중의 하나로 치료자 자신이 '교육 분석'이라 일컫는 정신분석을 받아야만 하게 되었습니다.

하지만 우리나라는 아직 정신분석의 발달 과정이 충분히 무르익지 않았고, 또한 우리나라 사회를 전근대성, 근대성, 탈근대성이 혼재된 '삼겹살 구조'라고 부르기도 하듯이, 이 분야도 마찬가지라고 생각합니다. 그러므로 수련생들이 원하는 대로 충분히 신뢰할 만한 치료자에게 '교육분석정신치료'나 '교육정신분석'을 받는 일이 쉽지는 않을 수 있습니다. 저는 그러나 분석정신치료자가 되기 위해서도 치료자가 자신의 개인분석정신치료를 받는 경험이 중요하다고 생각합니다.

그럼, 이제 환자와 같이 면담실에 앉아서 분석정신치료를 시작한다고 하면 과연 무엇을 어떻게 경험해야 하는 걸까요? 치료자는 우선 환자가 이야기하는 명시적인 정보를 듣고 받아들이는 경험을 하게 됩니다. 이때 치료자의 개인적인 호, 불호나 도덕적 판단을 잠시 유보하고 일단 환자의 입장에서 공감하는 경험이 중요하고, 또한 이 공감을 환자가 느낄 수 있게 적절한 반응을 통해 전달해야 하지요. 여기서 말하는 적절한 반응이란 구체적인 '말'이나 '음~' 하는 등의 소리를 통해 전달할 수도 있고, 아니면 '침묵'하면서 경청하는 태도, 또는 고개를 끄덕이는 등의 '비언어적' 방법으로 전달할 수도 있습니다. 또한 잊지 말아야 할 점은 동시에 환자가 전달하고자 하는 비-언어적 혹은 암묵적 정보를 포착하는 일이지만 이는 쉬운 일이 아니고 치료자의 훈련과 경험이 요구되는 과정입니다.

치료자가 경험해야 하는 일 중에는 환자의 감정 반응을 품고 견뎌 주어야 하는 일과 환자로 인해 자극을 받아 유발된 치료자 자신의 감정도 역시 알아차리고 동시에 견디면서 치료를 위한 단서로 삼는 일도 있습니다. 때로는 치료 중에 혹은 치료 시간 이후에 치료자가 불편한 감정을 경험할 때 우선은 자신의 마음에서 내치지 말고 이를 그대로 느끼고 품으면서 이 감정이 어디서 연유하는 건지를 살펴야 합니다. 이 일은 말처럼 쉽지는 않고 잘 구분하기도 어려운 게 사실입니다.

한 번 상상해 볼까요? 환자가 치료자에게 '당신은 능력이 없어요.' 혹은 '당신은 공감을 제대로 못해요.' 하는 감정을 유발시켰다고 가정하지요. 환자는 이를 직접적인 말로 표현했을 수도 있고, 경우에 따라서는 다른 방법으로 치료자가 느끼도록 할 수도 있습니다. 그런 경우에 이런 느낌을 치료자가 느끼고 감당하는 일은 지금 여기서 활자로 표현 되어 읽을 때와는 사뭇 다른, 힘든 일입니다. 게다가 치료자인 우리 모두는 각각의 개인적인 여러 문제를 지니고 있는 한 사람입니다. 환자로부터 오는 이러한 자극이 치료자인 우리 개인의 여러 문제를 건드리고 자극했을 때, 치료자가 겪는 감정 반응을 다루는 일은 결코 쉽지 않습니다.

이제 다른 측면에서의 경험을 이야기해 볼까요?

환자는 치료를 통해 어떤 경험을 하게 되는지요? 이런 경험을 유발해야 할 치료자는 또 무엇을 행해야 하는지요? 우리가 고통스러울 때 우리에게 도움이 되는 건 많고 많습니다. 그 중에서 분석정신치료가 고통을 겪고 있는 환자에게 뭔가 도움이 되려면 다른 방법에서 얻는 경험과는 다른 무언가를 환자가 이 치료에 와서 경험하도록 치료자가 도울 수 있어야 하겠지요.

제 생각에는 말이에요.

우선 환자분이 자신과 개인적으로 친분이 있거나 잘 알거나 하는 사이가 아닌 전혀 모르는 사람인 제3자인 전문가에게 와서 남에게 말할 수 없었던 자신의 이야기를 격의 없이 해보는 새로운 경험을 가질 수 있도록 도와주는 일이 바로 그 하나의 경험이라고 봅니다. 그 다음으로는 흔히 환자분들 중에는 나는 이미 내 문제를 알고 있는데, 과연 전문가를 찾아와서 이야기하는 게 무슨 도움이 되지, 라고 생각하는 경우가 없지 않은데, 이런 경우에 환자가 자신에 관해 이야기하면서 각별한 감정 경험의 세계에 빠져보면서, 특히 잘 아는 친한 사람이 아닌 객관적인 대상으로서의 전문가에게서 공감을 받으면서 머리로 자신의 문제를 아는 것과는 다른 차원의 새로운 경험을 조성하도록 치료자가 도와주는 일이 무엇보다 중요한 일이 되겠지요.

또한 누군가가 자신과 약속한 시간에 항상 그 자리에서 자신의 이야기를 들어준다는 항상성, 일관성의 경험은 우리가 보통의 사회적 관계에서 경험하기 힘든 일이고, 환자의 입장에서는 상대방의 반응을 별로 걱정하지 않고 자신의 힘든 감정을 내비칠 수 있다는 경험도 새로운 일이기도 하지요. 이런 경험을 치료 초기의 과정을 통해 꾸준히 축적하다 보면 환자도 이제 서서히 마음의 더 깊은 곳을 향한 여행을 시작할 용기가 생길 수 있을 겁니다.

4. 환자에게 무슨 이야기를 해야 할지 모르겠어요!

어떤 환자가 와서 자기 친구가 다른 치료자에게 치료를 받고 있는데 그 선생님은 눈을 감고 듣는데 어느 순간에 이르러서는 마치 조는 것 같다고 하더라, 또 그 선생님은 그냥 듣기만 한다고 하더라, 하면서 선생님은 그냥 듣기만 하시는 건 아니잖아요, 라는 말을 건네기도 했습니다. 아마도 그 환자가 말한 것은 하나의 극단에 속하는 사례라고 치부할 수도 있겠지만 치료자인 우리 입장에서는 이 사례에서 배울 점이 있다고 생각합니다. 치료자가 마냥 듣기만 하는 존재는 아니라는 사실을 환자에게 어떻게 이해하게 해줄 것인지 하는 문제이지요.

그 방법 중의 하나는 환자에게 무언가를 말하는 것이겠지요. 그런데 바로 무얼 얘기해 주어야 한다는 게 초보 치료자에게는 큰 부담감으로 다가옵니다. 치료의 초기에 환자에게 해야 하는 이야기로는 분석정신치료 상황에 관해서입니다. 분석정신치료 상황은 환자에게는 낯설 뿐만 아니라 이상하게 느껴지는 상황일 수도 있습니다. 왜 치료자가 환자인 자신에게만 계속 뭔가를 말하라고 하고선 정작 치료자인 자신은 지속적으로 침묵만 일삼고 있는지 등등. 이렇게 환자에게 이상해 보이는 상황에 관해 일종의 설명이랄지 교육을 할 필요가 있습니다. 환자를 도와주기 위한 치료적 목적으로 그렇게 하고 있다는 걸 말해줄 필요가 있기도 합니다.

또한 환자에게 왜 무슨 생각이나 느낌, 감각이든 연상이든 뭔가 떠오르는 대로 이야기하라고 하는가에 대해서도 마찬가지입니다. 왜 그런 요구를 하는지 설명 내지 교육이 필요하겠지요. 하지만 주 4회를 하는 정신분석과는 달리 주 1회 내지 2회에 한정하는 분석정신치료에서는 자유연상을 꼭 환자에게 장려하기보다는 주로 환자가 하고 싶은 말이나 문제 위주로 화제를 이끌어 내라고 하게 되지요.

저는 환자가 보이는 심리적 역량에 따라서 분석정신치료에서도 가능하면 자유연상을 장려하기도 하지만, 특히 치료 초기에는 환자가 표현하고 싶은 이야깃거리 위주로 말하도록, 즉 환자가 말하고 싶지 않은 건 피해서 말을 안 해도 된다고 조언하기도 합니다. 환자가 치료를 받으려고 오는 이유는 뭔가 고통이 있기 때문입니다. 또한 그 고통이 어디에서 오는지를 잘 다루려면 언어(발화)를 통해 그 고통이 있는 방향으로 가게 된다는 것. 따라서 분석정신치료는 마냥 편하거나 즐겁기만 한 치료는 아닐 수 있다는 걸 말해줄 필요도 있습니다.

환자가 그 고통을 피하려고 침묵하거나, 아무것도 떠오르는 게 없어요, 라고 말하거나 하는 식으로 대응합니다. 이때 적절하게도 말이죠, 래코와 매저(1980)가 말했듯이 "마음은 심장과 같아서 결코 쉬지 않는다."라고 인용할 필요도 있습니다. 심장이 우리가 살아 있는 한 펌프질을 쉬지 않듯이, 우리가 살아 있는 한 마음에 아무 것도 떠오르는 게 없다는 건 있을 수 없는 말이지요. 아무것도 떠오르는 게 없다는 환자의 말은 다시 말하면 아무것도 떠올리기 싫다는 뜻에 다름이 아닌 거지요.

외국어를 배울 때 흔하게 듣게 되는 한 계몽적인 문장이 '듣게 되면 말할 수 있다.'라는 것입니다. 치료자는 환자가 드러내 놓은 말을 듣고 환자의 명시적인 표현만을 듣는 게 아니라, 그 밑에 숨어있는, 혹은 그 사이에 놓여있는 암묵적 의미를 궁금해한다면 그 암묵적인 의미의 파악을 위해 더 자세히 알고 싶어 하겠지요. 그런 상황에서 치료자는 질문의 형태로 자신이 들은 이야기에서 더 궁금한 부분을 물어보게 되는데, 이를 가리켜 흔히 '명료화'시키는 과정이라고 합니다. 따라서 환자에게 무슨 이야기를 해야 할지 모르겠다면, 자신이 지금 듣고 있는 이야기의 내용이 이해가 되는지 살펴보고, 혹시 이해가 안 되는 부분이 있으면, 그 부분을 물어 본다고 생각하셔도 됩니다.

이런 과정을 무수히 거쳐서 환자의 내면 심리에 관한 어떤 그림이 치료자의 마음속에 그려진다면 그때에 환자의 심리역동과 연관되는 해석을 이끌어내 볼 수도 있지요. 하지만 이 단계는 우리가 외국어를 배울 때 귀에 들리기까지 무수히 많은 시간이 걸릴 수밖에 없듯이, 치료자에게도 많은 경험의 시간이 축적되어야 도달할 수가 있겠지요.

제가 여러분에게 권하고 싶은 방법은 환자의 말을 환자의 입장에서만 듣지 말고, 한 발 떨어져서 들으라는 겁니다. 그러다 보면 더 물어보고 싶은 궁금한 부분이 보일 것이고 그 부분에 대한 궁금증을 표현하는 말을 해도 되고, 아니면 부드러운 물음의 형태로 드러내도 되겠지요. 만일 여러분의 귀에 뭔가 이해가 되는 형태로 들리는 게 아직 없다면, 더 들어야 하겠지만, 때로는 치료자의 혼란을 그대로 말해 보는 것도 도움이 되기도 합니다. 예컨대 "지금 말씀하신 걸 들었지만 제가 잘 이해되지 않는 점이 있는 데요. 어떻게 하면 제가 도와드릴 수 있을까요?" 등으로 말이지요.

초보 치료자는 자신이 모른다는 걸 드러내기를 무척 두려워하는 경향이 있습니다. 저는 치료자가 환자를 앞서 나가는 것보다는 환자보다 반발자국 정도 뒤에서 약간 모자란 듯한 태도를 보임으로써 조심스럽게 오히려 환자에게 협조를 구하는 방식으로 물어가면서 나아가는 치료가 많은 경우에 더 치료적일 수 있다고 생각해요.

분석정신치료나 정신분석에서 가장 중요시하는 건 환자의 자율성입니다. 그도 그럴 것이 환자가 치료에서 얼마만의 속도로 자신의 문제를 펼쳐내는가는 결국 환자 자신에게 달려있기 때문이에요. 그럼, 이제 환자에게 말하는 일에 대한 여러분의 불안이 조금이라도 줄어들었기를 바라면서, 치료자의 말에 대해서는 제3부에서 다시 말씀을 드리도록 하겠습니다.

5. 이 환자는 왜 계속 저에게 오는 걸까요?

초보 치료자는 때로는 '이 환자가 도대체 왜 나에게 계속 오는 걸까?' 하는 의문을 품고 있는 경우가 있습니다. 왜냐하면 아직은 자신이 어떻게 환자를 도와주고 있는지를 잘 모르기 때문이지요. 또한 환자가 치료를 통해서 별로 나아지고 있지 않다고 푸념하면서도 계속 찾아오거나, 환자의 증상에 호전이 없는 경우에도 이런 의문이 치료자에게는 종종 떠오르게 되지요. 또는, 환자는 치료를 통해 도움을 받고 있지만 치료자가 여러 가지 이유로 환자에 대한 부정적인 '역전이' 반응이 생겨서 치료자가 불편해하는 경우를 생각해볼 수도 있겠네요.

환자가 좋아지지 않거나 심지어 더 나빠지고 있다고 보이는데도 치료에 열심히 반응하는 경우의 한 극단에는 소위 말해서 '부정적인 치료 반응'이라고 불리는 현상이 있습니다. 이런 경우에는 흔히 치료가 곤경에 처하고 치료자도 어떻게 해야 할지 몰라 혼란스러워지지요. 이 문제는 상당히 복잡하고 어려워서 초보 치료자로서는 이런 현상을 알아차리기도 어렵거니와, 이를 감당해 다루기는 더더욱 어려울 것입니다. 저도 이 현상은 상당한 기간의 임상 경험을 쌓은 후에야 비로소 알아차릴 수가 있게 되었지요. 치료 초기에 이런 현상을 알아차리기는 매우 어렵다고 저는 생각해요. 따라서 여기에서 이 문제는 다루지 않겠습니다.

그 외의 많은 경우에 환자가 만일 지속적으로 치료를 받으러 온다면, 우선 치료자는 잘 알아차리지 못하고 있더라도 환자가 치료자에게서 뭔가 도움을 받는 부분이 있기 때문이라고 생각합니다. 초보 치료자의 서툰 태도가 어떤 환자에게는 안심이 될 수도 있고 오히려 부담이 없게 느껴질 수도 있겠지요. 그러므로 '왜 환자가 나에게 계속 오는 걸까?'라는 의문이 여러분에게 든다면 환자에게 직접 물어봐서도 됩니다. "저에게 오시는 게 어떻게 도움이 되시나요?"라구요. 이런 질문을 통해서 환자가 치료자와의 관계를 어떻게 경험하고 있는지 혹은 치료를 통해 어떤 방식으로 도움을 받고 있는지를 치료자가 유심히, 혹은 의미 있게 살펴 볼 수가 있겠지요. 또는 뜻밖에도 치료 외적인 어떤 사정을 살펴보게 되는 기회를 가질 수도 있답니다.

6. 이 환자는 왜 치료 도중에 그만두려고 하나요?

환자가 치료의 도중에 그만두려고 하는 일은 많은 초보 치료자가 다루기 힘들어 하는 부분입니다. 흔히 초보 치료자는 아직 치료자로서의 자신감이 없는 상태이므로 환자의 치료 중단을 치료자로서의 능력을 훼손시키는 중대한 도발로 받아들이기도 하지요. 하지만 환자가 치료의 도중에 그만두는 이유는 헤아릴 수 없이 많습니다. 이를 안다면 지나치게 이 문제에 예민해져서 치료자로서의 자존감에 상처를 받거나 젊은 의욕이 꺾이거나 할 필요가 없겠지요.

치료 도중에 환자가 그만두는 이유는 아주 많습니다. 그 중에서 초보 치료자를 당황하게 하는 경우는 치료에 동기가 아주 많은 듯이 보였던 환자가 갑자기 치료를 끝내겠다고 할 때이지요. 이럴 때 가장 처음으로 생각해볼 수 있는 건 치료를 통해 다룬 뭔가를 환자가 불편해하거나 위험한 일로 경험했을 가능성이 있어요.

하지만 밖으로 드러나는 양상은 '치료를 받고 이제 많이 좋아졌다.'라든가, '남편(아내)이 이런 치료 받는 걸 반대한다.' 혹은 '시간이 도저히 맞지 않아 치료를 계속 받을 수가 없다.' 하는 등등의 여러 가지 이유로 드러나게 되곤 합니다. 소위 말해서 우리가 '저항'이라고 부르는 현상입니다. 하지만 이런 현상과 달리, 때로는 실제로 현실의 상황이 도저히 치료를 계속할 수 없게 된 경우도 있을 수 있겠지요.

마침내 제가 여러분에게 드리고 싶은 긴요한 충고가 있다면, 환자가 초기에 치료에 대해 열렬한 동기가 있는 듯이 보인다고 해도 속단하지 않는 게 좋다는 겁니다. 어쩌면 치료의 초기에 열렬한 동기를 가진 듯이 보이는 경우는 그 만큼 치료에 관한 한, 비현실적인 기대를 많이 가지고 있는 환자일 가능성이 높으며, 조금 시간이 지나서 이 치료가 자신이 바라는 대로 마술적인 치료 효과가 나오지 않겠구나, 라고 환자가 스스로 깨닫게 된다면, 바로 치료를 중단하고 싶어할 가능성도 그만큼 더 높아지겠지요.

저항과 방어는 엄밀히 이야기하면 다른데요. 방어는 환자가 가진 통합적인 심리 구조를 말합니다. 반면에 저항은 분석적인 치료 과정 중에 환자의 심리적인 평형이 위협을 받게 되면 환자로서는 자신을 스스로 보호하려는 시도로서, 일종의 반작용으로 나타나는 현상이지요. 분석치료에서의 저항이란 결국은 환자가 자신의 무의식에 대한 접근을 차단하려는 목적을 지니고 하는 환자의 말과 행동을 뜻합니다.

이 부분이 초보 치료자로서는 이해하기가 어려운 부분이 될 수 있습니다. 처음에 치료를 받으러 와서 그렇게 열렬하게 자신의 마음을 알고 싶다고 하고선, 그러기 위해서는 뭐라도 하겠다는 태도를 보이던 환자가 얼마 가지 않아 이제 치료를 그만 두고 싶다고 하거나, 심지어는 이제 치료가 다 되어서 그만 두어도 좋겠다고 자신 있게 말한다면, 초보 치료자는 환자에게서 마치 배신이라도 당한 것 같은 기분이 들기도 하겠지요. 치료자 입장에서 보자면 아직 본격적인 치료는 시작도 하지 않았는데 말이죠.

환자가 의식에서 치료를 받고자 하는 마음과 환자의 무의식에 숨어있는 마음의 틈새가 크게 벌어져 있는 경우가 있어요. 예를 들자면 환자는 마음이 괴로워서 치료자를 찾고 자신의 마음을 이해하게 되면 이런 괴로움에서 벗어나지 않을까 하는 의식적인 치료 동기를 가지고 치료에 동참하려 왔지만, 사실 환자의 무의식에서는 이 모든 괴로움은 나(자신)의 문제가 아니라, 우리 부모 탓이라든지, 내 배우자로 인해 생긴 문제로 보고는 합니다.

환자들은 내가 괴롭지만 나의 문제로 이해해볼 필요가 없다고 생각할 개연성이 매우 짙습니다. 치료자가 우선 당신의 문제는 무엇인지를 깊이 헤아려 보자고 할 때, 아주 강한 반감을 느낄 수도 있고, 치료란 환자가 유지해온 심리적인 평형에 균열을 초래하는 일이라는 걸 깨달으면서, 치료 중단을 원하게 될 수도 있지요. 환자 자신도 이에 대해 명확히 알지는 못하면서 막연히 이만 하면 됐다거나, 지금은 이런 치료를 받을 상황이 되지 않는다거나 하고 생각할 수도 있지요.

나아가 환자의 문제를 살펴보려는 작업이란, 환자의 좀 더 어린 아이 같은 마음 상태를 살피게 되는 일인 것인데, 수치심이 환자의 방어에서 주된 역할을 하는 경우에는 이를 견디는 '역치'가 낮아서 이런 시도 자체가 환자의 수치심을 유발하는 일이 되어서 치료를 중단하고 떠나는 경우도 생기지요.

또 다른 경우로는 환자가 치료를 받음에 따라서 주변 환경에 대해 적응하는 방식이 달라지면서 오히려 마찰이 많아지게 되고 이로 인해 주변 환경에서 들어오는 압력에 치료 의지가 꺾이면서 치료 중단을 선언하게 되기도 합니다. 예를 들면 부모에게 순종적이었던 환자가 치료를 받게 되면서 부모에게 도리어 반항적인 태도를 보인다든지 하는 경우에 있어서 부모의 입장에서는 오히려 치료를 통해서 환자의 상태가 나빠졌다고 생각할 수 있지요. 따라서 부모는 치료 중단의 압박을 응당 가할 수 있겠지요. 청소년 환자의 경우는 그래서 치료 시작 전에 부모에게 이런 점을 미리 주의시키면 도움이 될 수도 있습니다. "치료가 진행됨에 따라서 따님(아드님)의 태도가 반항적으로 될 수도 있는데, 이는 치료의 한 과정일 수 있구요, 이를 잘 견뎌주시는 게 도움이 되기도 합니다."라든지 하는 식으로 말이에요.

제가 여기서 초보 치료자 분들에게 마지막으로 당부하고 싶은 말이 있습니다. 환자는 언제나 치료 도중에 중단하려할 수 있다는 것과, 이러한 일이 일어나도 치료자가 당황해하지 않기를 바라고, 비록 치료자로서는 아쉬움이 많이 남더라도 환자를 잘 보내주는 게 서로에게 도움이 되고 환자도 나중에 필요할 경우에 다시 치료를 받으러 찾아올 수 있게 된다구요. 물론 나중에 여러분이 아니라, 또 다른 치료자에게 갈 수도 있겠지요.

그러면 어떤가요?

환자가 어디에서든 상관없이 치료의 도움을 받게 된다는 그 자체가 중요하지요. 너무 환자에 대해 자신만이 독점적으로 뭔가를 해야만 한다는 믿음과 집착을 버리는 게 여러분을 위해서도 훨씬 도움이 되겠지요.

제3부 **정신치료의 과정**

1. 정신치료의 종류와 목표 및 환자의 평가

정신치료의 종류에 관해 생각이 나는 한 가지 기억이 제게 있습니다. 정신과 전공의 1년차 혹은 2년차 무렵이었다고 기억합니다. 윗년차 선배 선생님 두 분이 정신치료에 관해 진지한 토론을 하고 있었지요. 두 분 모두 정신치료에 많은 관심을 가지고 있었는데, 그 중에 한 분이 저의 귀를 번쩍 띄게 하는 말을 하였죠. 분석정신치료란, 결국 굉장한 '지지(支持)치료'인 셈이다……. 정확한 문장에 관해서는 기억할 수 없지만, 적어도 요지는 그랬습니다.

저 자신이 정신치료에 관심을 많이 갖고 전공의 시절을 보내서 기회만 있으면 어느 세미나이든지 찾아가 듣곤 하였지요. 때로는 잘못된 조언을 듣고 주눅이 든 적도 있었는데, 그 중에 대표적으로 기억나는 일은 선배 선생님 한 분이 하신 말로 음악—아마도 클래식 음악—을 잘 듣는 사람이 결국 정신치료도 잘 할 것이라는 뉘앙스의 조언이었습니다. 저는 그 당시에 클래식 음악 감상에 취미가 있다고 할 수 없었기 때문에 그 말을 듣고 속으로 크게 실망합니다. 왜냐하면 기회만 된다면 꼭 정신분석 공부를 해보리라는 저 혼자만의 마음속 로망을 품고 다니던 시절이었기 때문이지요.

하지만 앞서 언급한 대로 '분석정신치료란 결국 굉장한 지지 치료인 셈이다.'라고 한 말은 일종의 화두가 되어 제 맘에 깊이 남았습니다. 그 의미를 어렴풋이 깨닫게 된 것은 미국에 정신분석 공부를 하러가서 저의 첫 번째 개인 정신분석을 받는 경험을 하게 되면서부터입니다.

앞의 이야기를 다소 장황하게 늘어놓은 이유는 치료자로서 우리가 정신치료의 종류를 구분하는 것이 어떤 의미를 가지고 있는가에 관해 한번은 생각해 보았으면 해서입니다. 또한 환자가 우리에게 와서 치료를 받고 싶다고 할 때 과연 환자가 원하는 치료는 무엇일까요? 환자에게 정신치료 종류의 구분이 과연 어떤 의미를 가지고 있기는 한 것일까요? 그 구분은 치료자인 우리의 생각과 일치하는 걸까요?

우리는 외과 의사에게 찾아 가서 무조건 자신의 맹장을 떼어내는 수술을 해 달라거나, 혹은 내과 의사를 방문해 혈압약이나 당뇨약을 무턱대고 달라고 하지 않습니다. 환자들이 당연히 맹장 수술이 필요한지 또는 혈압약이나 당뇨약의 처방이 필요한지의 여부는 전문가의 판단에 달려있다고 생각하고, 보통은 전문가의 판단을 존중하고 받아들이지요. 그렇다면 정신치료의 경우는 어떨까요? 정신분석과 분석정신치료, 역동정신치료, 지지정신치료의 차이를 환자가 어느 정도 알고 있으며, 지금 이 특정 시점에 자신에게 적합한 치료가 어느 종류인지를 스스로 판단해서 치료자에게 그런 종류의 치료를 해 달라고 요구할 수가 있을까요?

보통 대부분의 환자는 마음의 고통을 느끼고 찾아오는데 이는 불안, 우울, 불면 등의 증상일 수도 있고, 때로는 마음의 갈등이나 괴로움일 수도 있어요. 환자가 치료자를 찾아올 때는 쓸 수 있는 일반적인 방법들— 마음의 평화에 도움이 된다고 하는 일반적인 조언들을 주변으로부터 들거나, 행해보거나, 또는 책을 찾아 읽거나 등등—로는 도움이 안 된다는 경험을 이미 해본 뒤에, 한결 전문적인 도움을 기대하면서, 치료자가 어떻게든 빨리 이런 고통스런 상태에서 벗어나게 해 주기를 바라는 마음에서 정신치료의 전문가를 찾는 경우가 많습니다.

간혹 정신분석에 관한 책을 읽거나 약간의 심리지식을 가지고 이에 흥미를 느껴서 정신분석을 받았으면 하는 마음을 지니고 치료자를 찾아올 수도 있습니다. 때로는 정신과 약물치료에 대한 거부감으로 약물치료 없이 상담만으로 치료되지 않을까 하는 생각에서 오는 경우도 있습니다. 이 모든 경우에 있어서 온전한 분석 수련을 거친 치료자라면 환자의 상태를 평가해서 현재의 상태로부터 필요한 치료가 정신역동적인 이해에 바탕을 둔 지지정신치료인지, 아니면 분석정신치료나 역동정신치료가 가능할 것인가를 가늠하고, 또는 정신과 약물치료가 필요한지의 여부도 평가하고, 혹은 아주 드물게는 정말로 정신분석이 가능하고 필요한 환자인지도 살필 것입니다.

제가 말하고 싶은 말의 요지는 외과나 내과 치료에서와 마찬가지로 적절한 치료 방식에 관한 전문가의 판단이 중요하다는 사실입니다. 단지 환자가 원하기 때문에 정신분석을 하거나, 이러저러한 정신치료를 수행할 수는 없다는 사실이지요.

겉으로 보기에 여기까지는 정신치료자가 내과나 외과의사와 비슷한 과정을 밟는다고도 생각할 수 있지만 사실은 평가 과정도 단순한 평가 과정으로만 볼 수는 없고, 이미 치료 과정의 일부로도 고려해야하기 때문에 차이가 크다고 할 수 있습니다. 또한 평가 내용을 가지고 어떻게 환자와 의사소통을 해서 어떤 치료의 방향으로 갈 것인지 하는 문제에 있어서도 환자의 적극적인 참여가 필수적인 점도 다른 치료와 큰 차이점이라고 볼 수 있겠습니다. 이는 단순히 '수술동의'를 하거나 '약물처방'에 순응해서 치료에 협조하는 것 이상으로, 환자의 이해와 지속적인 환자의 참여가 요구되는 과정이 정신치료이기 때문입니다.

그럼, 정신치료의 종류를 말하기 전에 정신분석과 분석정신치료의 차이는 무언지 먼저 이야기해 보지요.

정신분석은 그 치료의 목표 및 결과가 분석정신치료와 차이가 있을 수 있습니다. 부쉬(2010)의 주장에 의하면, 우선 정신분석은 자신의 마음을 알아가는 과정이 목표이고 그 결과로 인해 자기 스스로를 분석할 수 있는 능력이 생기는 반면에, 분석정신치료는 자신의 마음에 관해 알게 되지만 치료 후에 자기 스스로를 분석할 수 있는 능력이 생기는 걸 기대하기는 어렵다고 말하고 있어요. 타라쵸(1963)의 구분은 다음과 같습니다. 그에 의하면, 정신치료는 실제 사건을 '실제reality'의 일로 다룹니다. 그러나 정신분석에서는 실제 사건에 관해서 실제의 일로도 다루지만, 그와 더불어서 실제 사건도 일종의 환자의 공상의 표현으로 다루며 (왜 이 시간, 이 순간에 그 실제 사건이 떠올랐는가 하는 점에서) 또 이는 환자의 무의식 갈등을 해결하려는 필연적인 욕구에 의해 결정되는 거라고 하였습니다.

제 임상 경험을 비추어 보자면, 간혹 환자들 중에서도 정신분석을 받았으면 하고 찾아오는 경우도 있지만, 실제 정신분석을 받기 위해서는 자신이 얼마간의 시간과 에너지를 쓰고 경제적 부담을 감수해야 하는지에 관해 제대로 알고 오는 경우는 거의 없지요. 또한 치료자 입장에서 보자면 자신이 환자의 정신분석을 하기 위해서는 그럴만한 충분한 수련을 받았는가도 두말할 필요가 없이 중요합니다. 왜냐하면 정신분석이든, 분석정신치료이든 주요한 치료 도구는 결국 치료자의 마음이기 때문이지요. 특히 정신분석은 인간의 마음 속 깊이 들어가는 일이기 때문에 그만큼 여러 가지의 위험 부담을 안고 하는 일이에요. 따라서 이를 감당할 만한 능력을 치료자가 갖추고 있는지가 우선 중요해요.

그럼, 우선 정신치료를 간단히 요약해서 말씀드리겠습니다.

개인 정신치료란, 한 사람이 다른 한 사람을 돕는 일로서 다른 한 사람의 정서적 고통을 제거내지는 경감시키려는 목적을 가집니다. 분석적 정신치료와 비분석적 정신치료를 모두 포괄적으로 정신치료라고 칭한다면, 과연 정신치료의 종류는 몇 가지나 될까요? 포나기(2003)가 정신치료의 종류를 수백 가지라고 말했는데, 저는 지금의 이 시점에는 더 많은 종류의 정신치료가 있으리라고 생각합니다.

분석적인 정신치료와 비분석적인 정신치료를 구분하여 설명한 윌리엄스(1998)의 의견은 다음과 같습니다. 비분석적인 정신치료가 살아가는 데 필요한 기술을 환자에게 명백하게 교훈적으로 가르치려는 목적을 가지는 반면에, 분석적인 정신치료는 환자가 이러한 기술을 사용할 수 있게 도와주는 걸 주요한 목적으로 삼지만 환자가 이러한 기술을 사용하는 것이 무의식적 요인들에 의해 결정되므로 때로는 이러한 사용이 환자가 명백히 원하는 소망을 약화시키기도 한다고 했습니다.

이 말에는 환자에게 있어서 의식의 소망과 무의식의 소망은 반대될 수도 있다는 뜻이 담겨 있겠지요. 그는 주장하기를, 변화가 일어나기 위해서는 환자가 세상을 보는 기본적인 시각의 성숙이 필요하다고 하였습니다. 이 말을 제가 부연해 다시 설명하자면, 결국 세상을 보는 기본적인 시각의 성숙이 분석정신치료가 지향하는 방향이라고 할 수 있겠네요.

저는 여기서 정신분석 이론에 기반을 둔 정신치료의 종류를 설명해 보려고 합니다. 개인 정신치료를 칭하는 여러 용어를 들자면 다음과 같습니다. 지지정신치료, 역동정신치료, 통찰정신치료, 탐색정신치료, 분석정신치료 등이지요. 우선 개인 정신치료의 종류를 구분할 때 생각해봐야할 몇 가지 속성을 이야기해 보지요.

첫 번째는 환자를 얼마나 충족gratification시킬지 아니면 박탈deprivation을 경험하게 만드는가 하는 일입니다. 두 번째는 환자를 얼마나 퇴행시킬지 또는 적극적으로 퇴행을 막을 것인지 하는 문제이지요. 세 번째로는 환자가 원래 쓰던 방어를 다시 강화시켜주어서 빠른 안정을 찾아줄 것인지 아니면 평상시의 방어를 차츰 흔들어서 방어를 하고 있는 그 안의 이유가 밖으로 드러나게 할지의 여부입니다.

위의 세 가지 속성을 염두에 둔다면 또 다른 기준이 되는 과연 이 정신치료를 얼마만큼의 기간을 통해 수행할 수 있을지에 관한 분류인 바, '기간의 제약을 가지고 제한된 목표에 집중하는 치료'를 할 것인지, 아니면 기간을 정하지 않고 갈 수 있는 만큼 가는 정신치료인 소위 말해서 '개방된 결말'을 상정하면서 갈 것인지를 생각할 수 있습니다. 또한 치료의 목표를 당장의 급박한 위기 해결에 둘 것인지, 아니면 중장기의 목표를 설정할 수 있는지에 따라서도 치료의 종류가 달라질 수 있을 테지요.

정신치료 종류에 관해 저는 개인적으로 간단히 세 가지 종류로 생각하라고 초보 치료자들에게 가르치곤 합니다. 즉, 지지정신치료, 역동정신치료, 분석정신치료입니다.

지지정신치료는 환자의 퇴행을 멈추게 하고 스트레스에 잘 적응하도록 도와주는 걸 최우선의 목표로 삼게 됩니다. 그 방법으로는 환자가 원래 쓰던 방어를 강화시키고, 또 그럼으로써 위기 이전의 수준으로 다시 돌아가게 도와주는 일입니다. 이 치료는 환자가 자아 기능의 여러 부분에서 취약성을 보이는 경우에 적당한 치료 방법입니다. 즉, 환자가 가진 취약성이 크고, 성격에서도 융통성이 없고 지나치게 방어적인 성향으로 역동정신치료나 분석정신치료에 적합하지 않은 경우입니다.

물론 환자가 처한 현실적인 상황으로 인해서 지지정신치료가 최선이되는 경우도 있을 수 있습니다. 예를 들면 환자가 현실적으로 심각한 위기 상황에 있을 때는 우선 환자를 안정시키는 걸 최우선의 목표로 잡는 지지정신치료를 할 수밖에 없기도 합니다.

분석정신치료나 역동정신치료에서 치료자의 목표도 역시 환자를 도와주려는 것이지만, 그 방법에 있어서 지지정신치료와 차이가 있습니다. 쉬운 처방이나 환자를 구출해내려는 시도나, 치유, 인생의 철학, 응급처치, 감정적인 임시 처방 등을 통해 때로는 치료자 자신을 희생하는 방식을 택해서라도 환자를 도와주는 게 아니라, 환자가 자신의 과거와 현재 생활을 이해할 수 있도록 도와주어서 궁극적으로 환자가 덜 고통스럽게 되고, 더 나아가서는 결국 환자의 변화를 이끌어내는 데 도움을 주는 일입니다.

그럼, 여기서 분석정신치료와 역동정신치료의 구분은 무엇일까요? 저는 개인적으로 이렇게 구분해 생각하고 있습니다. 이렇게 지난한 치료 과정 중에 치료자와의 전이*transference*를 어느 정도 다룰 수 있게 되면, 분석정신치료를 지향하는 것이요, 환자가 유아기에 자신에게 중요한 사람과 경험했던 여러 감정, 생각, 행동을 치료자에게 전치해서 경험하는 일인 전이를 다루기에 여러 모로 여건이 안 되는 경우를 가리켜 역동정신치료라고 구분해서 생각하고 있습니다.

치료자로서의 제 입장은 지지정신치료를 하더라도 어떻게 하면 정신역동을 좀 더 다루어 줄 수 있을까를 고민하고, 아니면 역동정신치료를 하면서는 가능하면 조금이라도 전이를 다룰 수 있게 되면 다루어 주어서 환자가 좀 더 생생하게 자신의 문제를 깨닫도록 도와주려는 거지요.

그럼, 이미 이 글을 읽는 여러분의 마음속에는 의문이 드실 겁니다. 아니 그렇다면, 정신치료의 종류를 구분하는 것이 의미가 있는가, 하구요. 그렇습니다. 치료를 하다보면 이런 각각의 치료 사이를 조금씩 넘나들 수밖에 없음을 알게 됩니다. 환자 입장에서는 치료에 한창 몰입이 되어 있는 과정에서는 자신이 무얼 하고 있는지 모르게 될 가능성이 많구요. 이 또한 정상적인 치료 과정의 하나라고도 볼 수 있겠습니다. 그러나 적어도 치료자는 지금 어떤 치료의 과정에 들어와 있는가 하는 것을 항상 살피고 있어야 하지요.

자, 그럼 이제 정신치료를 위한 환자의 평가에 관한 이야기를 시작해볼까요? 저는 여기서는 주로 분석정신치료를 위한 평가를 기준으로 언급하려고 합니다. 지지정신치료나 역동정신치료는 분석정신치료를 위한 기준을 중심으로 탄력적으로 융통성을 가지고 생각하면 더 이해가 쉽기 때문입니다.

우선 정신과적 면담과 정신치료적인 면담의 차이점을 이야기해 본다면, 보통의 정신과적인 면담이 주로 환자의 정신병리를 찾아내는 데 집중이 되어 있는 반면에(이는 특히 DSM의 진단 기준의 영향을 강하게 받은 이후에 그렇다고 말해지고 있지요), 정신치료적인 면담에서는 환자가 그런 정신병리를 가졌음에도 불구하고 어떤 건강한 힘이 남아 있는지가 훨씬 더 중요하게 평가됩니다. 그러한 건강한 힘이 남아 있어야 그 바탕에서 분석정신치료를 치료의 방법으로 제안할 수 있게 되는 거라서요.

정신치료를 시작하기 전에 평가 면담이 필요한 이유는 정신치료를 시작하기 전에 환자에 관해서 대략이라도 파악이 필요한 부분이 있기 때문입니다. 크게 말하면 약 두 가지 정도를 치료자는 마음에 두면 도움이 됩니다.

한 가지는 환자가 호소하는 어려움의 잠재적인 장애의 원인을 파악하려고 노력하는 일입니다. 이렇게 함으로써 환자가 이야기하는 바를 어떻게 다룰 것인가 하는 중요한 선택에 이를 수 있게 됩니다. 그럼으로써 환자와 어디서 시작해야 할지 알 수 있습니다.

다른 한 가지로는 환자와의 '치료 동맹'을 촉진하거나 방해하는 게 무엇인지에 관해 간파해야 하는 사실이 무엇보다 중요합니다. 치료 동맹이란 환자가 치료자를 신뢰할 수 있게 되고 따라서 환자 자신을 드러내고 치료 작업을 행할 수 있는 상태에 이르는 것을 말하는 겁니다.

어떤 상황에서 이런 과정이 촉진되고, 어떤 상황에서 이런 과정이 방해 받을지를 아는 게 중요합니다. 즉 어떤 문제가 잠재적으로 치료 작업을 중단시킬 수 있는지, 혹은 무엇이 치료 작업을 방해할 가능성이 큰지를 알고 있는 게 도움이 됩니다.

이른바 '평가면담'의 단계에서 바람직한 치료자의 태도를 이야기해 볼까요?

가장 기본 중의 기본은 환자를 존중하는 태도입니다. 이런 태도를 지녀야지만, 치료자는 환자가 왜 저러는지 답답하다는 등의 태도를 가지기보다는, 어째서 환자가 저러한 고통에 빠져 있는지를 알아보려고 하고 궁금해하는 태도를 가질 수 있기 때문이지요. 환자가 어려움을 겪고 있고, 고통을 겪는 데는 환자로서는 그럴만한 충분한 이유가 있어서 그러는 것이지요. 또 다른 중요한 치료자의 태도로는 정신과 진단에서 많이 쓰는 DSM의 진단 기준에 따른 진단을 내리기 위해서 증상을 찾고 질문을 하는 태도에서 벗어나는 게 중요합니다. 이 말에 오해가 없기를 바라는데, 제 말은 환자의 정신병리에 관한 파악을 소홀히 하라는 게 아닙니다. 증상만을 찾기 위한 질문을 하는 평가면담을 하게 되면 결국 '약물치료를 위한 환자'만을 만나게 될 가능성이 높고, 정신치료를 위한 환자는 만나기 어렵게 될 가능성이 많습니다.

우리나라에서 아직은 정신치료가 그렇게 보편적이고 활발한 치료가 되지 못한 이유에는 물론 여러 가지가 있겠습니다. 그 한 가지 이유를 가끔은 다른 곳에 정신치료를 기대하고 갔다가 실망하고 온 환자를 볼 때에 무언가가 짐작이 되고는 하는 데서 볼 수 있습니다.

거듭 강조하거니와, 정신치료적인 평가 면담에서 이른바 '침습적 *intrusive*'이지 않고, 경직되지 않은 태도를 견지하더라도 환자에 관한 기본적인 정보를 얻는 것은 필요하며, 이를 위해선 저는 보통 초기의 3 내지 4 회기를 평가면담으로 사용합니다. 환자에게도 알립니다. "제가 어떤 방식으로 도움을 드릴 수 있을지 알기 위해서는 최소한 3번 내지 4번 정도는 상담해 봐야 하고 그 이후에 같이 상의해서 결정하면 좋겠습니다." 저는 이런 식으로 치료 방식을 소개하지요.

초보 치료자라면 다음과 같은 의문을 가질 수도 있습니다. 분석정신치료에서는 중요한 치료 기법의 하나로 치료자는 아무런 판단도 없이 중립적인 태도로 환자의 말을 들어야 한다고 들었는데, 왜 자꾸 '평가'란 용어를 사용하는가, 하구요. 왜냐하면 '평가'란 용어에는 당연히 치료자의 주관적인 판단이 개입되어 있기 때문이에요.

치료자는 마치 상호이율배반적인 듯이 보이는 이러한 개념을 잘 이해하고 있을 필요가 있습니다. 분석정신치료의 기법 중에 중립적 태도로 판단함이 없이 잘 듣는다, 라는 게 있지만, 우선 아직 본격적인 분석정신치료를 시작하거나 결정하기 전에 필요한 과정으로서 환자의 상태를 평가할 때는 당연히 전문가로서 판단하는 것이죠. 오히려 이런 판단을 안한다면 전문가로서 무책임할 수도 있는 거지요.

레이드(1980)가 말했듯이, 평가면담이란 실제로는 치료의 시작이지만 평가면담에서 분석하듯이 해석하는 건 아닙니다. 그에 의하면 치료자의 질문과 이야기는 상당히 구체적이면서도 환자에게는 자유롭게 말할 여지를 마련해 주면서 동시에 환자의 저항을 감소시킬 여지도 만들어야한다고 하구요. 즉, 치료자는 은근히 환자가 면담에 참여하도록 지속적으로 북돋아주면서, 필요한 만큼 환자를 지지해주어야 합니다. 동시에, 치료자는 정신치료적인 과정이 일어날 수 있는 토대를 마련하는 더 복잡하고 차원이 높은 단계에서 환자와 함께 작업해야 하지요.

요컨대, 평가면담에서 치료자의 구체성과 지지는 환자를 안심시키지만, 이러한 치료자의 태도가 나중에 분석정신치료를 수행할 때, 환자에게 기대되는 몫이라고 할 수 있는 (즉, 환자 스스로 탐구하도록 하게 하는) 치료작업과 어긋나지 않게 하는, 어찌 보면 두 가지 경계선 위에서 잘 타야 하는 곡예와 같다고나 할까요.

샤프만(1992)은 탐구(분석)정신치료를 수행할 때 환자에게 요구되는 기본적인 전제 조건을 다음과 같이 열거한 바 있었습니다.

1. 자신의 생각, 감정, 공상 등을 충분히 언어로 표현할 수 있는 능력이 있어야 한다.

2. 적절한 정도의 지능수준을 가지고 있어야 한다.

3. 어느 정도의 고통을 경험하고 있는 상태로 즉 증상이 있거나 자신이 스스로 불편을 느끼는 성격의 어떤 속성이 있는가의 여부.

4. 자기 자신과 자신의 인생에 관해 논리적인 태도로 이야기할 수 있어야 한다. (즉 이차과정의 사고*secondary process thinking*를 중심으로 심리가 구조화되어 있어야 한다.)

5. 환자의 인생에서 현재 환자가 처한 상황이 비교적 안정적이어야 한다. (외부현실이 비교적 안정적이어야 한다.)

6. 심리적 현상을 이해하는 능력*psychological mindedness*이 있어야 한다. : 내면의 감정 반응, 생각, 공상 등을 깨닫는 것을 말하는데, 이는 말만 그럴듯하게 잘 하는 것과는 구별해야 합니다.

7. 치료자와 기본적인 신뢰 관계를 형성할 수 있는 능력이 있어야 한다.

자, 이쯤이면 초보 치료자인 여러분의 한숨 소리가 들리는 듯하네요. 도대체 어디서 저런 환자를 만날 수 있을까 싶지요? 아마도 의욕이 넘치는 초보 치료자인 경우에는 자기만 제외하고 다른 치료자는 모두 저렇게 분석정신치료가 가능한 환자를 본다고 생각하고 강렬한 시기심에 휩싸일지도 모릅니다.

사실을 말하자면, 초보인 치료자에게 앞서의 기준을 만족시키는 환자가 왔다면 그건 오히려 아주 드문 일이 일어났다고 생각해도 됩니다. 현실에서는 보통 초보 치료자는 오히려 아주 어려운 환자를 보게 되는 일이 종종 일어납니다. 그래서 분석정신치료보다는 대부분 지지정신치료를 요하거나 그러다가 상태가 호전되고 환자와 치료자 모두 더 능력이 생긴다면 역동정신치료를 시도해 볼 수 있겠지요.

하지만 초보 치료자가 분석정신치료에 관해 긍정적인 경험을 해 보려면, 환자가 고통을 겪고 있지만 환자에게 고통을 야기하는 갈등이 그 환자의 정서 생활의 주된 부분을 모두 다 차지하고 있지는 않는 경우가 좋습니다. 왜냐하면 대부분의 성공적인 분석정신치료의 효과를 경험하는 환자는 최소한, 개인과 사회생활의 한 부분에 있어서는 성공적인 면을 가지고 있어야하기 때문입니다.

환자에게 권하기 전에 치료자가 치료 방법을 생각해 볼 때 여러 가지를 생각해 보면 도움이 됩니다. 다양한 치료방법 중에서 왜, 이 치료(분석정신치료)를 환자에게 권해야 하는지, 환자는 지금 인생에서 어느 시기에 와있는지, 치료자는 자신의 인생에서 어느 시기에 와있는지, 또는 어느 정도의 임상 경험이 있는지, 즉 치료자로서의 자신의 능력도 살펴볼 필요가 있지요. 또한 현재 자신이 보는 환자 군(群)이 어떤지에 관해서 등입니다. 이미 너무 심한 상태의 환자를 분석정신치료로 보고 있다면 지금 이 시점에서 자신이 또 다른 심한 상태의 환자를 더 살펴볼 수 있는 역량이 있는지를 자문해 봐야 합니다.

분석정신치료에서 환자 선정과 평가가 필요한 이유는 무엇일까요? 분석정신치료는 환자가 지금까지 익숙하게 사용해 오던 방어기제를 서서히 흔들어서 환자의 무의식적 갈등과 공상이 드러날 수 있게 만듭니다. 이 과정에서 환자의 신경증적 증상이 지나치게 악화되거나 심지어는 정신병적 증상이 발전되어 나올 수도 있으므로 이러한 가능성에 관한 평가는 필수적이라고 하겠습니다. 우리의 옛말 중에 빈대 잡으려다 초가삼간 불태운다고, 하는 말이 있는데, 대체로 이런 우를 범하지 않기 위해서입니다.

궁극적으로 볼 때, 분석정신치료는 환자와 치료자에게 모두 상당하다고 할 정도의 정서적인 경험 및 교감이 요구되는 치료이며, 이뿐만이 아니라 환자가 감당해야 할 몫이 많은 치료이기도 합니다. 환자에게는 시간과 돈과 노력이 많이 들어가는 치료이고, 치료자에게도 제한된 시간 동안, 제한된 환자만을 볼 수밖에 없는 현실에서 두 사람 모두에게 만족할 만한 효과를 내기 위한 심사숙고가 필연적인 치료라고 하겠습니다.

마지막으로 간과하지 말아야 할 부분이 있습니다.

치료자가 환자를 평가할 때, 환자도 치료자를 평가하고 있다는 점이지요. 환자-치료자의 관계에서 환자는 자신이 고통 받고 있는 힘든 상태에서 생면부지의 치료자에게 도움을 구하러 와서 그것도 자신의 은밀한 개인사를 술회해야 하는 상황임을 미루어볼 때, 다만 그 평가를 분명히 드러내기 어려워할 따름입니다.

2. 환자의 역할과 치료자의 역할

분석정신치료에서는 무엇보다도 환자의 협조가 중요합니다. 왜냐하면 치료 과정 중에 환자가 감당하고 부담해야하는 몫이 크기 때문이지요. 이를 수치로 표현하기는 어렵고 또한 수치로 인해 도식화 되는 문제가 생길 수 있지만, 저는 개인적으로 분석정신치료에서 전체 치료 진행의 몫을 10으로 볼 때 치료자의 몫을 4로 두고 환자의 몫을 6 정도로 생각하고 있습니다. 지금 자신과 치료를 하려는 이 환자는 과연 어느 정도의 몫을 감당할 수 있는 상태인가? 치료자 자신에게 이를 스스로 묻고 파악하려는 노력이 필요합니다.

요리를 잘 하는 사람과 요리를 잘 못하는 사람의 차이가 무엇일까요? 제 경험에 의하면 요리할 때 들어가는 여러 재료와 양념을 필요한 만큼 적절하게 넣을 수 있는지에 그 차이가 생긴다고 봅니다. 무조건 많이 넣으면 좋을 것 같다는 생각에 너무 많이 넣으려 한다면 그 요리의 맛을 장담하기 어렵겠지요. 꼭 필요한 재료와 양념이 안 들어가도 마찬가지로 맛을 장담할 수 없다고 봅니다. 결혼 초에 왜 내가 만든 요리는 맛이 없고 남편이 만든 요리는 맛이 있는지를 살피다가 제가 내린 결론이 이러했습니다. 또한 맛있게 만든 음식도 우리가 맛있게 먹기 위해서는 적당한 양과 적당한 온도를 잘 이용할 수 있어야 하겠지요. 이 모두는 저의 초기 신혼 생활에서의 경험을 통해 깨닫게 된 일입니다.

분석적인 계열에 속하는 정신치료도 바로 이런 발상으로 이해한다면 좀 더 쉬울 겁니다. 치료자가 나서서 환자의 어려움을 다 해결해 줄 것 같은 태도를 취하면 이는 아주 취약한 상태에 놓여있는 환자의 경우에서는 환자에게 안전감과 안정감을 느끼게 하고, 치료자로부터 필요한 충분한 지지를 받았다고 느끼게 할 수는 있지요.

하지만 반대로 현실감이 충분히 살아있고 이미 다른 사람이 자신의 인생 문제를 다 해결해 줄 수는 없다는 걸 알고 있고 치료를 받으러 오기 전에 여러 가지의 시도를 통해서 자신의 문제가 해결이 안 된다는 걸 파악하고 온 환자의 경우라면 치료자가 이런 태도를 취한다면 오히려 환자는 치료자의 전문성을 의심하게 될 터이겠지요. 그도 그럴 것이 이런 환자의 경우에는 자신의 문제를 해결해야 하는 데 있어서 근본적인 문제로의 접근과 이해가 필요하다는 의식적인 각성을 지니고 치료에 왔을 가능성이 높기 때문이니까요.

만약 환자 마음속에 치료자의 몫이 10이라는 주장이 강하다면 우선 지지적인 정신치료를 하면서 어느 정도까지 환자가 자신의 몫을 감당할 잠재력이 있는지를 살필 수도 있습니다. 바로 이러한 속성 때문에 분석정신치료의 결과에 대한 예측이 어렵다고 할 수 있습니다. 환자가 처음에는 환자의 몫인 6할 정도를 할 수 있을 거라고 치료자가 평가했지만 치료의 진행에 따라 그렇지 않다는 게 점점 더 분명해질 수도 있겠고, 그와 반대의 경우도 가능할 수 있겠지요. 이런 속성으로 인해서 분석정신치료의 치료적 효과를 치료자가 환자에게 확신을 가지고 예측해서 미리 말해주기가 어렵고 따라서 분석정신치료에 대한 근본적인 의구심이 많은 사람을 설득하기가 어렵습니다.

이 지경에 이르게 되면, 초보 치료자는 다시 한숨이 나오겠지요. 다음의 넋두리가 절로 나오겠네요. '아니 하나도 단순하거나 쉬운 게 없어 보이네.' 하고 말입니다. 네, 맞습니다. 분석정신치료를 한다는 일은 늘 치료자로 하여금 시험에 들게 하는 일이고 항상 불확실성과 더불어 살아가는 일입니다. 자신이 이런 점을 너무나 견디기 어려워한다면 왜 이런 치료를 하는 치료자의 길로 들어섰는지 한 번쯤 진지하게 생각해 보는 일이 필요합니다.

하지만 저는 환자가 치료의 효과에 관해 초기 면담이나 평가면담 후에 물어볼 때, 치료자가 지나치게 회의적으로 답할 필요는 없다고 봅니다. 보통은 치료자의 치료 목표가 환자가 바라는 치료 목표보다 높은 경우가 많고, 환자는 치료에서 충분한 도움을 받았다고 느끼는 경우도 많기 때문이겠죠. 혹은 치료를 통해서 환자가 자신에 대해서 충분한 통찰력을 갖게 되면서 자신이 치료에서 얻을 수 있는 이득의 현실적인 한계를 인식하게 되기도 합니다.

우선 치료자의 역할을 생각해 볼까요? 앞서 얘기에서 분석정신치료 진행에서의 환자의 몫을 6할이라고 보고, 치료자의 몫을 4할이라고 제가 가정했는데 제 말을 잘못 오해하지 않으셨으면 합니다. 그 비유는 치료가 진행될 때 치료 안에서의 역할을 이야기한 것입니다. 하지만 환자와 분석정신치료의 치료 계약을 맺은 뒤에 그 치료 틀을 유지하고 치료 환경을 만드는 데 있어서 치료자의 역할은 이보다 훨씬 더 큽니다.

처음으로 치료를 시작하는 시점에서 볼 때, 저는 치료자의 역할이 거의 10에 해당한다고 봅니다. 치료를 시작한 이후에는 물론 치료 계약을 따라야 하는 환자의 역할 분담이 늘어나게 됩니다. 환자에게는 치료 지속을 위한 치료 계약의 외적인 틀을 준수해야 하는 역할 분담이 있지요.

약속한 치료 시간에 오고, 약속한 치료비를 지불하는 등의 일이 여기에 속하겠지요. 치료 계약의 내적인 부분으로는 치료 시간에 와서 자신이 하고 싶은 얘기나 떠오르는 생각, 느낌, 감각 등을 가능한 한 솔직하게 이야기해야 하는 역할이 부여됩니다.

요컨대, 분석정신치료는 말로 하는 치료입니다. 환자가 치료 시간에 무엇이든 말로 표현하는 건 괜찮지만 치료 시간 내에서 어떤 행동이건 행동으로는 표현하지 않아야 하겠지요.

분석정신치료에서는 정신분석에 비하면 환자에게 자유연상을 하도록 많이 강조하지는 않지만, 환자가 이야기해 나아감에 따라서 환자가 직면하고 있는 고통을 향해 나아가는 과정인 셈입니다. 따라서 분석정신치료에서 환자에게 부여된 중요한 역할은 자신의 고통을 향해 나아가라는 거지요. 당연히 환자는 의식에서는 이 작업을 하러 분석정신치료에 왔다고 알고 있지만 여러 방법을 통해서 이 고통을 피하려고 합니다. 환자는 침묵하거나, 자신의 고통과 멀어지는 방식으로 말하거나 등등의 방법으로 말이에요.

이 과정에서 치료자에게는 환자에게 왜 치료 계약이 필요하며 치료의 틀을 유지하는 것이 치료에 어떤 의미가 있어서 그런지를 필요한 시기에 적절하게 설명하거나 교육하거나 환자의 저항을 조심스럽게 다루어 주어야 하는 역할이 있습니다. 왜냐하면 분석정신치료에서 치료자가 환자에게 요구하는 일들은 환자에게는 이상하게 생각될 수 있는 일이기도 해서이지요.

이 과정에서 의문이 생깁니다. 예를 들면, 왜 환자에게만 주로 말하게 하고 치료자는 가만히 듣고만 있는지요? 그리고 환자가 질문을 하는데 왜 치료자가 직접적인 답변을 하지 않기도 하는지요? 환자가 가지게 되는 매우 기본적이고 일반적인 의문일 것입니다.

하지만 이 대목에서 주의를 기울여야 합니다. 주로 환자가 자유롭게 이야기하게 하고 치료자가 침묵하는 이유는 환자에게 치료적으로 도움이 되는 퇴행을 일으키기 위한 목적이 있다거나, 환자의 질문에 바로 즉각적이고 직접적인 대답을 안 하는 경우에도 어떤 치료적 목적이 있어서 그런다거나 하는 걸 알려주는 일이 치료자의 역할에 속하는 일입니다.

많은 환자가 말하는 것만으로 과연 치료가 될 수 있는지를 궁금해 하기도 합니다. 아이흘러(2010)는 다음과 같은 비유로 이를 설명하고 있습니다. 복서가 캄캄한 링 위에 서 있으면서 누구와 싸우는지 모르는 상태일 때, 정신치료는 여기에 빛을 비추어서 누구와 싸우는지를 보게 해 준다, 라구요.

3. 책이나 논문에서 얻은 정보와 지식의 실제 적용

사실 이 주제는 강의를 하기에 적합한 주제가 아니라고 생각합니다. 왜냐하면 보통 정신치료 슈퍼비전을 받는다면 제가 다루려고 하는 주제가 자연스럽게 슈퍼비전 중에 다루어지고 사례에 맞는, 또는 치료 과정에 맞게 정신분석의 개념과 기법이 정신치료에서 어떻게 다루어지며 적용해야 하는지에 관해 논의될 것이며, 그것도 구체적인 예와 함께 제시되므로 정신치료를 배우는 사람에게 많은 도움이 될 것이기 때문이지요. 그렇기 때문에 치료자들은 슈퍼비전을 정신분석이나 정신치료의 수련 과정 중에 치료자 자신이 개인 정신분석이나 개인 정신치료를 받는 것과 수업 시간에서 배우는 것 못지않게 중요한 부분으로 생각하고 있지요.

하지만 현재 우리나라에서 정신치료를 배우는 과정에서 이런 걸 충분히 배울 수 있는 슈퍼비전의 기회가 지속적이고 충분하게 제공되고 있는지는 의문입니다. 그러므로 다소 억지스러운 토픽을 정해서 서술하려고 하는 이유가 여기에 있습니다.

또한 제 자신의 경험을 뒤돌아보아도 미국으로 정신분석 수련을 받으러 가기 전에도 정신분석 연구 모임 등에서 수많은 정신분석 논문들을 읽었고, 집단 슈퍼비전의 형식을 통해서 사례 토의를 했지만 그 당시의 저로서는 정신분석 논문들에서 밝히고 있는 것들이 정말 어떤 걸 의미하고 있는지 이해하기가 어려웠던 게 사실이기도 합니다.

예를 들자면, 자유연상이 과연 어떤 건지, 전이란 어떤 경험인지, '무의식'이라고 하는데 정말 내가 깨닫지 못하는 '무의식'에 의해 영향 받고 있는지 등의 의구심을 가졌구요.

이런 의구심의 많은 부분은 미국에 가서 주 5회로 제 자신의 개인 정신분석을 받으면서 비로소 이해가 되었어요. 이런 제 자신의 경험에 비추어볼 때, 또 개인 슈퍼비전이나 집단 슈퍼비전을 통해 가르치는 입장이 되어서 많은 슈퍼바이지(수련생)들이 겪는 어려움을 보면서 이런 부분에 관해 실제적인 도움을 주는 책이 있으면 좋겠다는 생각을 하게 되었지요.

오늘 제가 말하고 싶은 건 정신분석 논문에서 읽고 배운 걸 어떻게 소화해서 여러분이 분석정신치료를 할 때 적용할 수 있는지 하는 점에 대한 일종의 '요령'이랄까 혹은 영어로 '팁tip'이라고 불리는 부분이지요. 어떤 거창하거나 그럴듯한 이론이나 기법에 관해서가 아니구요. 치료자 자신이 개인 정신치료나 개인 정신분석을 받은 경험이 있으면, 주로 자신이 경험한 것을 토대로 정신분석이나 개인 정신치료에서 적용하는 기본적인 규칙이나 세팅에 대한 개념을 가지게 됩니다. 또한 왜 그것이 필요하고 어떻게 도움이 되는지에 관해서, 즉 기본적으로 정신분석이 어떻게 도움이 되는지를, 그리고 이론이 어떻게(적어도 자신의 경우에는) 맞는지에 대한 확신이 생기기 때문에, 자신이 치료자가 되어 환자를 볼 때 그것을 적용하는 데 별 어려움이 없게 되지요.

정신분석 논문이나 책을 읽을 때 고려할 점을 알고 있으면 좋겠다는 생각이 들었는데 지금 우리 현실에서는 주로 외국의 정신분석에 관한 책이나 논문을 읽거나 인용하는 경우에 그 책과 논문이 어떤 배경에서 나왔는지 모르는 건 아닌가 하는 의구심이 드는 경험을 해서 그렇습니다. 즉 어떤 환자 군에 관해 이야기하고 있는지 혹은 저자가 주로 어떤 환자 군을 보는 사람인지에 관해 생각해 보고 그 책이나 논문을 읽으면 더 도움이 된다고 생각합니다.

소위 전통정신분석의 3대 정신분석 학술지로는 JAPA*Journal of American Psychoanalytic Association*, IJP*International Journal of Psychoanalysis*, PQ*Psychoanalytic Quarterly*가 있습니다. 여기에 소아정신분석을 포함시키면 PSC*Psychoanalytic Study of the Child*가 들어갑니다.

요즘은 인터넷에 이 네 가지 학술지 외에도 수많은 정신분석과 관련된 학술지를 묶어서 일정의 비용을 지불하면 우리나라에서도 쉽게 앉아서 수십 년 전의 정신분석의 초기 논문부터 현재의 논문들까지 열람할 수가 있습니다. 이 논문들을 볼 수 있는 '정신분석적인 전자 출판*Psychoanalytic Electronic Publishing*' 사이트가 있는데, 그 인터넷 주소는 다음과 같습니다.

www.pep-web.org

이 사이트에는 현재 정신분석과 연관된 59개 종류의 저널들 중에서 멀리는 1918년의 논문부터 볼 수 있게 올라와 있습니다.

앞에서 말씀드린 네 가지 정신분석 학술지에서 정신분석이라는 용어를 쓸 때는 한 번에 45분 혹은 50분 씩 환자를 보고, 이를 기본적으로 일주일에 4번 내지는 5번 씩 본 사례를 칭합니다. 이는 너무나 기본적인 사항이라서 본문에서는 보통 아예 언급을 하고 있지 않습니다. 마찬가지로 이러한 학술지의 논문에서 카우치를 언급하지 않더라도 정신분석의 사례라면, 자동적으로 카우치를 사용한 겁니다. 따로 다른 말이 없는 한 말이지요.

대부분의 정신분석가는 정신분석에 관한 논문을 쓰지요. 분석가가 분석정신치료에 관한 논문을 쓰는 경우는 많지 않습니다. 또한 정신치료에 관한 좋은 책도 그리 많지는 않습니다. 왜 그럴까요? 그 이유를 생각해보신 적이 있으신지요? 실제로 분석가들이 정신치료를 하지 않아서일까요? 그렇지는 않다고 저는 생각합니다. 분석가들도 정신치료 환자를 많이 보지요. 정신분석 환자만을 지속적으로 보는 정신분석가는 아주 드물다고 봅니다. 정신분석가로서 성공적으로 안착한 극소수의 경우에 해당하는 이야기지요.

우리나라의 사정은 더 말할 필요도 없지요. 대부분의 정신분석가는 분석정신치료 환자를 더 많이 보고 있다고 생각합니다. 그럼에도 정신분석가들이 정신치료 사례에 기반 한 논문을 쓰는 걸 꺼려하는 이유는 정신분석이 정신치료보다는 우리 무의식을 좀 더 깊이 있게 들어가서 이해하는 작업이므로 분석정신치료의 사례의 경우를 통해서 보다는 정신분석의 사례에서 더 신뢰할 수 있는 이를테면 '증거에 기반 한 사실'을 인용하면서 자신의 주장을 신빙성 있게 전개할 수 있어서라고, 저는 생각합니다. 또한 지금까지는 앞의 네 가지 정신분석 저널에서는 분석정신치료 사례를 기반으로 한 논문을 채택해주지 않는 성향도 일조한 바 있다고 봅니다.

치료자 입장에서는 분석정신치료가 훨씬 더 어려운 치료라고 볼 수도 있습니다. 흔히 하는 말로 정신분석을 감당할 수 있는 능력이 (적절한 수련을 통해서) 생기면 정신분석을 감당하는 일이 정신치료를 수행하는 일보다 더 쉽다고도 말하기도 합니다. 왜냐하면, 주 1회 내지 주 2회의 분석정신치료에서는 시간상의 제약 때문에 충분한 '증거에 기반 한 사실'이 나오기 전이라도 무언가 치료자가 개입하거나 해석을 해야만 하는 경우가 많은 반면에, 주 4회 내지 주 5회를 하는 정신분석에서는 치료자가 훨씬 더 느긋하게 기다리면서 충분한 증거가 쌓이기를 기다려서 환자에게 더 신빙성이 있다고 느껴지는 개입과 해석을 하기가 수월할 수 있기 때문이지요.

정신분석 논문에서 논의하고 있는 건 정신분석 과정이 일어나게 만드는 과정과 그 과정에서 얻은 경험을 논의하고 있는 거지요.

그럼, 정신분석과 정신치료가 뭐가 달라서 정신분석 논문에서 읽은 대로 정신치료에서 하면 안 되는 걸까요? 환자가 퇴행하게 되는 정도, 분석 과정을 일으키게 하는 정도, 전이와 역전이를 활성화시키는 정도, 그 치료적인 이용의 정도, 이를테면 환자의 방어를 활성화시켜서 흔든다든지, 환자의 저항을 다루는 방식이 서로 다르다든지 하는 등에서 차이가 있을 수 있습니다.

어떤 분석가에게 이런 말을 들은 기억이 나는데요. 정신분석 수련을 거쳐 분석가가 된 후인 지금 돌이켜보면, 예전에 어떻게 정신치료를 했는지 모르겠다, 라고 하더라구요. 저도 같은 생각이 들곤 합니다. 그래서 특히 미국에 정신분석 공부를 하러 가기 전에 봤던 정신치료 환자들에게 고마운 마음이 듭니다.

치료자가 분석정신치료를 한다고 할 때, 과연 어떤 걸 분석정신치료라고 생각하고 있는지요? 그에 따른 치료자의 이해에 따라서 이 치료에 적합한 환자를 선택하고 있는지, 왜 이런 선택이 필요한지에 대해서 충분히 알고 있는지요? 우리나라의 현실에서 환자 선택이라는 문제를 사회적으로도 동의하고 이해해주는지의 문제 등도 생각해 볼 수가 있지요. 또한 자신이 지금 현재 보고 있는 환자 군이 주로 어떤 환자 군인지에 따라 어떤 환자를 새로 보기가 어렵다거나 하는 일이 있을 수 있기도 하지요.

또 치료자가 어떤 치료 세팅에서 일하고 있는지도 중요합니다.

현재 우리나라 현실에서 분석정신치료의 세팅이나 치료 계약이 환자와 치료자에게 얼마나 익숙한 것일까요? 요즘에서야 식당에 예약하고 나타나지 않는 노쇼*no show*에 대한 대처의 필요성이 우리 사회에서 제기되고 있지요. 그렇다면 환자가 약속한 치료 시간에 오지 않을 경우에도 그 시간의 정신치료비를 받는 방식의 치료 세팅을 우리는 얼마나 수용할 수 있을까요? 어떠한 방식으로 분석정신치료의 세팅으로 향해 점차 나아가면서 치료를 진행할지의 문제도 생각할 수 있는 가능성의 하나가 되기도 합니다. 이에 관한 이슈로는 치료 시간의 문제, 즉 적어도 45분 정도의 시간을 규칙적으로 한 환자를 위해 쓸 수 있는지, 치료비는 어떤 방식으로 받을 수 있는지, 환자가 치료에 오지 않을 때 치료비의 문제는 어떻게 해결할 것인지 등등의 문제가 있겠습니다.

왜 환자의 선택이 필요할까요?

정신치료 환자도 많지 않은 판에 정신치료 받겠다는 환자가 있으면 무조건 맡지, 하고 생각하는 분도 있을 겁니다. 물론 정신치료에는 여러 종류의 정신치료가 있지요. 분석정신치료, 지지정신치료, 단기정신치료, 장기 정신치료 등등 말이지요. 모든 환자에게는 어떤 종류의 정신치료든 도움이 된다고 말한다면 그렇게 생각할 수도 있습니다. 단 여기서 제가 강조하고자 하는 바는 분석정신치료를 하려고 생각하는 경우입니다. 사실 환자를 선택한다는 것조차 우리에게는 아직 익숙하지 않은 개념이기도 해요.

제 개인 경험을 말씀 드리면, 제 첫 번째 분석가였던 고(故) 김명희 선생님에게 정신분석을 받고 싶다고 말씀드리고, 첫 번째 인터뷰를 서울의 어느 호텔 커피숍에서 했습니다. 마침 김명희 선생님이 서울에 세미나에 참석하러 오신 길이었습니다. 아마 선생님도 이 만남을 정식 인터뷰라고 생각하시기보다는 제가 어떤 사람인지, 어째서 미국으로 자신에게 정신분석을 받으러 오겠다고 하는지에 관해 궁금해서 전후 사정을 우선 들어보려고 하셨겠지요.

그런데 나중에 돌이켜 생각하니 그 사람 많은 호텔 커피숍에서 거의 눈물콧물을 쏟으며 제가 첫 면담을 성사한 셈이 되었지요. 원래는 제 차로 선생님의 그 다음 행선지인 근처 병원(아마도 다른 세미나가 있었다고 생각됩니다)으로 모셔다 드리기로 했지만, 제가 이미 본격 치료라도 받듯이 퇴행해서 말씀을 드렸기 때문인지, 면담 후에 선생님이 택시로 따로 가겠다고 하셨지요. 그런데 제가 그때 충격을 받은 건 선생님이 "앞으로 편지를 교환하면서 차차 상의합시다."라고 했기 때문입니다. 저는 즉시 마음속에서 몹시 복잡한 여러 가지의 생각과 분노의 감정도 느꼈어요. '아니, 나만한 정신분석 환자가 어디 있다구!' 하는 식의 생각과 함께 말이에요. 결국 1주일 뒤에 선생님이 다시 미국으로 돌아가시기 전에 허락하는 말과 함께, 준비해서 미국에 오면 분석을 시작하자는 말을 남기고 가시긴 했지만요. 이때 처음으로 저는 '환자 선택'이라는 개념을 어렴풋하나마 느끼게 되었습니다.

환자 선택에 관해서라면 두 가지를 먼저 떠올리는 게 도움이 됩니다. 영어로는 indication과 suitability입니다. 우리말로 번역한다면, 적응증과 적합성 정도가 적당하겠지요. 환자가 와서 정신치료를 받고 싶다고 하면 무조건 시작해야 하는 걸까요? 사실 우리나라에서 그동안의 제 경험으로 보면 조금 이 분야에 관해 관심을 가지고 오는 환자는 정신치료가 아니라 정신분석을 하고 싶다고 오는 경우가 많았습니다.

하지만 그들이 정신분석이라는 용어를 쓰더라도 제가 생각하는 정신분석과는 차이가 많았습니다. 우선 주 4회 오는 걸 생각하고 정신분석을 받겠다고 하는 경우는 거의 없었지요. 대부분 주 1회 정도를 생각하면서 정신분석을 받고 싶다고 하지요. 그러니 벌써 환자가 원하는 거와 환자가 현실적으로 할 수 있는 것과 제가 해줄 수 있는 것 사이에는 엄청난 간극이 있습니다.

적응증indication의 경우, 책에서 말하는 분석정신치료가 가능한 많은 요소를 환자가 훌륭하게 충족하면, 일단 적응증에 들어간다고 볼 수 있습니다. 그런데 만약 이 환자가 시간을 규칙적으로 내서 지속적으로 치료에 올 수 없는 환경에 있거나, 치료비를 지불할 수 없는 상태인 경우에 적합성suitability의 측면에서 본다면 적절한 환자가 아닐 수 있지요. 또 하나 환자 선택에서 제가 고려하는 사항은 치료자인 제 상황입니다. 만일 제가 그 당시에 급성으로 힘든 상태에 있는 환자를 보고 있는데 역시 급성으로 힘든 상태에 있는 또 다른 환자를 분석정신치료 환자로 다시 받을 수 있는 여력이 저에게 있느냐 하는 것의 여부이겠지요. 분석정신치료를 한다는 것은 치료자에게도 힘든 작업이라서 자신의 개인 역량을 잘 살피는 일도 중요하답니다.

제가 미국에서 정신분석을 수련하던 중에 들은 이야기인데요, 분석가 한 분은 자신의 자녀들이 사춘기일 때 한 몇 년간 일부러 청소년 환자는 안 보았다고 했습니다. 집에서 자신의 사춘기 아이들과 힘든 시간을 보내면서 자신이 청소년 환자를 맡는다면 쉽게 부모 입장에서 듣고 보게 되어서 그 역전이를 감당하기가 어려울 것 같아서라고 하였습니다. 이렇듯이 치료자가 자신의 한계를 잘 아는 일도 매우 중요합니다. 만일 이 일을 평생 업으로 삼아서 오래 오래 일하고 싶다면 더욱 그러하겠지요.

따라서 '환자 선택'의 문제는 치료자가 매우 잘 알고 있어야 하는 개념이라고 생각합니다. 분석정신치료란 많은 시간과 돈과 감정적 에너지가 투입되는 것이고 그런 투입에 비해서 환자와 치료자가 만족할 만한 결과를 낼 수 있겠는가 하는 점을, 치료를 시작하기 전에 충분히 고려해야 해요. 문제는 환자들은 보통 이런 치료가 어떤 것인지를 정확하게 알기 어렵고, 알더라도 막연하게 알고 있어서 합리적인 결정을 내리기 어렵습니다. 두말할 필요가 없이, 치료자의 전문적인 판단이 더 중요하다고 생각합니다. 특히 우리나라의 경우는, 외국과는 달리 환자의 주변에서 이런 치료를 통해 어떻게 도움 받는지 하는 모델을 본 경험이 거의 없는 상태이기 때문에, 여러 매체를 통해 얻은 피상적인 지식과 정보나, 혹은 지나치게 극적인 변화를 바라는 실현 불가능한 기대감을 가지고 오는 경우가 많습니다.

여러 가지의 책들에 나와 있는 분석정신치료의 적응증을 여기에서 되풀이하기보다는 그 외에 제가 임상적으로 사용하는 방식을 소개하려고 합니다. 저는 우선 환자의 이야기를 들으면서 이 환자가 고통스러워하는 삶과 현실이 어느 정도의 고통일지를 가늠해 봅니다. 그래서 만일 분석정신치료를 한다면 불가피하게 그 고통을 다시 치료 상황에서 경험하게 될 터인데 이러한 퇴행을 얼마나 환자가 견딜 수 있고, 또한 그 고통을 치료하는 데 도움이 되는 방식으로 건강하게 다룰 수 있는 힘이 환자에게 얼마나 있을지를 생각합니다.

그 다음에는 그 환자의 현실적인 조건을 고려합니다. 과연 얼마나 지속적으로 올 수 있을지, 치료비를 환자 본인이 감당할 수 있는지. 만일 보호자가 치료비를 내 주어야 하는 상황이라면 보호자는 과연 어느 정도 이런 치료 방식을 이해하고 지지할 수 있는지를 가늠해보려고 하지요. 예를 들어 정신분석을 원한다고 하면서 몇 달 후에 다른 지방으로 옮겨가야하는 현실적 사정이 있다고 한다면, 당연히 지금 수행할 수 있는 치료는 정신분석이 아니라 단기정신치료가 될 터이지요.

제가 미국에서 돌아와서 분석정신치료와 정신분석을 전문으로 하는 임상을 시작했을 때, 다른 선생님들이 저에게 의뢰하는 환자를 보면 때로는 마치 문제가 심각한 환자를 제가 잘 치료할 수 있을 거라고 생각해서 저에게 보내는 경우가 있었지요. 하지만 사실은 그와 정반대입니다. 제가 분석적인 방식으로 가장 잘 도와줄 수 있는 환자는 자신의 일을 스스로 잘 대처할 수 있을 만큼 기능하고 있지만 주관적으로 받아들이는 괴로움이 있는, 말하자면 어느 정도는 기능의 수준이란 것이 꽤 높은 환자이지요. 또 다른 딜레마는, 분석정신치료의 적응증에는 다 맞지만 현실적인 여러 여건이 환자가 치료를 지속할 만한 여건이 안 되는 경우에는 치료를 하기가 어려워지지요.

이제 치료 세팅에 관해서 이야기해 볼까요? 치료 세팅이 왜 그리 중요한 걸까요? 이 치료 세팅을 제대로 해 논 상태에서 치료를 수행해야 분석정신치료의 과정에서 활성화되는 무의식의 자료들이 의식으로 올라올 때 치료적으로 다룰 수가 있습니다. 우선 정해진 시간에 정해진 시간만큼을 규칙적으로 치료자를 볼 수 있는 상황. 치료자가 항상 그 시간에 같은 치료실에서 기다리고 있는 것. 보통의 사회적 관계에서 기대하기 어려운, 어떤 면에서 살펴보자면 다소 비현실적인 상황이기도 하지요. 이런 인위적인 비현실적인 상황을 만들어 놓은 이유는 우리의 무의식을 살피는 실험실의 상황이 되도록 만들기 위해서입니다.

일주일에 몇 번 만날지 하는 횟수의 문제도 있는데 보통 전통적 정신분석에서는 주 4회 내지는 주 5회를 시행합니다. 그 경우에는 카우치에 누워서 하고, 그 외에 주 3회 이하 주 2회나 주 1회에서는 보통은 얼굴을 마주 보고 앉아서 하게 됩니다. 한 차례 만날 때의 시간은 보통 45분에서 50분으로 미리 정하지요. 이 시간도 프로이트는 애초에 1시간 정도 보았다고 하는데 그 뒤에 전화의 발명 및 확산이 있으면서 환자 보는 사이의 시간에 분석가들이 처리할 일, 전화를 주고받는 등의 일을 하고 또 제2차 세계대전을 지나면서 정신분석을 원하는 사람들이 많아지면서 환자를 더 보기 위해서 한 번에 45분으로 줄었다고 합니다. 또한 책에는 노골적으로 명시되어 있지 않지만 치료자의 수입과도 관련이 됩니다. 이러한 치료를 하는 경우에 하루에 볼 수 있는 환자의 수가 제한적일 수밖에 없는데 치료 시간이 초창기의 1시간에서 45분으로 줄어들면서 하루에 볼 수 있는 환자 수가 다소 늘어나는 추세로 변화되어 갔습니다. 하지만 현재로서는 무의식을 다루는 의미 있는 작업을 하기 위해서는 회당 적어도 45분은 봐야한다고 생각하고 있기 때문에 45분에서 더 짧은 시간으로 단축될 것 같지는 않네요.

4. 치료자의 말, 혹은 개입에서 해석에 이르기까지

주로 치료자가 침묵하면서 많이 듣는 자세를 취하는 분석정신치료에서 치료자의 말은 치료자가 상상하고 의도하는 것 이상으로 환자에게는 많은 의미를 전달하게 됩니다. 정신분석에서 무엇이든 떠오르는 대로 진술하라고 자유연상을 권장하는 것 자체를 환자가 자신이 무슨 공상을 하든지 간에 괜찮다고 허용된다고 받아들이듯이 분석정신치료에서 치료자가 무엇을 선택해서 말하든 간에 환자는 그것을 마치 치료자가 그걸 안 좋게 생각한다고 받아들이기도 합니다. 치료자에게 환자가 자신의 초자아를 투사하는 일은 흔한 현상입니다. 치료자가 아무 말을 안 하고 지나가는 건 마치 치료자가 그건 괜찮다고 한다는 식으로 환자는 받아들이기도 합니다. 그 반대로 받아들이는 경우도 있구요.

또한 치료자는 명시적 말이 아니라 '음', '흠' 등등의 소리를 내는 경우도 많은데 이런 경우에 환자들은 보통 치료자가 환자의 말에 긍정의 신호를 보냈다고 생각하는 경향이 있습니다.

치료자의 말들을 카테고리화해서 살펴본다면 저는 세 가지 정도로 나누어 생각할 수 있다고 봅니다. 치료자의 말에서 많은 부분을 차지하는 것은 명료화시키기 위한 질문 형태의 말이 있을 수 있습니다. 명료화는 환자가 이야기하는 내용에서 모호한 부분을 좀 더 상세한 질문을 통해 명료화하려는 목적을 가지고 있습니다. 명료화는 환자가 이야기하는 상황을 명료화하기 위한 질문이나 아니면 환자가 직면한 심리적 현상을 명료화하기 위한 물음으로 다시 나누어 볼 수도 있겠지요. 물론 이런 명료화를 위한 질문을 던질 때도 형사가 범인 취조하듯이 묻는 것처럼 해서는 안 되지요. 항상 환자의 주의를 이끌면서 그 부분을 좀 더 아는 게 흥미롭지 않은지 하는 등의 태도를 취하는 게 기본적일 테죠. 이러한 명료화와 온전히 구별하기는 쉽지 않지만 직면시키기 위한 치료자의 말도 있을 수 있습니다. 환자가 어떤 현상을 피하고 대면하지 않으려 할 때, 이를 직면토록 해서 그 부분을 주의 깊게 살피는 게 자신의 마음을 아는 데 도움이 된다는 점을 부각시키는 거지요. 그 다음에 이를테면 '해석'이라고 하는 표현을 사용할 수가 있습니다. 그런데 이 해석에 관해서는 많은 초보 치료자들이 지레 겁을 먹어서 아예 해석을 하지 못하거나 아니면 자신이 습득한 지적 이해에 기반으로 한 해석을 남발해서 마치 치료를 지적인 게임의 장과 같은 것으로 만드는 경우도 있습니다.

다음은 해석의 이론에 관해서입니다.

페니쉘(1941)이 말했던바 '해석은 표면에서부터 비롯해야 한다.'는 명제는 환자가 막고 있는 본능적 파생물을 직접적으로 해석하기 이전에 이에 관한 방어에서부터 해석이 되어야 한다는 것입니다. 왜냐하면 방어가 더 표면적인 것이고 환자가 깨닫기가 더 쉬운 부분이기 때문이지요. 이러한 접근을 통해서 환자가 자신의 방어에 관해서 호기심을 가지고 전에 자신이 배척했던 걸 들여다보려고 하게 되면 좀 더 깊은 내면의 본능적 소망에 대한 해석도 가능해질 수 있겠지요.

보통 환자의 전의식에 올라와 있는 것을 우리가 해석해야 바로 의식에서 환자가 받아들일 수 있게 되지요. 이 모든 개입에서 중요한 요소는 환자와 치료자가 맺고 있는 관계입니다. 적어도 치료자에 대한 긍정적 감정을 지니고 있어야 치료자가 하는 말이 환자에게 의미 있는 말로 다가오기 때문이지요. 환자가 치료자에 대해 부정적 감정을 다루고 있는 과정이라도 최소한 치료적 관계를 유지하고 치료자가 하는 말에 귀를 기울일 수 있을 정도의 긍정적이고도 우호적인 감정이 치료자를 향해 있어야 가능할 것입니다.

해석을 시도할 때 치료자가 명심해야 할 일은 모든 해석은 환자에게 는 고통을 주는 아픈 일이 될 거라는 사실입니다. 어느 정도의 강도로 해석을 가할지를 생각할 때 환자에게 고통을 덜 주기 위해 애를 써야 합니다. 앞에서 말한 표면에서부터 해석하라는 것도 바로 그런 노력의 일환입니다. 우선 환자가 어떻게 방어하고 있는지를 해석해서 환자의 호기심을 이끌어내고 환자가 왜 자신이 무엇 때문에 이런 방어를 일삼고 있는지, 즉 환자가 자신의 심리현실에 대한 호기심이 생긴 뒤에 그 다음 단계로 좀 더 깊은 내용을 해석하는 게 바람직하다는 말이지요. 이러한 과정을 통해서 환자의 자아는 전에는 받아들이기를 거부하였던 걸 받아 들일 수 있는 상태로 변하게 되고 이런 맥락 하에서야 비로소 본능적인 충동에 관한 좀 더 깊은 내용에 대한 해석도 수용이 가능하게 되겠지요.

슈퍼비전을 수행하다 보면 수련생들이 공통적으로 느끼는 혼란을 종 종 마주치곤 합니다. 한번 해석한 어떤 것에 대해서 환자가 당연히 이를 받아들였을 것으로 간주해서 같은 해석을 다시 할 필요가 없는 것처럼 수련생들이 생각하는 경향이 있습니다. 하지만 이런 일은 일어나지 않 습니다. 비슷한 내용을 해석하고, 또 되풀이해서 해석하는 일은 지극히 정상적으로 치료 과정에서 일어나는 일입니다. 쉽게 말하자면 같은 현 상도 이리 보고 저리 보면서 경험할 때마다 늘 새로운 듯이 다루어주어 야만 하는 거지요. 이런 현상은 그러니까, 왜 훈습이 필요한가 하는 물음 에 대한 적절한 응답이 되기도 합니다.

5. 훈습, 그 지난한 과정에 대하여

이번 강의의 제목은 '훈습—그 지난한 과정에 대하여'로 정했습니다. 제목에서 이미 보듯이 훈습은 정말로 고단하고 지난하고 느린 과정입니다.

정신분석에 관해서 이야기하는 많은 사람이 가장 흔하게 간과하거나 오해하고 있는 면이 바로 훈습에 관해서가 아닌가 하고 저는 생각하고 있습니다. '정신분석은 시간이 매우 오래 걸리는, 매우 더디게 진행되는 치료이다.'라는 의견에 정신분석과 분석정신치료를 행하는 치료자 모두가 별 이견 없이 동의합니다. 또한 뉴욕에서 정신분석을 공부할 때 수업 시간에 여러 분석가들로부터 듣곤 했던 이야기 중에는 '치료자가 환자의 정신역동을 파악하고 이해하는 건 어렵지 않을 수 있는데 치료자가 파악한 이 정신역동을 실제로 환자가 이해하고 이에 관한 통찰을 획득하기에는 적어도 3년은 걸린다.'라는 말도 있었습니다.

박민호(2017)는 효과적인 뇌 기반 학습법이란 글에서 새로운 공부 내용을 기억으로 저장하는 효과적인 학습법을 다음과 같이 소개하고 있습니다.

공부법은 항아리에 모래와 자갈과 큰 돌을 가능한 한 많이 넣는 방법과 같다. 모래를 먼저 담으면 자갈과 큰 돌을 넣을 공간이 부족해지지만 반대로 큰 돌부터 먼저 넣으면 큰 돌 사이에 자갈이 잘 들어가고, 모래는 자갈 사이의 조그마한 공간을 빈틈없이 채울 수 있다. 바로 이런 방식이 지식을 저장하는 좋은 비유가 된다. 지식의 큰 돌은 각 학문 분야의 기본 개념이며, 자갈과 모래는 핵심 내용과 세부 지식이 된다. (⋯) 반면에 세부 내용에서 전체 의미로 나아가는 보텀업 방식은 분산되기 쉽고 특이한 세부 사항을 처리하다 지칠 수 있다. (⋯)핵심 개념이라는 큰 돌을 항아리에 넣으면 자갈과 모래가 스스로 제자리를 차지하는 것처럼 핵심 개념은 그 주변에 많은 여유 공간을 만들어 내 세부 지식이 핵심 개념 주변에 달라붙게 한다.

저는 이 글을 읽다가 재미있는 생각을 해보았는데요, 어쩌면 우리가 마음을 깊이 다루어 변화를 일으키고자 하는 일이 왜 그렇게 어려운지에 관한 힌트를 찾은 것 같은 느낌을 받았습니다. 정신분석이나 분석정신치료를 환자가 자신의 마음에 관해 배워가는 과정이라고 가정해보면, 이 배움은 박민호가 이야기한 효과적인 학습법이라고 하기는 어렵습니다. 왜냐하면 환자의 입장에서 보자면 이 배움은 세부 내용에서 전체 의미로 나아가는 보텀업 방식일 것이기 때문이지요.

하지만 치료자가 환자의 핵심 갈등을 파악해서, 이를 환자에게 알려주려고 해도 환자가 이를 인지적인 수준만이 아니라 정서적인 수준에서도 받아들이게 되는 일은 지난하고 시간이 많이 걸리는 과정입니다. 따라서 인간의 마음을 다루는 여러 가지 수많은 치료 방법은 어쩌면 바로 이 더딘 과정을 조금이라도 단축할 방법을 찾으려는 고민에서 비롯되었다고 생각합니다. 따라서 오늘 이 시간의 강의는 치료로서의 정신분석이나 분석정신치료가 어째서 그렇게 느리고 시간이 오래 걸리는 작업인지에 관해서 의견을 밝혀보려고 합니다.

정신분석이나 분석정신치료의 치료로서의 가치를 평가절하 하고자 하는 사람들에게 매우 좋은 공격거리가 되는 점도 바로 이 부분이지요. 흔하게 듣는 말 중에, '저 사람은 정신분석을 받았다고 하는데 변한 게 없다.'라거나, '저 사람은 분석정신치료를 받았다고 하지만 좋아진 게 없다.'라거나 하는 말들이 있습니다. 이런 경우에 살펴볼 요소가 물론 여러 가지가 있겠지만, 제 생각에는 이런 경우에 종종 간과되는 과정이 바로 '훈습working through'이라고 봅니다.

브레너(1987)는 1914년에 프로이트의 「회상, 반복 그리고 훈습」이라는 논문에서 비롯되어서 훈습이라는 용어가 정신분석의 세계에서 등장한 이래로 1984년까지 정신분석학계에서 훈습에 관해 논의한 여러 의견을 정리하였습니다. 결론적으로는 어쩌면 브레너의 평소 스타일대로 그는 정신분석은 마음의 여러 측면에서 타협형성*compromise formation*을 다루는 특별한 과정이라고 보았습니다. 정신분석이란 다름이 아니라 이 특별한 과정이라고 말합니다. 하지만 브레너도 왜 정신분석이 이렇게 시간이 오래 걸리는지의 물음에 관한 답을 구하지는 못했다고 고백하고 있습니다. 그는 훈습이 성공적으로 일어나면 그 결과로 환자의 정신에 변화가 일어나고 이는 환자에게는 그 가치를 측정할 수 없는 귀중한 일이며 이러한 일은 어떤 다른 형태의 정신치료에서는 달성하기 어려운 일이라고 하였습니다.

정신분석에 관한 여러 개념의 발견과 발전에서 보듯이 '훈습'을 처음 언급한 1914년의 프로이트는 이를 처음에는 치료에 방해가 되는 저항의 측면에서 보았습니다. 이 당시의 프로이트는 이를 일종의 전이저항이 걸린 상태로 보고 이 전이저항을 충분히 다루어야 하므로 훈습의 과정이 필요하다는 의견을 내었습니다.

프로이트는 「억제, 증상, 불안」의 논문 발표에 이르는 1926년에 이르면 정신분석의 과정 중에 나타나는 저항을 다섯 가지로 구분할 만큼 인간의 마음을 더 심도 있게 구조이론에 따라 이해할 수 있게 됩니다. 그는 자아로부터 오는 세 가지의 저항—병으로 인해 얻게 되는 2차 이득, 전이, 억압 혹은 방어—과, 이드로부터 오는 저항의 하나인 리비도적인 고착을 포기하기가 어려운 일, 마지막으로 초자아로부터 오는 저항의 하나인 무의식의 죄책감으로 인해 스스로 처벌하려는 형태인 '초자아저항'을 들었습니다.

프로이트 이후의 분석가들이 생각한 '훈습'은 인간의 정신적인 갈등의 복잡함을 모두 어느 한 측면에서 바라보고 있다고 볼 수 있습니다. 페니헬(1938, 1939)은 '훈습'의 문제를 주로 '방어분석'의 측면에서 보면서 이를 불가피한 현상이라고 말했고, 스티워트(1963)는 이에 덧붙여서 환자가 스스로 힘들게 정립해서 나름대로 균형을 이룬 자아의 기능을 분석에서 상실하게 되고 트라우마 상태를 재경험하게 될 것에 관한 두려움으로부터 이와 같은 저항이 생겨나기 때문에 이러한 두려움이 훈습을 통해서 점차 줄어들어야 한다고 주장하기도 하였습니다. 노베이(1962)는 통찰과 변화 사이에 시간의 간극이 있는 이유는 유아기의 정신 기능이 주로 정동으로 이루어져있기 때문이라고 했어요. 따라서 신경증의 핵은 이러한 정동의 자동화 패턴이겠죠. 이 자동화된 정동의 패턴이 변화하는 데는 시간이 적잖이 걸리게 마련입니다. 그린슨(1965)은 훈습의 핵심은 반복, 전개, 재구성이라고 하였습니다. 엑스타인(1966)은 훈습은 일종의 '배움의 형태'라고 하였고 브로드스키(1967)는 환자가 강렬하고 불쾌한 불안이나 심한 나르시시즘적인 모욕을 견딜 수 있게 되는 데 시간이 걸리므로 훈습의 과정이라는 시간이 필요하다고 했지요. 카러쉬(1967)는 훈습에 연관된 여러 요인들을 두고, 새롭게 배운 진실을 인식하고 흡수 동화하는 일, 방어 사이에서 변화된 균형을 찾는 일, 저항의 중립화, 새로운 정체성의 형성, 자아 이상의 재구조화 등으로 보았습니다.

최근의 뇌 과학의 발전은 그동안 정신분석에서 다루어 온 여러 문제의 이해를 더 통합해서 이해할 수 있게 도와주어서 서로 보완이 된다고 저는 생각합니다. 오랜 기간 동안 뇌는 '변하지 않는' 기관이라고 생각한 과학계의 전통적인 신념과 달리, 최근의 뇌 과학자들이 보는 뇌는 고정되어 있지 않고 끊임없이 변하는 유연한 기관입니다. 이러한 주장은 '뇌가소성neuroplasticity'이라고 표현되기도 합니다. 이에 관한 설명을 일반인이 이해하기 쉽게 쓴 노먼 도이지(2007)의 『기적을 부르는 뇌The brain that changes itself』에서 다음의 부분을 발췌해서 소개하려고 합니다.

아마도 정신분석에서 어째서 훈습의 기간이 그렇게도 오래 걸리고 힘든지에 관한 설명을 최근의 뇌 과학적 설명과 연결해서 이해하기 쉽게 설명하고 있다고 저는 생각하기 때문입니다.

첫 사랑의 약혼이 깨진 남자는 가슴이 부서진다. 그는 많은 여자들을 보지만, 그가 자신의 단 하나의 진정한 사랑이라고 믿었던 약혼녀의 이미지에 사로잡혀 모든 여자를 그녀에 비교하는 가운데 다들 시야에서 희미해진다. 그는 자신을 매료시켰던 첫사랑의 유형을 탈학습하기 못하는 것이다. 다른 예로, 20년 동안 결혼 생활을 한 한 여자는 젊은 미망인이 되어서도 데이트를 거절한다. 그녀는 자신이 다시 사랑에 빠질 수 있으리라고는 상상도 할 수 없으며, 남편을 '교체' 한다는 생각은 그녀를 화나게 한다. 여러 해가 지나 친구들이 새출발을 권해도 그녀는 요지부동이다.

종종 그런 사람들이 새 출발을 할 수 없는 이유는 그들이 아직도 진정으로 슬퍼하지 못하기 때문이다. 사랑하는 그 사람 없이 산다는 생각이 너무 고통스러워서 견딜 수 없는 것이다. 뇌가소적 관점에서 그 낭만주의자나 미망인이 마음의 짐을 벗어던지고 새로운 관계를 시작하려면, 먼저 자신의 뇌 안에 있는 수십억 개의 연결들을 재배선해야만 한다. 프로이트는 애도의 효과는 한 발짝씩 온다고 적었다. 현실은 우리에게 사랑하는 사람이 가버렸다고 말하지만, 우리는 "그 명령에 당장 복종할 수 없다." 우리가 애도를 하는 방법은 한 번에 한 기억을 불러내고, 그 기억을 다시 체험하고, 그런 다음 그 기억을 떠나보내는 것이다. 뇌 수준에서는, 함께 배선된 상태로 그 사람에 대한 지각을 형성하고 있는 신경망들의 스위치를 하나하나 켜서 그 기억을 매우 생생하게 경험한 다음, 한 번에 한 신경망씩 작별을 고하는 것이다. 우리는 죽은 이를 애도하면서 사랑하는 그 사람 없이 사는 것을 학습하지만, 이 수업이 그렇게 힘든 이유는 우리가 먼저 그 사람이 존재해서 아직도 의지할 수 있다는 생각을 탈학습해야 하기 때문이다.

—노먼 도이지의 『기적을 부르는 뇌』(2008)에서

6. 치료의 마무리, 혹은 종결

치료의 종결이라는 단어는 다소 거창하게 들리는 경향이 있습니다. '종결'이라면 마치 치료를 받은 한 개인이 가지고 있던 문제를 깊이 있게 다루어서 해결이 되었다는 인상을 주기 때문이지요. 따라서 여기서는 '종결'이라는 용어 대신에 치료의 '마무리'라는 용어를 사용하려고 합니다. 정신분석에서의 '이상적인 종결'을 기준으로 삼는 분석가들 중에서는 그 이외의 종결을 '치료중단'이라는 용어를 사용해서 다소 폄하하는 것 같은 뉘앙스를 풍기곤 했습니다.

하지만 모든 이상적인 목표는 '이상적'이라는 표현에서 보듯이 현실과는 괴리를 가질 수밖에 없다고 본다면, 더군다나 정신분석에 비해서 제한된 치료 목표를 가지고 시작하는 분석정신치료에서의 '마무리'를 굳이 '중단'이라는 용어를 사용해서 폄하할 필요는 없다고, 저는 생각합니다.

분석정신치료에서 '마무리'가 일어나는 양상은 다양합니다. 초기 평가면담 후에 이만하면 되었다면서 바로 치료를 갈무리하려는 환자도 있고, 치료 계약을 하고 치료를 시작하였지만 10회 내지 20회 정도의 치료 후에, 즉 자신이 한 번은 생각했던 이야기를 모두 한 뒤에 이제는 어느 정도 정리가 되었다며 치료의 갈무리를 원할 수도 있지요. 또한 개중에는 이러한 초기 단계를 무사히 지나서 어느 정도의 본격적인 치료 단계를 경험한 뒤에, 그러나 치료자의 생각으로는 아직 치료를 끝내기는 이르다고 여겨지는 시기에 환자가 치료의 마무리를 원하기도 합니다.

이러한 단계를 모두 지나서 장기적인 분석정신치료에 돌입해서 수년간의 치료 후에 치료자의 생각으로도 이 정도면 치료를 갈무리해도 되겠다 싶을 때 치료의 마무리에 동의하는 환자도 있구요. 거기서 더 나아가 치료자는 이제 치료를 마무리해야 된다고 생각하는데 환자는 계속해서 치료 받기를 원하고 마치 자신의 사전에 '치료의 마무리'는 없다는 식으로 거의 평생이라도 치료에 왔으면 하고 원하는 환자도 있을 수 있습니다.

물론 앞에서 이야기한대로 치료자 입장에서 보는 치료 목표는 늘 환자가 생각하는 목표보다 높게 설정되기 마련이어서 더 철저한 갈등의 이해와 해결을 바라는 치료자의 입장에서는 아쉬움이 항상 남아 있습니다. 하지만 현실에서 분석정신치료의 '마무리'는 어차피 이상적인 종결과는 다르다는 사실을 받아들인다면, 치료자나 환자 모두 지금까지 수행한 분석정신치료를 폄하함이 없이 치료를 통해 이룬 것이 무엇이고 남은 과제는 무엇인지를 인식하고 수용하면서 그 나름대로 이 시기의 치료의 '현실적인 목표'를 기꺼이 수용하게 되리라 생각합니다.

특히 초보 치료자는 자신의 기대와 달리 환자가 일찍 치료를 갈무리하겠다고 할 때 실망하곤 합니다. 이럴 경우에 자신의 실력이 부족해서라고 자책하거나, 더 이상적인 치료 목표를 추구하지 않고 때 이르게 떠나는 환자를 탓하거나 이에 화가 나서 치료 중단은 환자에게 치명적인 일일 것이라고 믿고 싶어 하거나, 따라서 환자에게 치료 중단이 얼마나 위험한지를 알리면서 위협적인 태도를 보일 수도 있습니다.

물론 치명적으로 위험한 경우, 말하자면 자살이나 남을 해칠 가능성이 높다든지 하는 예외적인 경우가 있지만(여기서는 현실 검증력에 심각한 문제를 보이는 정신병적 상태의 환자는 제외하고 이야기 합니다), 대부분의 환자는 치료 중단으로 초보 치료자가 걱정하듯이 치명적인 파국을 초래하지는 않습니다. 다만 환자는 지금까지 그래왔듯이 계속 자신의 문제로 인해 다소 고통스럽게 살아갈 수는 있겠지요.

하지만 여러 가지의 이유로 환자가 지금은 자신이 그 문제에 직면해서 충분하게 다룰 때가 아니라고 결정했다고 할 수도 있겠지요. 환자가 현실 검증력이 확실히 떨어진 정신병적 상태가 아닌 경우라면, 치료자가 환자에게 치료를 받아야 한다고 강제할 수는 없는 일입니다. 더구나 분석정신치료의 경우에는 환자가 고통스럽게 여기는 그 문제를 바로 직면해 다루어야만 하기 때문에, 더 더욱 치료를 강제로 할 수만은 없는 일이지요.

자신의 아픔을 고통스럽지만 직면해서 변화를 가지고 싶다는 환자의 의식적인 동기와 이러한 방식을 선택함에 있어서 환자의 자발적인 선택이 있어야 분석정신치료에서 수행하는 여러 접근법이 치료적인 효과를 가지게 마련입니다.

슈퍼비전에서 저는 수련생들에게 환자와 정신치료를 '마무리'함에 있어서 환자를 잘 보내는 것의 중요성에 대해서 이야기하곤 합니다. 티쵸(1972)의 지적대로 환자가 인생을 살아가면서 달성해야 할 환자의 '인생 목표'와 지금 이 시점의 환자에게 필요한 '치료 목표'를 혼동하지 말아야한다고 생각합니다.

분석정신치료의 마무리 단계에서 보편적으로 중요하게 대두되는 이슈 중의 하나는 환자와 치료자의 헤어짐을 어느 정도 잘 다루고 갈무리하느냐의 문제입니다. 이별은 누구에게나 쉬운 일이 아니지요. 만일 헤어짐과 연관된 트라우마가 있는 환자의 경우에서는 특히 더 그럴 테지요.

장기적인 분석정신치료의 경우에는 치료자의 입장에서도 환자와 헤어지는 일은 여러 가지의 감정을 불러일으킬 수 있습니다. 그래서 치료자의 역전이(환자를 향한 치료자의 감정과 태도를 말하는 데, 협의로는 환자의 전이에 대한 치료자의 반응을 말하기도 하지만 그 외에 치료자의 유년기 반응이 환자에게 전치되는 경우, 환자에 대한 치료자의 모든 반응 등을 지칭하기도 합니다)를 잘 살펴야 하는 이유가 되기도 하구요.

치료 상황이었지만 자신에게 중요했던 대상을 떠나보내야 하는 일은 환자와 치료자 모두에게 애도 반응을 불러일으키고 이를 어떻게 충분히 다루어서 성숙하게 처리하는가는 그 치료의 성패를 좌우하는 가늠자가 될 수도 있겠지요.

환자의 말을 하나 소개하면서 이 강의를 맺으려고 합니다. 그 환자는 일반 정신과 진료를 담당한 한 분의 선생님과 수년간의 치료를 받아왔다고 했습니다. 정식으로 정신치료를 받았다기보다는 일반진료를 보면서 조금 더 이야기를 하는 정도였던 듯합니다. 하지만 그 선생님이 다른 병원으로 이직하면서 미리 환자에게 이야기를 하긴 했지만, 환자는 담당 선생님과 헤어져야 했습니다. 환자의 소감은 이러했습니다.

참 이상한 일이에요. 수년간 저에 대해 그렇게 깊게 아는 사람은 그 선생님뿐이었는데 이제 그 선생님이 안 계시고, 갑자기 그 선생님이 사라졌다는 일을 어떻게 받아들여야 할지, 참 이상해요.

제4부 **정신분석의 기초 개념**

1. 정신(심리)적인 현실이란?

이번 강의 내용은 정신적 현실에 관해서입니다. 정신적 현실이란 용어는 누가 사용했으며, 왜 이 용어가 필요했는지를 먼저 살펴보겠습니다. 정신적 현실이란 용어는 프로이트에 의해서 사용되기 시작했습니다. 그럼 왜 프로이트에게는 정신적 현실이란 용어가 필요했을까요?

1897년에 프로이트는 '유혹 이론*seduction theory*'을 버렸습니다. 이 해는 또한 프로이트가 자기 스스로한 자기-분석*self-analysis*을 통해서 오이디푸스 콤플렉스를 발견한 해이기도 하지요.

그럼 여기서 잠깐 유혹 이론에 대해 살펴볼까요?

실제 장면이거나 혹은 공상의 장면인 유혹 장면이란 일반적으로는 어른이 주로 어린 아이에게 성적으로 접근하고 어린 아이는 이에 대해 수동적으로 굴복하는 장면을 말합니다. 이 유혹 이론은 1895년과 1897년 사이에 프로이트에 의해 정신신경증의 원인으로 주장되었다가 곧 버려졌습니다. 즉 유혹 이론에서 유혹은 실제 장면으로서, 이에 관한 기억이야말로 정신신경증의 원인에 결정적인 역할을 한다고 보았습니다. 프로이트가 이 유혹 이론을 포기한 이유는 처음에 실제 장면이라고 생각했던 기억이 꼭 그렇지는 않을 수도 있다는 사실을 인지했기 때문이지요. 즉 이러한 유혹 장면의 기억이 공상의 결과로 생성된 공상 장면에서 기인할 수도 있다는 걸 알게 되었던 것이지요.

1897년에 프로이트가 유혹 이론을 포기한 일은 정신분석 이론의 초석을 세움에 있어서 아주 결정적인 단계로 간주되고 있습니다. 이 유혹 이론을 포기함으로 인해서 정신분석의 이론에서는 무의식의 공상, 정신적 현실, 자발적인 유아기 성욕 등의 개념이 전면에 나서게 되지요.

성적으로 유혹을 받았다는 공상은 생후 첫해에 존재하는 '자동적인 에로틱한 활동auto-erotic activity'을 덮기 위한 목적으로 인해 생긴다고 알려졌습니다. 즉 이는 유아기 성욕이 존재한다는 점을 말해주는 것이지요.

그러나 다른 한 편으로는, 죽을 때까지 프로이트가 일관되게 주장해온 그 이론에 의하면, 어린 아이가 실제로 경험한 유혹 장면도 존재하고 있으며, 이런 경우는 병리를 일으키는 원인이 될 수 있다고 하였습니다.

다시 간단히 요약하자면, 프로이트는 유혹이 실제로 물질계의 현실material reality에서 일어나지도 않았는데 왜 환자에게는 유혹 장면이 그렇게도 생생하게 진짜처럼 실제적으로 나타나는가 하는 의문을 제기했고, 그 의문에 관한 대답으로 정신적 현실psychic reality의 개념을 소개하게 되었던 것이지요.

정신적 현실이라는 아이디어는 정신분석의 역사 가운데서 유혹 이론과 실제의 유아기 트라우마가 가지는 병리적인 역할에 관한 이론이 폐기되거나 최소한 축소되거나 한 후에 떠오르게 된 일입니다.

1900년에 프로이트는 『꿈의 해석』에서 '무의식이야말로 진정한 정신적 현실true psychic reality이다.'라고 언급했습니다. 정신적 현실과 연관된 것은 무의식의 욕망이며 또한 무의식의 욕망과 연관된 공상입니다. 또한 프로이트가 의미하는 정신적 현실이란 우리 마음에 있는 모든 것을 말하며, 이것은 마음의 주체인 우리 자신에게 현실과 같은 힘을 가집니다. 정신적 현실―혹은 내부 현실―과 대비되는 용어로는 '물질계 현실 material reality(혹은 외부 현실)'이라는 표현이 사용되곤 합니다.

프로이트는 「자아와 이드」(1923), 「억제, 증상 그리고 불안」(1926)이라는 논문들에서 '신호 불안signal anxiety'의 개념을 새롭게 이야기하게 됩니다. 그는 자아를 이드의 욕구와 초자아의 도덕적인 제약, 외부 현실의 절박한 요구 사이에 놓여 있다고 보았던 거지요. 이렇게 함으로써, 암묵적으로 '현실'을 내적인 이드, 초자아 등과 비견할 만한 위치로 끌어들인 셈입니다.

신경증을 설명하는 프로이트적인 특징은 '사실적인 현실factual reality'보다 정신적 현실을 더 선호하는 데 있고, 이 현실에 심각하게 반응하는 양상이 마치 정상인이 (사실적인) 현실에 관해 반응하는 것처럼 반응한다고 하였습니다. 프로이트의 이 같은 발상은 어린 아이가 발달 과정에서 내부 현실과 외부 현실을 똑 같은 것으로 간주하며 경험하게 된다는 점을 알게 되면서 확신과 설득력을 동시에 얻을 수 있었지요.

포나기(1995)에 의하면, 어린 아이의 정신적 현실의 특징은 다음과 같은 두 개의 모드를 가진다고 합니다. 하나의 모드는 '실제 모드actual mode'로서 내부 경험과 외부 상황이 같다고 받아들여서 내부 경험이 바로 외부 '현실'을 반영한다고 느낀다는 거지요. 또 다른 모드는 '가장하는 모드pretend mode'로서 이 모드에서는 어떤 생각이 들 때 이것이 어떤 걸 나타내고 표상하는 것으로 느껴지지만 그와 연관된 현실은 아직 검증이 되지 않는 상태를 말합니다. 따라서 현실과 아예 관계를 끊고 가장해서 그런 척하는 태도를 보이는 거지요.

그러면, 이러한 모드의 사례를 들어볼까요? 세 살 정도의 아이에게 스폰지에 색칠을 해서 바위처럼 보이게 한 뒤에 이게 뭐 같으냐고 물어보면, 아이는 이를 '바위'라는 실체와 같다고 생각해서 바위라고 답한다는 것이지요. 아이는 뭐 같이 보인다는 외부의 모양에 대한 자신의 생각과 실제 이게 뭐라는 '현실' 사이에 등가가 성립한다고 생각한다는 겁니다. 아이에게서 이게 실제로는 바위가 아니라는 (현실) 검증이 안 되는 거지요. 이런 두 가지 모드는 4세나 5세경에야 점차 통합되면서 정신적 현실에 관해 사실적인 현실과 구별할 수 있는 '숙고 모드reflective mode'가 형성된다고 합니다. 이 단계의 발달이 일어나야 비로소 아이는 자신과 다른 사람의 행동을 '정신 활동 상태mental state'의 관점에서 이해할 수 있는 능력, 즉 정신화 과정이 생기게 되는 것이지요.

포나기(2004)는 애착의 체계가 활성화 되면, 뇌에서의 다른 시스템은 억제가 일어나고 특히 '정신화 과정mentalization'과 연관된 시스템이 억제가 된다고 하는 연구(바텔과 제키, 2004)에 주목하였습니다. 여기에서 정신화 과정이란 다른 사람이 어떤 마음 상태일지에 관해 생각할 수 있는 능력을 말합니다. 이 주장에 일단 기대자면 강한 애착을 가진 경우에는 정신화 과정이 억제 되니까, 다른 사람이 어떤 마음 상태일지에 관해 생각하고 구별하는 능력이 떨어지므로 정확한 사회적 판단을 못하게 될 수도 있다는 말이지요. 즉 강한 애착을 가진 대상의 생각에 그대로 따라간다고 말할 수도 있겠지요, 자신이 스스로 생각하는 능력이 억제되구요.

그 애착 관계에서 학대와 트라우마를 경험한다면, 어떤 파국적인 일이 일어날지 상상하는 일은 그리 어렵지 않습니다. 정신분석에서는 이 두 가지 서로 역설적인 패턴, 즉 '애착과 억제 시스템'을 고려해서 환자에게 힘든 트라우마의 경험을 직면하도록 북돋을 때에 부정적인 감정이 활성화되는 정도의 적정성을 가늠해야 한다는 겁니다. 즉, 환자의 사회적 판단 능력을 가늠해서 이를 다루어야 하는 거지요.

쉽게 말해서 환자에게 어떤 강렬한 부정적 감정—분노, 수치심 등등—을 유발하는 감정을 직면시키고 다룰 때, 이는 치료자가 명심하고 있어야할 중요한 부분이라고 생각합니다. 흔히 마치 환자의 분노 표출만 다루어 주면 치료가 잘 될 것으로 생각하는 치료자도 볼 수 있는데, 하지만 '빈대 잡으려다 초가삼간을 태우는' 우를 치료에서 범하지 말아야하지요.

사실 말이 쉽지만 이 부분은 치료자로서 항상 가장 문제가 되는 부분이기도 합니다. 환자가 꼭 다루어야만 하는 중요한 감정, 말하자면 환자의 애착관계에서 비롯되는 감정을 다루어주어야 하는데, 이런 감정의 활성화가 환자의 사회적인 판단에서의 정신화 활동을 억제하지 않도록 하면서, 잘 다루어주어야 합니다. 환자에게는 지금까지 익숙하고 정상적이라고 경험 되었던 애착의 패턴을, 즉 실제로는 건강하지 못한 애착의 패턴을 해소하도록 장려해 주는 일인 것이지요.

위에서 설명 드린 이러한 발달 단계가 순조롭게 진행이 되어야 1957년에 시걸이 언급한 대로 아이는 더 이상 생각thought과 현실reality을 같다고 보는 '상징적 등가 방정식' 혹은 '상징적 동일시symbolic equation'의 지배로부터 벗어날 수가 있습니다. 이를 부연해서 설명하자면, 아이는 이제 자신이 화가 나서 누가 죽었으면 하고 생각하더라도, 그 생각 자체만으로써 자신이 다른 사람을 죽일 수 있는 건 아니라는 걸 알게 되는 것입니다. 이게 가능해져야 우리는 감정과 공상을 자유롭게 경험할 수 있구요, 그럼으로써 우리는 정신의 건강을 유지하면서 살아갈 수 있게 되겠지요.

이와 같은 발달 단계를 성공적으로 거쳤다면 어떤 이득이 생겨나며, 또 인간에게 있어서 이 발달 단계가 정신 건강에 어떻게 중요한 영향을 끼치는 걸까요? 우리는 이제 우리가 화가 날 때, 상대방을 죽이는 상상을 하더라도 이러한 자신의 상상으로 인해 실제 상대방에게 아무런 해를 끼치지 않는다는 점을 알게 되고 자신의 화를 이런 삿되고 부정적인 상상을 여러 가지로 스스로 연출하면서 긍정적으로 처리해서 마음의 갈등을 성공적으로 수행할 가능성이 높아질 수 있습니다. 어쩌면, 문명화가 일어나기 이전의 먼 옛날, 원시인이 화가 났을 때, 상대방을 죽이는 것만이 자신의 화를 풀 수 있는 유일한 방법이었을 때에 비해서 지금의 우리는 자신의 화를 풀 수 있는 여러 가지 방법을 가지게 되었다, 라고 말할 수도 있겠네요.

만일 이러한 발달 과정이 순조롭게 성공적으로 이루어지지 않았다면, 여러 가지의 이유로 우리가 퇴행해서 '숙고 모드' 이전의 어느 단계에 머문다면, 우리는 우리의 정신 활동이 위축되거나 아니면 자신의 생각이 행동화될 가능성이 너무나 높다고 느껴지거나 하기도 합니다. 뿐만 아니라, 마치 우리의 정신 활동이 이미 행동화가 된 듯이 느껴져서 자신의 생각(상상)을 지나치게 두려워하거나 또는 이를 행동화하지 않는 한 자신의 마음의 갈등은 해소가 안 된다고 느낄 수도 있고, 때로는 사고가 지나치게 경직되어서 문자 그대로만 고지식하게 받아들이는 특성이 강하게 남게 되는 경우도 생겨날 수 있습니다. 이 때문에 결국 대인 관계 및 사회생활에 있어서 여러 가지의 문제가 야기될 가능성이 커질 수도 있겠지요.

프로이트가 어떻게 '현실 검증reality testing'의 능력이 생기는가를 이미 숙고한 흔적은 그의 사후에 발견되어 발간된 1895년의 「과학적 심리학을 위한 프로젝트」를 통해 엿볼 수 있습니다. 이 논문에서 그는 현실검증 능력은 자아에 의한 억제에 의해 생긴다고 말했습니다. 즉 자아가 '지각perception'과 '생각idea'을 구분할 수 있도록 '잠깐만!' 하고 외칠 수 있어야 한다는 거지요.

프로이트는 「정신 활동의 두 가지 원칙에 관한 서술」(1911)에서는 현실을 검증할 수 있는 능력은 주의를 기울이는 특별한 기능에 의해서 생긴다고도 했습니다. 그 외에도 다음과 같이 말한 바 있습니다. 우리 인간에게 '현실 원칙reality principle'이 생기게 됨에 따라서 사고-활동의 한 부분이 분할되어 떨어져 나오게 되는데, 이 부분은 현실 원칙과 상관이 없이 '쾌락 원칙*pleasure principle*'의 지배하에 놓이게 되고, 바로 이런 정신 활동이 '공상하는 활동'이다, 라고 하였습니다.

현실 원칙을 완전히 무시하는 활동인 무의식의 이상한 특징은 정신 활동으로 인해서 사고(생각)할 때 현실과 외부의 실제성을 동일시하게 되고 그 충족을 소망하게 되지요. 정신적 현실은 다름 아니라 우리 생각(사고)에서의 현실입니다. 또 이는 곧 우리의 개인적인 세계에서의 현실을 의미합니다. 따라서 정신적 현실은 정신 세계에 있어서 하나의 현실로 유효성을 얻는 개념입니다. 특히 이것은 신경증적인 현상에서 결정적인 역할을 담당합니다.

정신분석이나 분석정신치료와 역동정신치료의 기법 중에는 '판단하지 말고 듣기'라는 게 있는데 이와 같이 우리가 현실의 판단을 중지한 상태로 듣는다고 하는 개념은 말하는 사람의 정신적 현실인, 바로 이러한 '순수하게 주관적인' 정신적이고 주관적인 현실의 상태로 들어가서 상대방(환자)을 공감하고 이해해 보려는 시도에 다름 아닌 것입니다.

프로이트(1911)는 공상*fantasy*의 기본 기능이 욕망과 만족 사이의 갭을 채워 주는 일이라고 하였습니다. 그는 아이가 이 갭을 전능의 공상으로, 때로는 환각으로 채우지만 어느 시기에 이르면 아이는 전능의 소망으로는 자신의 욕구를 더 이상 만족시킬 수 없다는 걸 알게 되는, 즉 '현실'을 인식하게 되는 시기가 온다고 하였습니다. 바로 이때에 '생각'이 발달한다고 하였지요. 따라서 프로이트는 '생각'을 '실험적인 행위'라고 하였습니다.

반면에 클라이언 분석가들의 입장은 시걸의 표현대로 '언어 이전의 공상*preverbal phantasy*'—클라이언은 프로이디안의 fantasy와 자신들이 이야기하는 공상을 구분하기 위해서 신조어 phantasy라고 하는 다른 철자를 씁니다—에서도 원시적인 형태이긴 하지만 '생각'이 존재한다고 보았습니다. 따라서 전능하다는 공상*phantasy*에서 다른 한 편의 현실을 받아들이기 위해 노력하는 과정이 이미 출생 직후부터 존재한다고 보고 있습니다. 클라이언은 이러한 공상과 현실간의 상호작용이 곧 우리의 성격, 지각, 행위를 결정하는데 영향을 준다고 보았습니다.

예를 들자면, 아이와 '유방'에 관한 얘기입니다. 아이는 (엄마의) 유방이라는 전개념*preconception*을 가지고 태어난다고 보는 거지요. 이것이 좋은 유방과의 경험—아이가 원할 때 유방이 나타나서 자신의 배고픔을 달래주는 경우가 좋은 유방이지요—을 통해서 만족이 되면 이것이 유방이라는 개념이 되고, 이러한 유방이라는 전개념이 나쁜 유방—아이가 배고픈데 오지 않는 유방을 말하지요—과의 경험을 통해서 좌절을 경험한다면, '생각'이 발달한다고 했습니다. 비온은 아이가 단순히 '생각'을 가지고 있는 상태가 아니라 '생각을 할 수 있는 능력'이 생기는가 하는 일은, 아이가 '편집-분열 입장*paranoid-schizoid position*'에서 엄마를 향해서 전능한 투사적 동일시를 할 때 이를 엄마가 어떻게 다루어서 '품어*contain*주느냐'에 달려 있다고 하였고, 아이가 좌절을 견디지 못하면 생각의 발달이 방해를 받으면서, 생각할 수 있는 능력에 문제가 생긴다고 했지요.

프로이트가 '정신적 현실'이라는 용어에서 굳이 '현실'이라는 단어를 사용한 이유는 우리가 다루는 것이 상상이고 주관적인 현실일지라도 바로 이 주관적인 것이 우리가 다루는 대상이고, 심리에서 다루는 이러한 대상은 과학에서 다루는 물질계의 대상만큼이나 유효하고 실제적이라는 점에 주목한 데 있습니다.

그럼, 이제는 프로이트 이후의 현대 정신분석가가 언급한 '정신적 현실'의 이해를 인용하면서 이 강의를 맺으려 합니다.

랑겔(1995)은 정신분석의 목표는 '정신적 현실'을 드러내고 재정비하여 이들 내의 논리적인 자아동조적인 질서를 가져오고 다른 현실과도 논리적인 자아동조적인 질서를 가져오는 일이라고 했습니다. 그 결과,

정신분석은 환자에게 자신이 경험하는 일 중에는 그 자신이 기여하는 부분과 외부에서 오는 부분이 있다는 걸 드러내 보여주는 일이라고 하였습니다.

하트만(1956)은 두 가지의 현실 검증을 논의했습니다. 즉, 내부 현실의 검증과 외부 현실의 검증입니다. 그는 신경증에서 주로 일어나는 현상은 내부 현실에서의 왜곡이 특징이고 정신병적 상태에서는 외부 현실의 왜곡이 특징적이라고 하였습니다. 또한 하트만은 외부 현실을 두 가지 형태로 구분합니다. 하나는 변함없고, 물질적인 과학적인 세계이며, 다른 하나는 사람에 의해 만들어진, 사회문화적이고, 간(間)주체적 *intersubjective*인 상호 교환입니다.

브리튼(1995)은 지각*perception*과 신념*belief*을 비교하기를, 전자가 물질계의 현실과 연관되듯이, 후자는 정신적 현실과 연관된다고 하였습니다.

제첼은 「소위 말해서 좋은 히스테릭」(1968)이라는 논문에서 말하기를 '좋은 히스테릭'에 속하는 환자는 내부 현실과 그 소망 및 갈등의 존재를 인식하고 견디는 능력을 지니고 있으며 또한 그러한 내부 현실을 외부 현실로부터 구분할 수 있는데, 바로 이렇게 두 가지 현실을 구분할 수 있는 능력이 분석이 가능한지를 가늠하는 주된 기준이 된다고 하였습니다. 왜냐하면 환자가 이런 능력이 있어야 치료 동맹*therapeutic alliance*과 전이 신경증*transference neurosis*을 구분하는 능력이 있기 때문이고, 그래야만 정신분석이 가능해지기 때문이지요.

번스타인(1995)은 치료 기법에 관한 언급에서 환자가 자신의 정신적 현실에 대해 통찰력을 얻게 되면 이 통찰력을 자신의 충동과 방어의 구조로 확대할 수 있고 나아가서 자신과 가족 간의 관계 양상에도 적용시켜서 지금까지 되풀이해왔던 걸 하지 않게 된다고 했어요. 결과적으로 환자는 세상에 대해 훨씬 더 현실적인 관점을 획득하게 되는 것이지요.

중국의 청원유신선사(?-1117년)가 남긴 게송 중에 우리나라에서는 성철

스님이 인용해서 유명해진 구절이 있습니다. '산은 산이요, 물은 물이다.' 입니다. 우리가 우리의 정신적 현실로 인해서 물질(외부) 세계의 현실을 왜곡하지 않고 경험하고 볼 수 있다면 아마도 바로 이 게송이 가리키는 경지에 도달하게 될지도 모르겠습니다. 하지만 보통의 일반 사람인 우리로서는 누구도 도달하기 어려운 경지인 것도 또한 엄연한 사실입니다.

2. 환자와의 동일시에 대하여

분석정신치료의 과정에서 치료자는 환자에게 여러 종류의 다양한 감정 반응을 경험하게 되는데, 이러한 경험은 치료를 도와주거나 혹은 치료에 방해가 되기도 합니다.

치료자가 환자를 동일시한다는 건 무엇이며, 왜 이것이 필요할까요? 치료자와 환자의 동일시가 이루어지는 조건은 무엇일까요? 또한 치료자가 환자를 동일시하는 과정은 무엇일지요? 이번 강의에서는 지금 말씀드린 물음들을 중심으로 제가 말해보려고 합니다.

정신분석에서 치료자와 환자 사이의 관계에서 일어나는 대표적인 현상으로는 전이와 역전이가 있습니다. 바로 이러한 전이와 역전이가 일어나는 기저에 있는 현상으로서, 치료자가 환자와 어떻게 동일시하거나, 혹은 동일시하지 않거나, 또는 지나치게 동일시하거나, 혹은 지나치게 동일시하지 않으려 하거나 하는 등등의 과정이 일어날 수 있습니다. 따라서 이 시간에는 좀 더 큰 그림인 전이와 역전이 대신에 좀 더 미세한 렌즈를 통해 더 작지만 치료의 기저에 있는 현상인 동일시를 들여다보려고 합니다.

치료자의 입장에서 볼 때, 환자와의 동일시는 다양한 형태로 나타날 수 있습니다. 그 구체적 양상을 살펴보면, 치료자의 일시적인 동일시, 치료자가 지나치게 동일시하는 경우, 치료자가 환자와 동일시하기가 어려운 경우, 또는 치료자가 환자와 지나치게 오랫동안 동일시하는 경우 등을 들 수 있습니다. 또 하나의 극단에서는 동일시에서 역전이로 진행하는 경우도 있습니다. 분석정신치료 중에 경험하는 치료자의 반응에 관한 개념과 용어로는 여러 가지가 있지요. 몇 가지를 든다면, 공감, 신호 반응, 전이와 역전이, 동일시가 있습니다. 동일시는 치료자가 환자를 이해하기 위해 필수적으로 필요한 과정입니다. 공감이란 치료자가 환자와 일시적으로 동일시할 수 있을 때 일어나게 됩니다.

동일시와 유사성을 공유하고 있는 개념으로는, 모방, 공감, 동정, 마음의 전염, 투사 등을 들 수 있습니다. 모방이나 마음의 전염 등의 개념은 이미 오래 전부터 알려져 왔습니다만, 프로이트는 그러한 현상의 기저에는 연관된 그 개인에서 공통적인 무의식의 요소가 존재하는데 이는 '공상'이라고 하였습니다. 치료자는 자신을 환자가 처한 위치나 상황에 두고 환자가 어떤 마음일까를 상상 내지 공상하게 되는 거지요. 이때 일시적인 투사가 동일시를 보충해 주게 됩니다. 또한 정신역동에 대한 치료자의 지식이 감정적인 공감에 보충되어서 환자에 대한 이해가 가능하게 됩니다. 궁극적으로는 환자가 현재 표현하고 있는 것의 뒤에 있는, 즉 잠복해 있거나 혹은 무의식적인 의미를 이해하려는 시도로 볼 수 있습니다.

이러한 과정이 일어나기 위해서는 치료자 자신이 그 순간에 자신의 정체성과 자아 경계를 포기할 수 있어야 하고, 퇴행한 상태에서 부분적으로는 환자의 이미지와 동일시해야 하겠지요. 이러한 치료자의 퇴행은 조절이 되어야 하며 또한 가역적이어야 합니다. 즉, 부분적인 동일시와 공감적인 이해를 성취한 후에는 다시 치료자로서의 책임과 의무를 다할 수 있는 자아 기능을 회복해야 하지요. 다른 말로 표현하자면 '자아가 뒷받침하는 서비스ego in the service'가 일어나는 상황에서 이러한 간헐적인 퇴행이 최적의 상태로 조절되며 일어나야 하는 겁니다.

그러면, 동일시를 잘 할 수 있는 치료자가 되려면 어떤 게 필요할까요?

우선 치료자 자신이 정서적으로 안정되어 있어야 합니다. 치료자 자신의 불안 수준이 높거나 정서적으로 불안정한 경우는 환자와 최적의 조절된 동일시를 이루기는 어렵지요. 우리 속담에 '내 코가 석자'라는 말이 있지요. 치료자가 '내 코가 석자'인 상태라면 환자를 잘 돕기가 어려운 상태일 겁니다. 또한 치료자 스스로 어느 정도의 고통과 괴로움, 우울, 신경증적 갈등을 경험했던 경우가 도움이 될 수 있습니다.

치료자 자신이 매사에 너무나 긍정적인 경우는 보통 '부정denial'을 방어로 많이 쓰고 있을 가능성이 높습니다. 이런 사람은 다른 사람의 갈등을 이해하기가 쉽지 않습니다. 치료자의 인생 경험도 도움이 될 수 있습니다. 치료자가 인생 경험이 많을수록 환자가 이야기하는 일들이 이미 치료자에겐 익숙한 일들이어서 공감하는 능력이 크게 되거나 더 넓은 시야를 갖고 볼 수도 있습니다.

하지만 나이가 들면서 편협해지거나 경직되면서 진실을 찾고자 하는 열정이 줄어든다면 인생 경험이 많아도 분석정신치료에서 좋은 치료자가 되기에 충분한 조건이 되지는 못 할 수 있겠지요.

알로우(1995)가 설명한 동일시의 과정은 다음과 같습니다. 그는 분석가가 환자를 이해하는 능력은 분석가가 환자와 일시적인 무의식적인 동일시를 할 수 있는가에 달려있다고 하였습니다. 이러한 방식을 통해서 분석가는 환자가 겪고 있는 걸 대리해서 경험하게 된다고 했지요. 또한 환자가 드러내는 연상의 성질과 형태가 분석가에게 무의식적인 공상의 파생물을 유발시키는데 이러한 공상은 환자의 무의식적인 공상과 일치한다고 하였습니다. 바로 이와 같이, 환자의 공상이 분석가의 마음속에 무의식적 공상을 유발시켜서 분석가와 환자가 내적인 의사소통의 상태에 이르게 됩니다. 분석가에게는 이 상태에서 마침내 해석이 떠오른다고 하였습니다.

브리얼리(1943)의 설명에 따르면, 분석가는 자기성찰을 통해서 환자와의 내적인 의사소통의 상태에 이르게 되고, 또 그럼으로써 바로 그 순간에 분석가는 환자와의 동일시를 깨뜨리게 됩니다. 그도 그럴 것이, 환자에게 그러한 무의식적인 환상의 파생물이 어떻게 환자의 생활에 영향을 미치는지 예시해서 보여야 하는 시점이기 때문이지요. 이 시점에서 또한 역전으로 인한 어려움이 일어나기도 합니다. 이 모든 결과로 인해서 분석가는 '환자와 더불어 같이 생각하던 것 대신에 이제는 환자에 대해 생각하기 시작한다.'라고 그는 부연해서 말했습니다.

치료자와 환자 사이에 동일시를 가능하게 하는 매개체가 '공상'이라고, 제가 앞에서 말씀을 드렸습니다. 어떻게 해서 공상은 이와 같은 매개체 역할을 하게 되는 걸까요? 공상은 사람마다 개별적이고 특이한 점을 가지고 있기는 하지만, 그럼에도 불구하고 우리 인간의 공상 생활에는 공통점이 있습니다. 모든 인간은 영아기 때의 무기력했던 경험과—영아기 때의 우리는 양육자의 극진한 보살핌이 없다면 살아남지도 못하였겠지요—힘이 있는 성인의 사랑과 보호에 의지했던 시기를 거치게 마련입니다. 이 대목에서 볼 때, 사람에게는 누구랄 것도 없이 공통적으로 경험하게 되는 엄연한 사실 하나가 있습니다. 뭐랄까요, 한없이 나약한 것에 대한 실존의 자각이랄까요? 사람마다 아닌 게 아니라 이런 게 있습니다. 왜냐하면 우리가 자라면서 자신이 귀중한 존재, 사랑받고 떠받들어지는 느낌뿐 아니라 작고 열등하며, 의미가 없는 존재, 패배한 느낌, 사랑받지 못한 느낌, 실망 등의 느낌을 한 번도 경험하지 못하고 성장하기는 불가능하기 때문입니다.

동일시의 양상에서 '일시적인 동일시'가 치료적으로 적절하다고 말했는데요, 하지만 환자와의 동일시가 지나치게 강하고, 지속적으로 일어나서 오히려 치료적인 통찰력에 방해를 주거나 혹은 치료적인 통찰력이 증진되기도 하지요.

그린슨(1967)은 분석가가 환자와의 치료 과정에서 환자의 변화하는 양상에 따라서 환자를 이해하기 위해서 환자에 대한 상이 변화한다고 보았습니다. 이러한 발상에 따라서 그는 꾸준하게도 지속적인 동일시, 즉 적응적인 성격의 장기적인 동일시가 필요하다고 언급한 바 있어요. 이러한 동일시를 통해서, 지금 이 시점에서 어떤 개입이 환자에게 치료적일지, 혹은 반(反)치료적일지를 가늠할 수 있는 거지요.

래커(1968)는 환자에 대한 치료자의 반응을 두고 '일치형 동일시 *concordant identification*'와 '상호보완형 동일시*complementary identification*'로 구분해서 설명한 바 있었습니다. 그에 의하면, 일치형의 동일시에서 치료자는 치료자의 성격의 각 부분과 일치하는 환자의 성격의 각각의 부분과 동일시한다고 하였습니다. 치료자 자신의 성격에서 이러한 부분들 사이의 갈등이 크면 클수록 환자와의 일치형 동일시를 이루어내기는 어렵다고 했습니다. 여러분들의 시각적인 도움을 위해 다음과 같은 대조표로 만들어 보았습니다.

> 치료자의 이드 : 환자의 이드
> 치료자의 자아 : 환자의 자아
> 치료자의 초자아 : 환자의 초자아

한편 상호보완형 동일시에서는 치료자의 자아가 환자의 내적 대상물인 초자아와 동일시하는 경우를 들 수 있지요. 상호보완형 동일시는 일치형 동일시와 밀접한 연관을 가지는데, 치료자가 일치형 동일시에 실패할수록 상호보완형 동일시는 강화됩니다. 예를 들면, 치료자가 자신의 공격성을 거절하고 있는 경우에 환자의 공격성도 거절하게 되어서, 환자의 내면에 존재하는 '거절하는 대상'과 상호보완형 동일시를 이룩합니다. 래커는 일치형 동일시가 공감과 연관되어 있으며, 상호보완형 동일시를 역전이로 보는 견해는 옳지 않다, 라고 말하면서, 공감이야말로 승화된 긍정적인 역전이라고 하였습니다.

정신분석에서 클라이니언 학파의 공헌 중의 하나가 '투사적 동일시 projective identification'의 중요성과 그 임상적 유용성을 알린 일이 아닐까, 라고 저는 생각합니다. 클라인(1946)은 투사적 동일시에 관해 다음과 같이 설명했습니다. '영아기 자기infantile self'에서 나쁜 부분들이 자기의 다른 부분으로부터 분할되어 떨어져 나와서 엄마나 엄마의 유방으로 투사되고, 마침내 영아가 엄마가 자신의 나쁜 부분들로 이루어지게 '되었다.'라고 느낀다고 말했습니다. 투사적 동일시의 임상적 유용성이라면 무엇보다도 환자와 치료자 사이의 의사소통에 기여하는 바가 크기 때문이라고 저는 생각합니다.

이 의사소통은 쉽게 알아차릴 수 있는 의사소통이 아니지요. 투사적 동일시를 통해서 분석가에게 유발된 역전이적인 감정이 환자의 내면세계를 반영할 수 있다고 보기 때문에, 분석가는 투사적 동일시를 잘 깨닫게 된다면 치료적으로 아주 귀한 계기를 마련할 수 있습니다.

그러나 종종 치료자는 투사적 동일시에 의해 유발된 감정을 숙고해서 깨닫기보다는 그 유발된 감정을 실연화enactment하게 되는데 경우에 따라서 이러한 실연화도 치료적으로 진전을 이루는데 역시 도움이 됩니다. 그럼에도 불구하고, 항상 프로이디안 분석가들은 환자가 유발한 투사적 동일시에 의한 역전이와 분석가 자신의 문제에 의해 유발된 역전이를 구별하는 일이 중요하다고 강조합니다. 쉽게 말하면 모든 걸 환자 탓으로 돌리지 말라는 얘기지요.

동일시의 관점에서 보면 다음과 같이 말할 수도 있겠습니다.

지나친 동일시의 경우에 일어나는 현상이 역전이, 일치형 동일시, 투사적 동일시라고 생각할 수 있습니다. 한 편으로 동일시가 어려운 경우에 일어나는 현상은 역전이, 상호보완형 동일시라고 생각할 수 있지요. 지나친 동일시의 경우에는 치료자가 환자의 위치에 지나칠 정도로 자신을 묶어두어서 환자와 같이 고통스러워하고 환자와 같이 즐거워하며, 때로는 환자와 같이 지나치게 불안해할 수 있습니다. 그 결과, 치료자에게 일종의 맹점blind spots이 생겨서 치료자가 치료적 기능을 잘 수행하지 못할 수도 있습니다. 또한 환자도 치료자의 지나친 반응을 인식하게 되고 그로 인해서 환자도 오히려 더 두려워하게 될 수 있지요. 만약 환자의 무의식적 공상이 치료자에게 아직 그 치료자도 숙달하지 못한 무의식적 공상을 자극할 때, 치료자는 환자의 그 무의식적 공상에 지속적으로 동일시하게 되고 그 상태에서 고착될 수 있습니다. 흔히 초보 치료자가 이야기하는, '환자의 이야기가 나와 똑 같다.'라든지 하는 경우가 그러합니다.

치료자가 환자와 동일시를 하는데 어려움을 겪는 경우를 자세히 살펴보겠습니다.

우선 치료자의 성격적인 문제로 인한 경우입니다. 치료자 자신의 불안 수준이 높거나 양가감정이 많을 때 환자와의 동일시를 하기가 어렵습니다. 또한 치료자가 강박적인 성향이 너무 강해서 감정 자체를 느끼기가 어려운 성격일 때도 그럴 수 있어요. 치료자가 자신은 아무 문제가 없다고 생각하는 경우가 있다면 이는 치료자가 이미 성격이 너무 경직되어 있거나 자신에 대해서 전혀 깨닫지 못하고 있거나 하는 반증이므로, 환자와의 동일시는 더 어려울 것이라고 저는 생각합니다.

또한 환자의 갈등이 치료자의 해결되지 않은 갈등과 유사할 때도 그러합니다. 이런 경우에 환자와 감정적인 거리를 두려고 할 수도 있고 치료적으로 충분히 주의를 기울이지 못하기도 합니다. 치료자가 자신의 무의식의 갈등을 환자에게 투사하여서 환자가 말하는 모든 걸 자신의 갈등과 연관된 문제로 간주하는 경우도 적절한 동일시라고 보기 어렵습니다.

　때로는 치료자가 환자를 자신의 무의식적인 목적에 맞추려고 하는 경우가 있을 수 있습니다. 예를 들면 치료자의 나르시시즘적인 만족을 위해서 환자가 이러한 방향으로 가야만 치료가 성공적일 것이라고 생각하고 환자를 그 방향으로 모는 경우를 생각해 볼 수 있지요. 치료자가 치료의 성공 여부에 지나친 야망을 갖거나 혹은 그 반대로 치료의 결과에 지나치게 너무 낮은 기대를 하고 있을 때도 환자와의 적절한 동일시에 실패합니다.

　초보 치료자에게서 역시 더러 볼 수 있는 경우가 있겠는데요, 치료자가 치료의 경험과 배움에 대한 열망이 너무 강해서 환자에게 치료의 효과에 관해 유혹하듯이 말해서 치료를 받게 하고 자신의 주도하에 치료의 과정을 끌고 나가는 경우가 있을 수 있습니다. 물론 이런 경우에서도 환자와의 적절한 동일시는 어렵겠지요.

　또한 치료자가 여러 가지의 개인적, 직업적인 일들로 중압감에 시달릴 때입니다. 이런 경우는 초보 치료자뿐 아니라 경험이 많은 치료자에게도 언제든지 생길 수 있는 일입니다. 치료자도 사람이고 우리가 살면서 여러 가지의 일들을 겪을 수밖에 없습니다. 하지만 건강한 치료자라면 자신이 현재 어떤 중압감에 시달리고 있는지를 깨달을 수 있어야 하고 그 다음엔 그 중압감에 대하여 어떻게 대처할 수 있는지를 생각해야 합니다. 마지막으로 프로이트(1910)의 말을 인용하면서 이 강의를 맺으려 합니다.

　　그 자신의 콤플렉스와 내부의 저항이 허용하는 것 이상으로 더 나아갈 수 있는 분석가는 아무도 없다.

3. 정신치료의 치유인자 : 환자-치료자 관계를 중심으로

정신치료는 환자와 치료자의 인격적인 만남으로써 비롯되며 결국 두 사람이 정신적으로 서로 영향을 주고받고 반응하는 것에 의해서 치료의 효율적인 과정이 진행된다고 볼 수 있습니다. 물론 이 만남에는 정신치료가 아닌 상황에서 두 인격체가 만나서 긴밀하게 상호작용을 이룩하는 것과는 여러 가지 다른 점이 엄존하고 있음을 전제로 합니다.

정신치료의 과정에서 환자-치료자의 관계가 한사람은 도움을 청하기 위해서, 또 다른 한사람은 도움을 주기 위해 만나서 일종의 관계를 이룩해 가는 '치료적 관계'라고 간주한다면, 이 관계에서 일어나는 여러 가지의 심리적 현상을 이해하는 건 치료에 다소간 도움이 될 거예요.

이번 강의는 이러저러한 환자-치료자 관계에 관해서 이모저모를 살펴보려고 합니다. 우선 염두에 두어야 할 사실은 기본적으로 한사람이 도움을 청하고 다른 한사람은 도움을 주는 입장의 차이 때문에 아무리 서로 평등한 관계를 전제하고자 해도 이미 한사람은 권위적인 위치에 설 수밖에 없다는 겁니다.

대체로 보아서, 의사와 환자의 관계에 관해선 다음의 네 가지 모델이 있다고 말해지고는 합니다. 이를 분석정신치료자와 환자의 관계로 대체해도 크게 무리가 없다고 생각합니다. 박호진(2005)은 이를 두고

기술자*engineering* 모델,

성직자*priestly* 모델,

협조자*collegial* 모델,

계약자*contractual* 모델

이라고 구분한 바 있습니다. 이 네 가지 모델을 제안한 박호진은 '중환

자 등의 일부 예외를 제외하고 현대의 만성 질환은 상호참여 속에 진료가 이루어진다. 따라서 계약자 모델이 현대사회에서 택할 수 있는 유일한 대안이다.'라고 말합니다.

저도 그의 의견에 동의하면서 특히 정신치료에서 환자-치료자 관계를 논할 때도 '계약자 모델'이 가장 적합한 모델이라고 생각합니다. '계약자 모델'은 환자와 의사의 동등한 관계를 인정하려고 하면서도 앞서 언급한 대로 한사람은 도움을 구하고 다른 한사람은 도움을 주는 위치에서 발생하는 권위를 부정하지 않습니다. 이 때문에 그것은 '협조자 모델'처럼 유토피아적인 협력 관계를 겉으로 드러내지 않아도 됩니다. 이러한 사실과 관련해, 박호진의 논문에서 다음의 내용을 인용해 보겠습니다.

(…) 현대사회에서는 오직 계약자 모델에서만이 윤리적 권위와 책임이 참으로 공유될 수 있다. 왜냐하면 이 모델은 기술자 모델에서의 의사의 도덕적 포기를 피할 수 있으며, 성직자 모델에서의 환자의 도덕적 포기를 피할 수 있기 때문이다. 또한 협조자 모델이 말하는 평등은 통제되지 않고 방치되어 있으며 그 의미도 그른 것이다. 계약자 모델이 바로 협조자 모델의 그른 의미의 평등을 피할 수 있으며, 진정한 의미의 의사와 환자의 평등을 실현할 수 있다.

그러면 이제 정신치료에서 말하는 치료적 관계에는 어떤 관계가 포함되는지 살펴보겠습니다. 이를테면, '정신치료란 말을 통해 또한 개인적 관계, 그리고 전문적 관계를 통해 개인이 가지고 있는 어려움을 완화시키는 예술이다.'라고 스토는 1980년에 제 나름대로 정의한 바 있습니다. 저는 우선 치료적 관계를 다소 도식적으로 다음과 같이 구분해 보려고 합니다.

1. 전이-역전이*transference-countertransference* 관계

2. 치료동맹*therapeutic alliance*의 관계

3. 실제 관계*real relationship*

4. 새로운 관계*new relationship*

이 네 가지 관계는 서로 간에 중복되거나 개념의 혼선을 일으키는 부분도 있다고 저는 생각합니다. 예컨대, '치료동맹'은 치료에 도움이 되는 범위 내에서, 해석을 하지 않고 유지하는 정도의 적절한 긍정적인 전이로 볼 수도 있습니다. 또한 실제 관계와 새로운 관계 사이에도 어느 정도 겹쳐지는 부분이 있을 수 있다고 봅니다. 이 중에서 전이는 다음 기회에 말씀을 드리도록 하고 여기에서는 제가 전이를 제외한 다른 관계에 대해 말하려고 합니다.

오늘 전체 강의의 큰 제목은 정신치료의 치유인자입니다. 저는 이 중에서 환자-치료자 관계를 밝히고자 합니다. 다시 말하자면, 저는 정신치료에서의 치유와, 환자-치료자 관계가 어떻게 연관이 있는지를 중심으로 해서 살펴보려고 합니다. 정신치료가 환자에게 많은 도움이 될 것이라고 예측이 되더라도 막상 환자가 치료를 지속할 수 없다면 그 의미는 반감될 것입니다. 따라서 치료 전반에 걸쳐 치료동맹의 유지는 무엇보다 중요합니다.

치료자가 환자의 전이 감정을 이해하는 것이 무엇보다 중요한 이유도 이에 대한 이해를 바탕으로 해서 치료자가 환자의 감정을 어떻게 다루는가 하는 방향이 서기 때문입니다. 즉, 치료동맹의 유지는 치료 결과에 중대한 영향을 미치게 합니다.

초창기의 프로이트는 치료에서 환자의 신경증적 증상을 없애는 것에 주안점을 두면서 증상이 사라진 환자를 두고 치유되었다고 보았으나, 곧 그렇지 않다는 걸 알게 되었지요. 대부분의 신경증적 증상은 환자의

성격 및 인생에 대한 환자의 태도, 그리고 환자와 가까운 사람들과의 관계에서 서로 긴밀하게 연관되어 있다는 것을 알게 되었습니다. 근래에 이르러 거의 모든 정신치료자는 정신치료에서 항상 환자의 성격을 다룬다고 생각합니다.

정신분석과 정신치료의 차이는 여러 가지의 관점에 따라 설명될 수 있지만, 그 중의 하나는 환자의 성격을 어느 정도 철저히 다루느냐에 따라 그 차이가 명료하게 드러날 수 있을 거라고 봅니다. 정신분석에서는 환자의 성격 전반에 걸쳐 좀 더 충분하고 철저히 살펴본다면, 이에 비하여 정신치료에서는 환자가 자신의 성격을 가지고 인생을 살아가는 데 부딪히는 한정된 부분을 좀 더 세밀하게 살펴보게 됩니다.

오늘날의 정신치료는 증상을 직접적으로 없애는 데 관심을 두기보다는 한 인간을 전체적으로 이해하려는 데 더 깊은 관심을 갖게 되었으며, 이러한 변화는 환자-치료자 관계를 바라보는 시각에도 적잖은 영향을 끼쳤습니다. 치료자는 환자를 이해하기 위해서는 환자와의 관계에서 객관성을 유지하는 동시에 환자에 의해 영향을 받도록 자신을 개방해야만 합니다. 이러한 상호관계야말로 환자-치료자 관계의 요체가 되므로, 치료자는 더 이상 과학자가 실험실에서 실험하듯이 하는 태도를 견지할 수는 없게 됩니다. 환자-치료자 관계를 설정하는 그 자체가 치료에서 좋은 결과를 얻는 데 매우 중요한 요소로 알려져 있습니다.

프로이트는 치료적 협정*pact*이 성공적인 분석에서 기초가 된다는 의견을 제시했습니다. 소위 말하는 긍정적 전이는 치료자를 따뜻하고 예민하며, 정직하고 잘 돌보면서, 이해심 깊고, 지지적이며, 때로는 유머를 지닌 사람으로 보는 걸 말하며 이는 치료에서 좋은 결과를 내는 일과 연관이 있다고 알려져 있지요. 이런 긍정적 전이가 치료동맹을 이루는 요소입니다. 왈러스타인(1986)은 '긍정적이고 의존적인 전이'가 분석정신치료든, 지지정신치료든 간에 모든 성공적인 치료에 기본이 되는 거라고 보았습니다.

치료 동맹은 전이에 뿌리를 두고 있지만 환자와 치료자 간의 성숙하며 비교적 덜 신경증적이고 이성적인 래포*rapport*를 말합니다. '치료동맹'이란 용어는 제첼(1956)에 의해 소개되었는데 다음의 여러 사람이 이야기한 개념과 같은 맥락에서 생각할 수 있습니다.

1. 프로이트(1913) : 효율적 전이 혹은 래포

2. 페니쉘(1914) : 합리적(이성적)인 전이

3. 스톤(1916) : 성숙한 전이

4. 그린슨(1967) : 작업동맹

5. 샌들러(1973) : 치료동맹

정신분석에서는 분석가가 치료동맹의 발달을 촉진하기 위해 어떤 특별한 행위를 할 필요는 없으며 보통은 저항에 대한 해석과 분석적인 태도를 지키는 것만으로도 충분하다고 봅니다. 그럼에도 불구하고 분석정신치료에서는 면담의 빈도가 잦지 않으므로-보통 정통정신분석에서는 주 4회에서 주5회를 하지만 분석정신치료는 주1회 내지 주2회를 하곤 하지요-분석적인 태도나 저항 해석 외에도 교육 등의 방법이 치료동맹의 발달을 촉진하기 위해 사용됩니다. 치료동맹을 보는 견해를 정리해 보면 다음과 같습니다.

1. 정신분석에서는 치료동맹이 필수적인 것은 아니라는 견해(멜져, 1967).

2. 치료동맹이 정신분석에서 필수적인 것이지만 이는 해석에 의해 충분히 유지될 수 있다는 견해(브래너 1979, 프로이트 1914, 1916-7, 1937, 1940, 샌들러 1973).

3. 치료동맹은 전이신경증과는 독립된 현상으로 전이신경증에 버금가는 위

치에 있고 분석틀 내에서 특정한 비분석적 개입이 요구된다는 견해(그린슨 1965, 제첼 1956, 1966).

4. 치료동맹은 전이신경증과는 다른 독립적이고 동등한 위치에 있고 특히 상태가 심한 환자의 경우에는 분석 틀 밖에서 특정한 비분석적 개입을 하는 게 필요하다는 견해(쉐크터 1991).

풀버(1995)는 치유의 기전(메커니즘)을 어떤 특정한 측면에 전적으로 기대어서 설명하려는 일이야말로, 예를 들어 '관계*the relationship*', '품어주는 환경*the holding environment*', '갈등의 해소*resolution of conflict*', '제반응 *abreaction*' 등 중에서 한 가지를 위해 다른 걸 희생하려는 일이라며 비판하였고, 치유를 위해서는 이 모든 것이 복잡하게 서로 연결되어 있다고 하였습니다.

치료자는 환자가 갖고 있는 부정적인 전이 감정을 해석하면서 점차 긍정적인 전이 감정의 발달을 도모하지요. 그럼에도 불구하고 정신치료에 있어서 대부분의 긍정적인 전이 감정은 해석하지 않습니다. 그도 그럴 것이, 비교적 적당한 정도의 긍정적인 전이 감정이 좋은 치료 결과를 내는데 도움이 되기 때문입니다.

예를 들면 치료자가 자신을 비난할거라고 느껴서 많이 긴장해 있는 남자 환자에게, 치료자는 종종 '아무개 씨는 지금 제가 자신을 비난한다고 느끼시는 것 같다.'라는 유의 개입을 시도하는데, 이러한 시도는 바로 부정적인 전이 감정에 대한 해석의 일부입니다. 이렇게 함으로써 치료자는 암묵적으로 환자에게 치료자 자신이 환자가 생각하고 느끼듯이 그렇게 비판적인 사람이 아니라는 사실을 깨우쳐주는 동시에, 실제로 치료자의 태도도 가능한 한 중립적이고 무비판적인 태도를 취함으로써 치료동맹의 유지에 필요한 정도의 적당한 긍정적인 전이 감정이 발달하도록 의도할 수 있어요.

샤프만(1992)은 경험이 없는 치료자가 자주 행하는 실수 중의 하나로 특히 에로틱한 전이가 심화될 잠재력을 가지고 있는 환자에게 치료자에 대한 전이 감정에 계속 몰두하게 해서 그 전이 감정의 강도만을 심화시키는 일이라고 했습니다.

만약 환자가 치료자에 대한 성적인 관심을 드러냈을 때 그 관심을 더 탐색하도록 환자를 부추긴다면 치료에 강력한 저항이 되는 에로틱한 전이 감정의 발달이 더 촉진되고 치료동맹은 깨지거나 약화될 수 있습니다. 특히 정신분석에 비해서 전이 감정을 다루는데 있어서 제한이 있을 수밖에 없는 분석정신치료 상황에서는 에로틱 전이가 어느 정도 있다는 것을 치료자가 인식하고 있을 때, 그 정도를 너무 심화하지 않도록 조절하기 위해서는 환자가 치료자에 관한 에로틱한 감정을 내보이더라도 이를 환자의 현실 상황과 연관시켜 언급해줌으로써 전이 감정보다는 '전이 밖의 이슈'로 대체하여 그 강도를 조절하는 것이 나을 수 있습니다.

더 구체적인 예를 들어볼까요? 치료자는 환자에게 '지금 저에게 좋은 감정이 드는 이유는 아마도, 터놓고 이야기할 사람도 없고, 타지에서 외롭게 지내다 보니 그런 것 같다.'라는 식으로 이야기할 수 있겠지요.

샤프만이 이야기했듯이 전이 감정을 치료자가 잘 이해하는 건 중요하지만 그렇게 하는 게 중요한 이유는 이러한 이해를 바탕으로 어떻게 그 전이 감정을 다룰지를 결정할 수 있어야 좋은 치료 결과를 낼 수 있다는 데 있습니다.

치료자에 관한 전이 감정을 발달시키는 것 자체에 대한 두려움이 아주 많은 환자의 경우에, 이 환자가 정신분석이 아니라 주 1회나 2회의 분석정신치료를 받는 상황이라면, 전이 감정의 발달에 대한 저항을 해석하기보다는 환자가 주로 가져오는 외부 생활에서의 대인관계의 갈등 문제를 다루어 줄 수 있겠지요.

또한 이 환자가 치료 종결을 약 두 달 가량을 앞두고 치료자에 대한 부정적인 감정을 다소 내비쳤다고 가정해 봅시다. 치료 종결까지 남은 시간이 없다는 점을 고려한다면 치료자에 대한 부정적인 감정 그 자체에 집중하는 대신에 치료자에 대한 부정적인 감정을 불러일으킨 일을 살펴서 어느 정도 환자가 원하는 바를 충족시켜줄 수도 있겠지요. 그럼으로써 치료자에 대한 부정적인 전이를 더 심화시켜서 이 부분을 충분히 살펴보는 일을 피할 수도 있다는 거지요. 제가 여기서 강조하고자 하는 점은 특히 분석정신치료 상황에서는 전이에 중점을 두기보다는 전이를 치료에 도움이 되는 정도로 어떻게 적절하게 관리하느냐가 중요하다는 겁니다.

치료자와 환자의 실제 관계를 생각할 때, 치료자의 성별, 연령 등은 기본적인 관계의 요소가 됩니다. 흔히 젊은 치료자는 자신이 젊어서 인생 경험이 충분치 않다고 느끼고 환자 앞에서 불안해하는 경우가 많습니다. 또한 젊은 치료자는 환자가 드러내는 성적인 느낌에 대해 더 불편해할 수도 있습니다. 젊은 치료자는 자신보다 나이가 많은 환자 앞에서 주눅이 드는 경우도 많은데 이는 실제 인생 경험이 환자가 훨씬 많은 상태에서 젊은 자신이 무엇을 도와줄 수 있을까 하는 의구심에서 비롯되기도 하지요.

하지만 이런 경우에 젊은 치료자가 기억하면 도움이 되는 건, 오히려 인생을 많이 살지 않았기 때문에 환자가 경험한 것에 대해 더 개방적인 시선으로 볼 수도 있고 이것이 장점이 될 수도 있다는 점이지요.

중년 이상의 치료자의 경우, 그 동안의 인생 경험이 환자를 보는 데 확실히 도움이 됩니다. 하지만 주의할 점이 있어요. 흔히 치료자보다 나이가 어린 환자를 볼 때 자신이 이미 지나온 길이고 인생을 더 많이 살아서 더 잘 안다고 생각하고 충고나 훈시를 하려는 입장에 쉽게 설 수가 있습니다. 따라서 환자에게는 이미 익숙한 부모와 비슷한 역할을 치료자가 하게 되는 경우가 종종 있지요. 혹은 자신은 환자의 부모와는 아주 다른 어른이라는 점을 강조하기 위해서 자신을 새로운 대상으로 내세우려는 경향을 보일 수도 있구요. 치료자가 만일 환자와 비슷한 또래의 자녀가 있다면 환자의 문제를 되도록 가볍게 보려는 경향을 보일 수도 있습니다.

치료자가 실제로 인간관계를 맺고 있는 사람을 환자로 보거나, 치료자와의 인간관계가 있는 사람과 가깝게 연관된 사람을 환자로 보거나 하는 경우에 발생하는 여러 가지 문제점도 생각해 볼 필요가 있을 뿐더러, 이런 관계에 있는 사람과는 아무런 치료를 행하지 않기로 선택하는 게 오히려 바람직한 경우가 더 많이 있습니다. 이런 경우에는 필요하면 다른 치료자에게 의뢰하는 편이 훨씬 낫겠지요.

한리(1994)는 치료동맹, 그 자체로 치료적인 변화가 일어나는 건 아니라고 주장하면서 해석이 치료 과정을 점화시킨다고 했습니다. 한편 치료동맹 없는 치료자가 하는 어떤 해석도 환자는 의미 있게 받아들이지 않는다는 건 익히 알려진 사실입니다.

로왈드(1970)는 치료적인 변화가 일어나기 위해서는 분석가가 새로운 대상이 되어 환자가 이를 경험하는 게 중요하다고 했습니다.

샤프만(1992)은 환자가 치료자를 새로운 대상으로 경험하도록 만들기 위해서 치료자의 인위적인 역할을 전제로 해야 하는 건 아니라고 하면서 단지 무비판적이고 중립적인 치료자의 태도만으로도 충분하다고 강조했습니다. 하지만 신경증보다 더 정신병리가 심한 환자의 경우에 이런 태도만으로도 충분한가에 관해선 여러 갈래의 논의가 있을 수 있습니다.

4. 정신분석의 관점에서 본 꿈의 중요성과, 그 변화

안녕하십니까, 저는 민성혜라고 합니다. 정신과 전문의이며 뉴욕에서 정신분석 공부를 하고 돌아온 이후인 1998년에서 2016년인 현재까지 분석정신치료와 정신분석으로 치료하는 개인 의원을 운영하고 있습니다.

아마도 프로이트란 이름은 여러분이 대학교에 들어오기 이전에도 들어서 알고 있었으리라 생각합니다. 오늘 우리가 이야기하려는 이 책인 『꿈의 해석』을 이미 읽어본 적이 있는 분이 계신지는 모르겠습니다. 저는 개인적으로 이 책을 처음 접하고 읽어보려고 노력했지만 마치지 못했던 기억이 남아 있습니다. 제가 의과대학에 들어와서 예과 때 일이었습니다. 저는 이 책의 처음 부분을 읽다가 너무도 지루하다고 느꼈습니다. 그런 제가 40여년이 지나서 정신분석을 업으로 삼고 있으니 세상일은 알 수 없나 봅니다.

그런데 제가 뉴욕의 정신분석 연구소에서 공부할 때, 교과과정 중에 이 책의 제7장만을 가지고 하나하나 자세히 다루는 걸 보면서 '아, 내가 그때 이걸 알았더라면' 하고 생각했습니다. 제 경험에 비추어 드리는 말씀입니다만, 이 책이 너무 길다거나, 지루하다거나 하고 여기는 분들은 앞부분을 건너뛰더라도, 제7장을 꼭 읽어보시길 바랍니다. 이 책의 핵심 내용은 사실상 제7장에 놓여 있다고 해도 지나친 말이 아니지요.

오늘 이 강의에서 저는 어떤 목표를 가지고 의견을 제시할까 생각해 봤습니다. 제가 바라는 목표는 이 프로이트의 책을 통해서 여러분이 인간의 마음에서 무의식이 가진 힘에 관해 어렴풋하나마 알게 되기를 바라고, 또한 프로이트가 꿈이 바로 그 무의식을 알 수 있게 하는 왕도라고 지적하기도 했거니와, 여러분이 자신의 꿈에 관해 좀 더 관심을 가지고, 여러분 각자의 무의식에 관해 관심을 가지는 계기가 되기를 바랍니다.

이러한 목표를 가지고 저는 프로이트의 『꿈의 해석』이라는 저작이 나오기까지의 맥락과 그 이후의 정신분석의 발달과정을 아주 간략히 말씀드리고, 꿈을 해석하는 정신분석의 시각을 그뿐만이 아니라, 그의 사후에 제기된 시각도 간단히 언급하면서 현대 정신분석에 있어서 꿈의 이해에 변화가 있다면 어떤 변화가 있는지와 그 의미에 관해서도 살펴보려고 합니다.

이른바 전통 정신분석의 공식적인 기원을 프로이트의 『꿈의 해석』(1900)의 발간에 두고 있는 것에서 볼 수 있듯이 꿈은 정신분석에서 특별한 위치를 차지하여 왔습니다. 심지어는 프로이트를 '20세기의 해몽가'라고 부른 사람도 있지요. 정신분석 발달의 역사가 이제 120여년을 바라보는 이 시점에서 되돌아보면 정신분석 내에서 꿈이 차지하는 위치는 많이 변화가 있어왔음을 잘 알 수 있습니다.

프로이트의 생전에는 그가 취한 이론의 변화, 다시 말하면 지형학적 이론에서 구조 이론으로의 변화에 의해서, 또한 프로이트의 사후에는 정신분석 내에서 발달한 다양한 여러 이론의 영향으로 인해서, 꿈을 보는 관점과 꿈을 다루는 방식에 차이가 생겨나게 되었습니다. 요즈음의 정신분석에서는 '꿈' 자체에 관심을 두기보다는 '꿈을 꾸는 사람' 혹은 '꿈을 꾸는 능력 내지 기능'으로 관심의 초점이 이동하기도 하였다고 보입니다. 한 가지 흥미로운 점이 있다면, 정신분석 밖의 분야에서는 오히려 꿈에 대한 관심이 많아지고 있다고 보이는 현상이지요. 현재 우리나라에서 겪고 있는, 뭐라고 말해야 할지 말문이 막히는 상황의 단초이기도 합니다만, 심지어 수십 년 전에 누군가가 꾸었다는 꿈이 언급되기도 합니다.

하지만 정신분석이나 프로이트에 관한 이해는 우리나라에서 아직도 초창기라는 게 저의 생각입니다. 다음의 글은 올해 한 유명한 주간지에 '편집장 편지'라는 이름으로 실린 글입니다.

세상을 움직이는 것은 본능과 우연이다.

정신분석학의 창시자 지그문트 프로이트(1856-1939)가 한 말이다. 나는 이 말을 프로이트의 어록 중에서 자주 되새김질한다. 역사를 바꾼 대사건의 원인을 '본능과 우연'이라는 프리즘을 통해서 보면 놀랍게도 맞아떨어지는 게 많다. 110여 년 전 오스트리아 빈에서 주장한 프로이트의 학설들은 21세기에 와서 보면 더 이상 유효하지 않은 게 있다. '꿈의 해석' 같은 게 대표적이다. 현대의 뇌신경 과학은 꿈에 대한 인간의 의문을 거의 다 풀어주었다. (…) 5월 6일은 프로이트의 160번째 생일날이다. "프로이트 고마워요."

이 글은 프로이트를 긍정적으로 기리고자 하는 의도가 분명함에도 불구하고 제가 보기엔 '꿈의 해석'에 관한 의견에서는 현재의 현대 정신분석학계의 시각을 제대로 반영하고 있지 않다고 생각합니다.

『꿈의 해석』은 30년 동안 프로이트가 여덟 번이나 재개정 하고 또 보완한 저술물입니다. 시대를 울린 위대한 저작물이랄까요? 그 자신 스스로도 이런 행운은 일생에 한번 일어나는 일이라고 했습니다. 한편 정신분석 내에서 꿈의 위치는 변동이 있었던 것도 사실입니다. 어느 정신분석가도 '현대의 뇌신경 과학이 꿈에 대한 인간의 의문을 거의 다 풀어주었다.'라고는 간주하지 않을 거라고, 저는 생각합니다. 『꿈의 해석』이 출판된 1900년을 정신분석의 기원이 되는 시기로 간주하기도 할 만큼, 이 책이 정신분석 및 프로이트의 수많은 저작들 중에서 차지하는 위치는 독보적이라고 하겠지요. 이 책이 가진 가장 큰 의의는 꿈을 해석함을 통해서 무의식의 개념과 그 중요성을 알렸다는 사실입니다.

『꿈의 해석』이 나오기 이전인 19세기, 그 당시의 유럽의 과학계에서의 꿈에 관한 견해는 꿈이 기본적으로 수면 중의 정신 상태를 나타낸다고 보았지만, 이는 수면의 관점에서 보았을 뿐이지, 결코 심리적인 상태에서 본 것은 아니었습니다. 예를 들면 손가락으로 제 멋대로 드럼을 두드리면 소리가 나듯이 꿈도 뇌에서 일어나는 그러한 현상으로 본거지요. 그 당시에 과학계의 일치된 의견과 달리, 프로이트가 꿈이 깨어있는 상태의 심리와 연관이 있다고 파격적으로 주장한 겁니다. 사실은 이 당시에도 이미 오래 전부터 신화, 민속, 일반 상식에서는 프로이트와 같은 이해가 나타나 있었습니다.

지금으로부터 약 120여 년 전, 프로이트가 무의식을 이야기할 당시에도 무의식의 개념은 알려져 있었지만, 사람의 마음은 의식과 거의 동일시되어 있었습니다. 프로이트 이전의 무의식의 이해에 관해 피터 게이 (1988)가 정리한 바를 조금 인용하자면 다음과 같습니다. 18세기에 게오르크 크리스토프 리히텐베르크는 꿈이란 다른 방식으로는 다가갈 수 없는 자기 인식에 이르는 길이라고 했다고 하며, 괴테나 쉴러 같은 문인은 시적 창조의 뿌리를 무의식에서 찾았고, 영국, 프랑스, 독일 등 여러 나라의 낭만주의 시인들 가운데 콜리지(1772~1834)는 꿈을 '의식의 불가사의한 영역'이라고 부르는 것에 경의를 표했다고 했습니다.

이 외에도 프로이트와 동시대의 소설가이었던 헨리 제임스(1843~1916)는 분명한 태도로 무의식과 꿈을 연결시켰다고 하였습니다. 말하자면 그는 시적인 개념을 가져다 정확하게 다듬어서, 이를 심리학의 토대로 들여온 것이지요. 그럼, 프로이트의 기여는 무엇일까요?

프로이트는 무의식의 개념을 체계적으로 사용하여 발전시키고 정신분석적인 방법을 고안하여 치료의 한 방법으로써 임상에서 환자의 치료에 사용한 점이라고 저는 생각합니다. 프로이트가 무의식의 개념과 그 중요성을 이야기한 후에 우리는 이제 우리의 마음이 단지 의식만을 뜻하지 않는다는 점. 즉 우리 인간이 합리적이고 이성적이기만 한 존재가 아니다, 라고 하는, 우리 마음이 지닌 실제적인 한계를 알게 되었던 점이라고 하겠습니다.

가바드(2009)는 프로이트의 꿈에 관한 견해야말로 오랜 세월의 시험을 견뎌내면서 건재해온 것이라고 평가하였습니다. 그는 뇌과학자들인 브라운(1977)과 솜스(2000)의 연구를 통해서, 꿈을 꾸는 일이 더 고차원의 정신적인 기능, 즉 '소망하고자 하는 시스템'이라는 프로이트의 견해가 맞아떨어진다는 걸 알 수 있다고 말했습니다. 다른 말로 설명해 본다면, 최소한 꿈을 꾼다는 일은 뇌의 단순한 생물학적인 기능 이상을 의미한다고 하겠습니다. 왜 제가 앞에서 한 주간지 편집장의 글에 표현된 꿈에 관한 의견 중에서 제가 반대하는 부분이 있다는 말을 끄집어냈는지 이제 이해가 되시는가요?

엘라 프리만 샤프는 '정신분석의 추'가 꿈에서 멀어지고 있다고 1937년에 지적한 바 있었고, 프로이트도 이와 마찬가지로 1931년과 1932년 무렵에 지적한 바 있었습니다. 그 이유를 살펴본다면, 1920년대와 1930년대에 정신분석 발전의 방향이 달라진 점을 들 수가 있겠습니다. 즉, 정신병의 기원, 구조 이론의 형성, 초기 대상관계의 탐구, 불안의 문제, 전이에 관한 깨달음의 증가 등의 방향으로 관심의 초점이 이동합니다. 하지만 이 모든 이동은 사실은 프로이트에 의해 주도된 방향에 따른 전환이었습니다.

프로이트의 구조 이론-이드, 자아, 초자아-이 대두함에 따라서 무의식의 욕망을 의식화하려는 초기의 정신분석의 초점이 이제는 자아가 정신분석의 초점이 되고 분석가에 대한 전이가 환자의 감정 및 정신적인 삶을 이해하는 왕도가 되기 시작하면서 결과적으로 꿈의 해석의 중요성이 덜해지기 시작하였습니다.

후세의 정신분석가를 당황하게 하는 일은 프로이트가 자신이 계속 발전시킨 정신분석 이론에 맞추어서 『꿈의 해석』을 다시 쓰지 않았다는 사실입니다. 『꿈의 해석』은 이를테면 '지형학적 이론*topographical theory*'—무의식, 전의식, 의식을 나누어 말하는 이론—에 맞추어 쓴 책인데 그 이후의 이론인 '구조 이론*structural theory*'—이드, 자아, 초자아로 나누어 말하는 이론-에 맞추어서 다시 쓰지 않았기 때문입니다.

분석정신치료나 정신분석을 하다 보면, 꿈을 거의 가져오지 않던 환자가 꿈을 가져오면서 치료의 분기점이 된다든지 하는 경우를 봅니다. 프로이트에 의하면 꿈이란, 소망의 충족이 변형되어 나온 것인데 이는 전날 현실에서 겪은 일로 인해서 소망이 자극되고, 이러한 자극이 무의식의 유아적 충동과 결합됨으로써 꿈을 꾸는 상태에서 환각적인 만족을 향유할 수 있도록 압력을 가한다고 하였습니다. '꿈 작업dream work'은 그 무의식의 소망을 만족시키지만, 이를 위장하는 작업인 셈이죠. 그렇게 하지 않으면, 꿈꾸는 사람을 방해해서 결국 잠자는 일과 꿈을 꾸는 일을 끝내도록 하는 일이 생길 터입니다.

이제 여기서 현재 꿈을 정신분석에서 어떻게 이해하는지 살펴볼까요?

수면은 외부 세계와의 접촉을 줄이고, 또한 자발적인 운동과 행동의 가능성을 차단함으로써 생겨납니다. 우리는 이를 통해 다소 안심하면서 감각의 배출을 추구하려고 합니다. 이 배출의 추구는 정신활동의 분출을 일으키면서, 또 이로 인해서 꿈이 생성합니다. 꿈에서는 또한 의식적인 자아의 활동이 감소하고 자아가 퇴행하는 걸 허용하는가 하면 초자아의 검열 기능도 느슨하게 됩니다.

그러나 우리는 온전히 깨어 있거나 온전히 잠자는 것은 아니지요. 이는 모두 상대적인 걸로 봐야 합니다. 절대적인 것으로 봐서는 안 됩니다. 깨어 있을 때에 외부로 향했던 자아가 잠자는 동안에는 그 에너지가 늘 내부의 정신 활동으로 향하게 되지요. 따라서 프로이트는 말하기를, 사람이 잠을 자면, 사람은 마음을 벗고 그들이 성취했던 모든 정신적인 획득물을 내려놓는다고 하였습니다.

꿈은 보통 우리에게 그림으로 나타나고, 지극히 무한한 능력의 정신적인 눈에 의해서 기록되는 셈이지요. 또한 꿈은 추상적인 생각마저 구체적인 이미지로 보여줍니다. 저는 꿈을 꾸고 기억해서 치료에 가지고 오기를 두려워하는 환자들에게 이렇게 말해주곤 합니다. "꿈은 당신 자신이 영화 제작자, 감독, 시나리오 작가, 주연, 조연 등이 되어서 만드는 한 편의 영화로 생각해 볼 수 있습니다."라구요. 꿈의 특징은 우리 마음속을 표상한 그림이라고도 말할 수 있겠습니다.

원초적인 정신 활동은 언어적인 표상이기보다 한결 전(前)언어적인 과정에 가깝다고 하겠지요. 프로이트와 루윈 역시 이 활동은 그림으로 일어난다고 강조하였습니다. 한 가지의 예를 든다면, 아이가 언어를 배우고 익힌 이후에도 아이의 사고가 기본적으로는 '회화적인 표상화pictorial representation'가 우세하다고 합니다. 우리에게는 언어 이전의 시기가 발달 단계에서 먼저 일어나기 때문이지요. 루윈이 말하기를 우리는 마치 잃어버린 기억이 어딘가에 숨어있는 듯이 찾는 경향이 있는데, 이런 형태의 기억, 즉 객관화된 경험의 회상은 생후 1년 말이 되거나 혹은 생후 2년이 되기 시작해야 일어나는 단계이다, 라고 하였지요.

요컨대 기억할 수 없는 영아기 신체와 감정 상태에서 기인하는 더 원초적으로 '각인'된 기억이 있고, 이러한 기억이 아마도 꿈에서의 정신적인 이미지와 감각을 불러일으킬 수 있다고 하면서, 루윈은 '꿈의 스크린' 개념을 주장하기도 하였습니다.

『꿈의 해석』 간행 10년 후에 프로이트는 위장된 소망의 의미 외에 꿈의 이미지에서 보이는 특별한 형태의 하나를 덧붙여서 설명하기도 했습니다. 어떤 이미지는 그 의미가 반복되고 일관되게 나온다며 이런 경우는 연상을 통해서 달라지는 게 아니라고 하였지요. 즉 이런 것이 꿈의 '상징들symbols'이고 이는 어떤 변형이라기보다는 표상representation이라고 보았습니다.

꿈에 상징적 표상이 있다는 말은 꿈이 창조적이고 합성적이요 통합적인 면이 있음을 보여준다는 걸 뜻합니다. 특히 꿈은 감추고 변형하고 방어만하는 게 아니라는 것을 잘 보여주기도 합니다. 꿈에서의 상징은 발현몽과 잠재몽의 내용을 결합해서 연결하기도 합니다. 즉, 마음을 분열하여 조각내기 보다는 이를 통해 통합하려는 시도를 한다고 볼 수 있지 않을까요?

상징에 관한 이러한 견해에도 불구하고 프로이트는 지속적으로 꿈을 꾼 사람의 연상이 중요하다는 것도 강조하곤 하였습니다. 바로 이 자세가 프로이디안의 도그마일 수 있다는 비판도 있습니다(플란다스, 1993). 이 점이 후세의 정신분석가들을 계속 고민하게 만드는 부분이 되기도 합니다. 왜냐하면, 분명해 보이는 꿈인데 그것을 믿지 말라고 하고 발현몽이 '비상용 닻'이 아니라면서 그 안에 잠재되어 있는 내용을 더 찾으라고 다그치기 때문입니다. 에릭슨(1954)은 이러한 태도를 비판하였답니다.

프로이트는 『꿈의 해석』 출간 20년 후에 「쾌락 원칙을 넘어서」(1920)란 논문을 통해 꿈의 창조적 과정에 관한 자신의 기본적인 개념 가운데 오직 하나의 예외의 경우가 있을 수 있음을 언급합니다. 이는 꿈에서 트라우마를 반복하려는 강박이 있음을 관찰한 것이지요. 전이 관계에서, 삶에서, '트라우마적인 꿈들'에서 위장하지 않은 고통스러운 경험의 반복이 보임을 관찰하게 된 겁니다. 꿈에서는 트라우마 상황이 반복되지요. 꿈에서 트라우마적인 상황을 현실처럼 다시 생생하게 재현하거나 그려냄으로써, 과거로 거슬러 올라가서 불안을 일어나게 함으로써, 그 트라우마에 의한 자극에 숙달하려는 노력으로 본 것이었어요. 말하자면, 불안 반응의 생략이 바로 트라우마성 신경증의 원인이라고 보았던 거지요.

그는 트라우마성 신경증에서 일어나는 꿈이나, 정신분석 중에서 유아기의 신체적 트라우마의 기억을 불러오는 꿈을 소망충족이라는 항목으로 유형화하는 것이 불가능하다는 인식에 도달한 겁니다. 이러한 현상을 잘 논의한 것이 바로 「쾌락 원칙을 넘어서」입니다. 이 경우는 꿈의 목적이 소망충족이라기보다는 그 이전의 상태를 보여준다고 보았지요. 즉, 꿈에서 정신적 외상의 경험을 반복한다는 생각은 꿈에서의 상징적인 표상의 경우와 마찬가지로 무한하게 적용이 가능합니다.

사망 1년 전인 1938년에 이르러 프로이트는 꿈에 대한 자신의 이해를 정리해요. 모든 꿈은 그 형성 과정에서 자아에게 뭔가를 요구한다고 하였고, 이드에서 유래된 꿈이라면 본능의 만족을 위해서, 만약 꿈이 낮 시간의 활동의 잔재에서 비롯되었다면 갈등의 해결을 위해서라고 했습니다. 자아가 이런 요구를 순응하는 듯이 보이는 행위를 하지만, 사실상은 꿈에서 그 요구에 성공적으로 대처하는 것이라고, 그는 주장했습니다.

여기에서 우리가 알 수 있는 사실이 하나 있습니다. 프로이트가 꿈의 형성에 있어서 자아의 갈등 해결 역할을 얼마나 이론적으로 지지하고 있는지를 알 수 있습니다. 그러면서도 그가 다른 한 편으로는 모든 꿈은 '변형된 소망 충족'이라는 종래의 주장을 계속 유지하고 있다는 점도 인상적이네요.

그럼 이제 간략히 프로이트의 꿈에 관한 이해가 어떤 변화를 거쳤는지 요약해 볼까요?

첫째는 1900년에 꿈은 소망충족이다, 라고 꿈이 가진 방어적인 면을 강조했습니다. 둘째는 약 10년 뒤인 1910년경에는 꿈에서 일관된 의미를 가지는 꿈 상징을 언급하면서 꿈의 방어적인 측면보다는 꿈의 창조적인 측면을 강조하기 시작했지요. 다시 약 10년 뒤인 1920년경에 이르러 셋째로는, 우리가 트라우마를 극복하기 위해서 바로 그 트라우마의 경험을 꿈에서 반복한다고 하였습니다. 넷째로는 1925년에 자아로부터 생성되는 꿈과 이드로부터 생성되는 꿈이 있다고 하였습니다. (전자는 'dreams from above'로, 후자는 'dreams from below'로 표현됩니다.) 마지막인 다섯째로는 그가 1938년에 꿈에 관한 자신의 이해를 갈무리하면서 이렇게 끝을 맺습니다. 모든 꿈이야말로 그 형성 과정에서 자아에게 무언가를 요구하고 있으며 자아는 마치 이 요구를 순응하는 것처럼 보이지만, 사실상 꿈은 이런 요구를 제거한다는 것 말입니다.

샤프(1937)에 의하면, 프로이트의 사망(1939) 이전까지 정신분석가들이 무의식으로부터 전해오는 꿈을 통한 독점적인 메시지를 기다리면서 이 것이 없이는 마치 정신분석이 가능하지 않다는 태도를 취하곤 했습니다. 다른 한 편으로는 정신분석에서 꿈을 그 정도로 중요하게 간주하다가 점차 '정신분석의 추'가 꿈에서 멀어지게 되었다는 현상을 지적하기도 했습니다.

페렌찌(1931)는 이른바 '일상의 잔재물day's residues'이 실제는 트라우마의 반복 증상이라고 보았습니다. 그가 말한 바에 따르면 꿈이 소망충족이라기보다, 꿈의 기능은 다음과 같이 정리될 수 있을 겁니다. 모든 꿈은, 심지어 불쾌한 꿈까지도 포함해서, 트라우마의 경험을 더 잘 숙달하기 위한 설정을 하려는 시도라는 사실. 꿈에서는 자기 검열이 감소하고 쾌락 원칙이 더 우세하다는 사실. 모든 꿈에서 트라우마 경험의 숙달을 더 쉽게 이룰 수 있다, 라는 사실 말이에요.

가마(1966)는 모든 꿈에서 암묵적으로 나타나는 퇴행에서 우리는 잠재적인 트라우마를 발견할 수 있다고 하였습니다. 무의식적인 의도의 속성을 고려해 본다면, 트라우마는 모든 일상생활에서 암묵적으로 나타나 있다고도 볼 수 있다는 거지요. 사람들 사이에 오가는 사교적인 진부한 말 속에, 또는 가까운 사람과의 사이에서 어우러지는 감정적인 경험 속에 다 암묵적으로 드러나 있다고 보는 것입니다. 결국, 아동기의 경험 자체가 인간에게는 일종의 트라우마라고 말할 수 있겠습니다.

프로이트(1925)는 꿈이 일상생활의 문제를 해결하려는 소위 '문제의 해결'이라는 기능이 있다는 주장에는 매우 조심스러운 태도를 취했습니다. 프로이트의 일관된 주장 중의 하나는 꿈 작업은 잠을 자게 해서 깨지 않게 하려는 거라고 했습니다. 그리고 그런 꿈 작업은 전의식 preconsious의 영역이라고 했지요.

하지만 프로이트의 이런 주장과는 달리, 반대되는 한 극단에서는 꿈을 문제의 해결이라는 기능으로 보는 수정론자 스펙트럼 *revisionist spectrum*에 속하는 정신분석가들도 있어요. 프렌치와 프롬(1964)은 정상적인 꿈이 가진 통합하는 기능에 주목하면서, 이는 다름이 아니라 자아의 숙고하는 기능이라고 말했습니다. 클라이니언 학파의 일원인 시걸도 꿈이 갖는 기능 중의 하나로서 내적인 힘을 강화시키는 기능에 주목하기도 했지요.

이와 같이 프로이트 사후에 꿈에 관한 다양한 견해들이 본격적으로 제기되기 시작했습니다. 과연 꿈은 무의식으로 가는 왕도인가? 발현몽 *manifest dream*을 어떻게 볼 것인가? 꿈의 내용에 초점을 맞출까? 또는 꿈을 꾸는 사람에게 초점을 맞출까, 혹은 꿈을 꾸는 능력 자체에 초점을 맞출까 하는, 즉 꿈의 기능적인 면에 관한 견해들이 바로 그런 다양한 견해들입니다.

이러한 문제 제기를 하나씩 살펴볼까요?

꿈은 무의식으로 가는 왕도인가? 이에 관해 1967년 크리스 연구 그룹의 보고(왈드혼, 1967)에서는 정신분석에서 꿈이 특별한 위치를 차지하고 있지는 않다고 하였습니다. 성격에 관한 구조 이론에 따르면, 이드, 자아, 초자아가 모두 일정한 긴장을 유지하고 있고 무의식의 공상은 어디에나 있다고 그들은 말하면서 무의식의 공상은 항상 자아를 압박해서 모든 일상생활의 활동에 정보를 제공하기 때문에 분석 상황에서 일어나는 모든 의사소통에서 결국 드러나게 된다고, 그들은 주장했지요.

브레너(1993)도 이런 입장을 지지하면서 꿈을 마음에서 역동적인 에이전시(이드, 자아, 초자아) 사이의 갈등이 재생되는 일로 본다면 결국은 정신분석적인 치료란 무의식의 욕망을 해독하는 일로 보기보다는 이드와 초자아의 주장에 대항하는 자아의 힘을 강화하는 일로 보는 관점이 더 자연스럽다고 하였지요.

그러나 그린슨(1970)은 이러한 태도에 반대하면서, 그는 정신분석에서 꿈은 특별한 위치를 차지하고 있다고 하였습니다. 그는 모든 의사소통이 동등하지는 않다고 하였지요. 그에 의하면 내적인 세계를 들여다 볼 수 있는 가장 좋은 창은 꿈이다, 라고 하였고, 자유연상이 가장 자유로운 것도 꿈이고, 초기 유아기 경험에 가장 잘 접근할 수 있고 유아기 기억을 가장 잘 깨울 수 있는 건 꿈을 통해서이다, 라고 주장했습니다.

발현몽을 어떻게 볼까요?

프로이트 이후에 많은 정신분석가들이 발현몽에 주의를 기울였습니다. 그 이유는 발현몽을 통해서 바로 환자에 관해 의미 있고 주의 깊게 이해할 수 있지 않을까해서이지요. 꿈의 종류에 따라서 꿈꾼 사람에 관한 정신병리적인 진단을 할 수 있을지, 혹은 정신분석이 가능한 사람인지 미리 예측할 수 있을지, 일반적으로 꿈을 통해 환자의 예후를 알 수 있을지 등의 관심 때문입니다.

또한 발현몽과 적응적인 자아와의 관계에서 적응을 전통적인 구조 이론에서 보듯이 갈등에서 일어나는 타협의 관점에서 볼 것인지, 아니면 자기―심리학에서 주장하듯이 적응을 자기―정체성을 유지하기 위한 현상으로 볼 것인지도 관건이 됩니다.

꿈의 기능에 분석가들이 주의를 기울이면서 다양한 견해를 드러내었습니다. 프렌치와 프롬(1964)은 꿈이 가진 '문제의 해결' 기능을 강조하였습니다. 시걸(1993)은 정상적으로 꿈이 통합하려는 기능이 있다고 보았습니다. 팔롬보(1978), 그린버그와 펄만(1993)은 꿈이 이미 발달된 (심리) 구조에 새로운 지각을 통합시킨다고 보았습니다. 포스해지(1983)와 스토롤로우와 애트우드(1993)는 꿈을 통해서 우리가 가진 발달상의 (심리)구조를 유지, 촉진한다고 보았는데, 특히 스토롤로우와 애트우드(1982)는 모든 꿈은 각 개인의 표상화 세계의 구조를 유지하기 위한 것이라고 하면서 1970년대의 코헛의 생각을 일반화시켜서 주장하기도 했습니다.

그 외에도 꿈의 심리적 기능에 초점을 두어서 주장을 하면서 다음과 같은 용어를 사용한 분석가를 소개해보지요. 루윈(1946)은 꿈 스크린, 칸(1962)은 꿈 공간, 시걸(1980)은 상징 과정, 안찌우(1985, 1989)는 정신적인 봉투, 퀴노도즈(1999)는 역설적으로 퇴행적인 내용을 가진 통합하는 꿈에 관해 이야기했습니다.

우리가 고통을 얼마나 감당할 능력이 있는가 하는 측면에서 꿈의 기능을 볼 수도 있습니다. 받아들일 수 없거나 견딜 수 없는 감정을 밖으로 내보내는 투사 과정의 극대화를 보이는 경우도 있겠습니다. 이 경우는 자아의 발달에서 초기 단계에 문제점이 있다고 생각할 수 있습니다. 즉 상징을 사용하는 능력이 획득되었는지의 여부를 볼 수 있지요. 또한 공격성의 중요성과 그 발달 단계도 고려해서 볼 수 있습니다. 고통이 있을 때, 잠시 믿기지 않음을 유예하는 능력이 자기self로 하여금 잠을 자게 하고, 꿈을 꾸게 하고, 혹은 몽상하도록 하며, 자유연상을 시도하게 하는데, 이러한 능력은 안전함, 경계, 그리고 안찌우가 '정신적인 봉투psychic envelope'(1989)라 부른 것에 달려 있겠지요.

퀴노도즈는 1999년에 꿈꾸는 사람을 위협하는 두 가지 불안의 원천에 관해 지적한 바 있었습니다. 그는 발현몽의 원초적인 내용만이 꿈꾸는 사람을 위협하는 게 아니라, 이런 유의 꿈을 꾸는 사람의 '자기 결합력self cohesion'을 위협하는 원초적인 불안과 같은 것이 존재하고 있다고 말하였습니다. 이런 유의 원초적인 불안의 꿈은 단지 원초적인 불안의 내용만을 해석해 주어서는 안 되고, 더 넓게는 환자의 심리적 발달 단계의 관점을 고려해서 연결시켜주어야 한다고 했습니다.

제 얘기는 이렇게 마무리할 수 있겠습니다.

꿈과 꿈의 해석은 그것을 무의식으로 가는 유일한 왕도로는 더 이상 생각하지 않지만, 현재도 정신분석에서 중요한 위치를 차지하고 있다구요. 또한 폰탈리스의 견해대로 꿈은 기본적으로 신비한 것이며, 분석가

에게는 알 수 있음의 한계, 무한함을 깨닫게 만드는가 하면, 모호성에 직
면하게 만든다고도 볼 수 있겠네요. 여러분도 꿈을 많이 꾸시기를 바랍
니다. 그 꿈과 함께 자신에 관한 성찰이 무르익게 되기를 또 바랍니다.

5. 전이와 역전이 개념의 올바른 이해와, 그 적용

전이와 역전이는 사실상 치료자가 다루기에 가장 어려운 현상입니다.
치료 중에 나타나는 많은 현상들과 달리 전이와 역전이는 바로 치료자
가 직접 대상이 되는 현상이기 때문이지요.

비유하자면 연극을 상연할 때 연극 감독이 감독의 입장에서 무대 뒤
나 밑에서 현장을 지휘하면서 연극을 상연하고 있다가 갑자기 무대 위
로 불려 나가서 배우의 역할을 감당해야 하는 상황에 처한 것과 비슷하
지요. 환자가 과거에 중요했던 인물들과 어떤 관계를 형성했느냐? 그게
지금 그 환자가 다른 사람들과 대인관계를 맺을 때 어떤 영향을 주고 있
느냐? 이러한 유의 물음과 함께, 치료자가 환자의 역동을 잘 파악해서
환자에게 무슨 얘기를 해주어야 하나, 하는 일은 어느 정도의 임상 경험
과 수련을 통해서 다루어질 수 있는 일이기도 합니다.

하지만 환자가 자신의 과거에서 중요 인물과의 관계에서 비롯된 여러
가지 감정과 공상, 생각 등을 치료자를 전이 대상으로 삼아서 다시 경험
한다면, 그 대상이 되는 치료자가 감당해야 하는 몫은 결코 만만치 않게
되겠지요.

마스터슨(1976)은 치료자는 환자가 무엇을 하고 있는지와 그것이 치료
자 자신의 감정에 어떻게 영향을 미치고 있는지의 두 가지를 이해할 수
없다면, 그것을 치료적으로 다룰 수가 없다고 하였습니다. 따라서 전이
와 역전이를 치료적으로 이용하기 위해서는 우선 전이와 역전이를 올바

르게 이해해야 하지요.

초보 치료자 중에서 전이가 과연 무엇인지 궁금해 하면서 환자와의 치료에서 전이 현상을 경험해 보았으면 하는 열망을 가진 경우를 저는 드물지 않게 봅니다. 하지만 만일 이런 경우를 상상해 보아도 그런 마음이 들까요? 예를 들어 환자가 치료자에게 자신의 인생이 지금 이렇게 힘든 게 다 치료자 탓이라고 하면서 매 시간마다 치료자에게 화를 내는 경우라면, 치료자는 과연 어떤 마음이 들까요? 또는 환자가 치료자에게 강렬하고 생생하고 비이성적일 정도의 에로틱한 감정을 가지는 경우는 어떻지요? 물론 이런 강렬한 전이 감정들은 경험이 많은 치료자도 감당하기가 버거울 수 있고, 이를 치료적으로 잘 이용해서 다루기도 쉽지 않습니다.

이런 경우의 전이는 전이 저항이 될 가능성이 높습니다. 전이 저항이란 치료자가 어떤 역할을 하도록 내버려 두고서는, 정작 환자 자신이 자신에 대해 숙고하는 일에는 소극적으로 대처하는 경우를 말하는 현상입니다. 즉, 환자는 자신의 문제를 살펴보기보다는 치료자와의 관계에서 이를 재연하여 '실연화enactment'하기를 원하는 것이지요. 문제는 실연화에 대한 일정한 숙고도 없이 지속적으로 실연화하려고만 할 때의 일입니다. 정신치료를 오래하고 있다고 치료자가 자랑스럽게 생각하는 경우에 이런 가능성을 숙고해 볼 필요도 있다고 저는 생각합니다.

전이 현상은 어느 인간관계에서나 나타나지만 정신분석에서 전이가 고유한 현상인 이유는 정신분석에서는 분석적으로 전이를 다룰 수 있기 때문입니다. 프로이트는 애초에 전이도 치료를 방해하는 저항으로만 인식했다가 나중에 가서야 의미가 있고 가치가 있는 현상이란 걸 알게 되었지요. 주 1회나 주 2회의 정신치료에서는 전이가 없는 걸 짜내지는 않지만 전이가 있으면 이를 열고 드러내서 그 의미를 알아보는 작업을 수행할 수는 있습니다. 하지만 이때도 아주 어릴 때의 뿌리로까지 추적해서 충분한 작업을 하기는 어렵겠지요.

긍정적인 전이는 주 1회나 주 2회의 정신치료에서 가장 흔하게 나타나는 현상입니다. 환자가 치료자를 현명하고 훌륭한 사람으로 보는 것이 보통인 이런 현상은 그대로 내버려 두는 경우가 많습니다. 왜냐하면 대부분의 치료는 마술적인 기대에 기초해 있는 경우가 많아서이지요. 따라서 긍정적인 전이를 통해서 치료자로부터 충고를 얻어가거나 하는 경우가 적지 않습니다. 하지만 통찰이나 환자 내면을 이해함으로써 치료 효과를 얻고자 하는 치료와는 다른 방식의 치료인 셈이지요.

저의 이런 설명이 초보 치료자에게는 별로 도움이 안 되는 이야기일 수 있다고 생각합니다. 초보 치료자에게는 전이 현상 자체를 파악하는 게 쉽지 않고 전이 현상이 활성화되더라도 이를 치료에서 어떻게 드러내어서 치료적으로 다루어줄지를 가늠하기란 어렵지요. 게다가 초보 치료자들은 신경증의 수준보다 정신 병리가 더 심한 환자를 정신치료로 살펴보는 경우도 많기 때문에 이런 정신 병리를 가진 환자의 특징에서 나오는 불안정한 전이나 치료 초기에서부터 보이는 강렬한 전이를 감당하기가 어려운 것도 사실입니다.

더군다나 이런 환자를 보다 보면 필연적으로 치료자 역시 강렬한 역전이를 경험하게 마련이지요. 어쩌면 이런 경우에 초보 치료자로서는 전이나 역전이 현상 자체를 모두 부정하고 싶을 수도 있습니다. 그래서 치료자 자신과는 상관없는 환자의 과거력에서 중요했던 인물들과의 역동 관계나 환자가 현재 처해 있는 외부 환경에서 일어나는 일에만 초점을 두기도 합니다.

사실상 만약 초보 치료자가 정신 병리가 신경증적인 수준에 있는 환자를 주 1회 정도의 정신치료로 본다면 전이와 역전이에 대해서 신경을 크게 쓰지 않아도 괜찮을 수 있습니다. 왜냐하면 이런 환자들은 치료 상황에서 너무 빨리 자신의 방어를 흐트러뜨리거나 퇴행하지 않고 서서히 전이 현상을 활성화시키기 때문입니다. 이 또한 제가 앞에서 말씀드렸듯이 치료에 방해가 되지 않는 치료자에 관한 긍정적인 전이인 경우가 많아서 이런 경우는 굳이 전이를 다루지 않고 그냥 놔두는 경우도 많습니다. 그러나 나중에 초보 치료자의 실력이 늘어서 이런 환자를 더 오래 볼 수 있게 되어 만약 수년간의 장기 정신치료를 하게 된다면, 더 이상 전이와 역전이 현상을 외면할 수는 없게 되겠지요.

초보 치료자가 흔히 범하는 실수는 정신치료에서 전이를 더 심화시키지 않겠다고 머리로 생각하면서도 실제로 이에 개입하는 방식은 의도와는 달리 전이를 더 심화시키는 방향으로 나아가는 경우라고 할 수 있지요. 환자가 치료자에 대한 관심을 보일 때, 이에 관해 물어보면서 환자의 치료자에 대한 생각과 느낌을 말하게 한 뒤에 환자가 경험하고 있는 그 현상에 관해 적절한 언급을 곁들이어야만 더 이상의 전이가 심화되지 않고, 치료에 도움이 될 정도의 긍정적 전이의 상태로 유지가 됩니다. 만일 계속해서 치료자에 대한 관심을 더 조장하는 듯한 개입만을 하게 되면, 오히려 전이가 더 심화될 수도 있지요.

전이도 버거운 일인데 초보 치료자에게 자신의 역전이를 살펴서 치료에 도움이 되게 사용하는 일은 더 엄두가 나지 않는 일로 여겨지겠지요. 현실적으로 제가 초보 치료자에게 드릴 수 있는 충고는, 프로이트가 역전이에 관해 언급한 다음의 말입니다.

"그 자신의 콤플렉스와 저항이 허용하는 것 이상을 더 나아갈 수 있는 분석가는 없다."

분석정신치료에서 전이와 역전이를 이해하고 이를 치료적으로 이용하는 일이 치료자가 자신의 마음을 이해하고 다루어본 수준 이상을 넘어서 더 나아가기는 어렵다, 라고, 저는 생각합니다.

6. 애도와 우울 반응에 대하여

우리는 많은 상실을 경험하며 살아갑니다. 발달 과정 중에 자연스럽게 경험할 수밖에 없는 상실감이 있는가 하면 누구라도 내 생에 일어나지는 않았으면 하는 상실을 경험할 수도 있습니다. 따라서 상실을 경험한 후의 심리적 반응도 이러한 상실을 받아들이고 소화해서 자신의 발전을 위한 도약으로 삼는 경우가 있는가 하면, 평생을 상실로 인한 고통에서 헤어나지 못하고 그 사람의 인생 자체가 늪에서 허우적거리게 되는 경우가 있기도 합니다. 상실의 고통을 직면하고 지나간 과거의 현실과 지금의 현실을 받아들이는 과정이 성공적으로 일어난다면, 우리는 애도 과정이 바람직하고 건강하게 일어났다, 라고 말할 수 있을 겁니다.

애거사 크리스티가 1934년 발표한 〈오리엔트 특급살인〉이 영국의 영화감독인 케네스 브래너가 연출하고, 또 주연으로서 영화 속에 등장해 2017년 11월에 개봉되었습니다. 애거사 크리스티는 두말할 나위도 없이 유명한 추리소설의 여왕이지만 제가 이 영화를 보면서 주목한 건 상실 후의 애도 과정이 건강하게 진행되지 못할 때의 한 극단의 예를 제시하고 있으면서도 보는 사람의 내면을 깊숙이 울리면서 외면할 수 없는 상실감의 고통스런 한 면을 다시 부각시키는 지점이었습니다. 또한 주제가로 미셸 파이퍼가 부른 '결코 잊지 않겠어요*Never Forget*'의 가사도 애도와 관련해서 여러 가지 생각의 여지를 남기고 있었습니다. 어떤 식으로든지 '우리가 잊지 않겠는지' 하는 바는 애도의 본질과 관련해서 생각할 거리라고 봅니다.

통계청 발표에 의하면 2010년 우리나라 자살 사망자 수는 1만 5566명으로 10년 전에 비해서 2.4배나 급증했습니다. 2013년 기준, 경제협력개발기구*OECD* 회원국의 자살로 인한 평균 사망률은 인구 10만 명당 12.0명인데 한국은 28.5명입니다. 2013년 우리나라에서 자살에 의한 사망자 수는 1만 4427명입니다. 자살자 1명당 최소 4명의 직계 가족이 있다고 가정한다면, 어림잡아 6만 명에 가까운 가족이 사별의 비통함을 겪었을 것으로 추정해 볼 수가 있겠습니다.

최근의 보건복지부의 자료에 의하면 우리나라의 자살률이 조금씩 낮아지고 있어서 2015년 인구 10만 명당 자살 사망률이 25.8명에 이르지만, OECD 회원국 중에서는 여전히 1위를 차지하고 있었습니다. 또한 최근에 한 정치인이 스스로 목숨을 끊은 사건에 관한 소식은 많은 사람에게 황망한 충격을 던져주었습니다. 그 동안 자살 예방에 관해서 많은 논의가 있었지만 이미 돌이킬 수 없는 비극을 겪고 살아남은 가족이 어떻게 그 비통함에 대응하는지, 그 심리적 상처를 평생 어떻게 극복하는지, 혹은 극복에 실패할 경우에 어떤 현상이 나타나는지, 그리고 어떻게 영향을 받고 있는지에 관해서는 관심이 충분치 않다고 생각합니다.

오늘 이 강의의 주제는 여러 가지의 상실감 중에서도 우리가 살아가면서 어쩌면 피해갈 수 없는 가까운 사람과의 사별 후의 애도에 초점을 두어 논의하려고 합니다. 그 다음에는 애도 과정을 잘 통과하지 못할 경우에 나타날 수 있는 우울에 관한 정신분석의 개념을 살펴보면서 여성과 우울의 관련성에 관해서 한결 더 주목해서 다루어볼까 합니다.

사별의 비통함에 관한 샘라드의 말(라코와 마저, 1980)을 인용하는 것으로부터 이야기의 실마리를 풀어보겠습니다.

일반인들은 어떤 어려운 상황을 다루는 가장 좋은 방법이 그것을 다루지 않는 것, 즉 그 상황을 잊어버리는 것이라고 종종 생각합니다. 그러나 우리(치료자)는 그것을 잊어버릴 수 있는 유일한 한 가지 방법은 바로 그것을 잊지 않고 떠올려서 기억하는 것―여기서는 기억하라는 것이 결국 '다루라'라는 의미로 해석할 수 있을 것입니다 : 인용자―이라는 걸 경험을 통해서 알고 있습니다.

여기서 이야기한 '다루라'라는 말을 실제로 수행하기는 결코 쉽지 않습니다. 어떤 환자의 경우는 몇 년의 치료 기간이 지나서야, 이제 선생님이 이야기하는 '다루라'라는 게 뭔지 알겠다고 하거나, 혹은 다른 환자의 경우에서는 몇 년의 치료 기간 후에도 계속해서 아직도 '다루라'라는 게 무엇인지 모르겠다고 하기도 합니다.

폴락(1978)은 애도 과정을 다음과 같이 이해하고 있습니다. 즉, 애도 과정은 상실에 대한 반응으로서, 계통발생적으로 발달된 것이며, 순차적인 시기와 상태를 가지는 보편적이고, 적응적이며, 변화를 가져오는 과정으로, 단지 대상의 상실과 대상의 죽음 후에만 따라오는 건 아니라고 했습니다. 따라서 사별은 애도반응의 하위분류로서 외부 대상의 죽음과 관련된 것이라는 입장입니다.

프로이트는 「애도와 멜랑코리아」(1917)에서 정상적 애도와 우울의 차이를 설명하고 있습니다. 이 당시의 멜랑코리아, 란 용어는 요즘의 말로는 우울이라고 볼 수 있지요. 그는 우울은 상실한 대상을 포기하는 대신에 그 포기하고 버려진 대상을 환자 자신의 자아(에고) 안에 다시 되살리고 회복시켜서 그 자신의 안에서 되살린 대상을 향해 환자 자신의 분열된 다른 자아가 가학적인 공격을 가함으로써 다른 한 편으로 자신의 분열된 또 다른 자아가 피해자가 되게 만드는 현상이라고 하였어요.

사실은 아브라함이 먼저 이 현상에 주목하여 연구하였는데 그는 이런 과정이 정상적인 애도반응에서도 일어나지만 정상적인 애도반응의 애도자가 결국 자신의 내면세계에서 사랑했던 상실한 대상을 온전히 회복하고 되살리는 일에 성공하는 반면에, 멜랑코리아의 경우에는 그 대상에 대한 양가감정과 나쁜 대상관계로 인해서 이러한 과정이 성공적으로 일어나지 못했다, 라고 보았습니다.

멜라니 클라인은 정상적인 애도 과정과 비정상적인 애도 과정에서는 영아기 우울적인 상태가 재활성화된다고 하였습니다. 우울적인 상태란,

이유기 및 그 전후에 고조되는 우울한 감정을 말하는 것입니다.

그 까닭은 다름 아니라 애도의 대상이 유방breast 및 영아의 마음에 유방으로 대변되는 어떤 것들─사랑, 안정감, 선량함goodness─에 있어서이지요. 아이는 자신의 탐욕스럽고 파괴적인 충동의 결과로 인해 이들을 잃어버렸다고 느끼고 공격적인 환상에 수반된 투입introjection과 투사projection의 과정을 통해서 자신의 자아가 내부의 박해자들에 의해 파괴될 것이라고 불안해한다고 하였습니다. 이렇게 편집적으로 피해를 입을 거라는 불안paranoid anxiety과 더불어서 영아기에 공격성의 결과로 인해서 내재화된 좋은 대상을 상실했다는 심각한 절망감이 생긴다고 하였습니다. 따라서 클라인은 병적인 애도반응에서는 이러한 영아기의 '우울적인 입장depressive position'을 결국 성공적으로 극복하지 못한 거라고 보았습니다. 이런 사람은 좋은 대상관계를 수립할 수 없어서 내면의 세계에 있어서 안정감을 느낄 수 없게 된다고 했지요.

멜라니 클라인(1940)이 아주 어린 시기인 영아기의 우울적인 입장을 나중의 애도반응과 관련을 맺고, 볼비(1960, 1961)는 6개월 이후의 영아와 어린아이들의 대상상실에 관한 반응은 어른에서 보이는 애도반응과 같다고 하였으나, 안나 프로이트 및 마가렛 말러는 이런 견해에 의문을 표시하면서, 적어도 아이가 대상항상성object constancy을 발달시킨 후에야 진정한 의미의 애도반응이 가능할 수 있다고 보았어요. 퍼만(1964)도 이와 비슷한 견해를 가지고 다음과 같은 말을 했습니다.

만약 대상의 부재 시에 대상에 대한 표상을 가지고 있지 않다면, 디카텍시스decathexis는 일어날 수가 없다.

울펜스타인(1966)은 애도를 잘 할 수 있기 위해서는 청소년기가 발달학적으로 필수적인 시기라고 주장합니다. 그는 또 잠복기latency와 청소년기에 주요한 사랑하는 대상을 잃어버린 경우에 보이는 특징을 다음과 같이 열거하였습니다. 상실이 돌이킬 수 없는 것이라는 걸 부정denial하거나, 죽은 부모가 살아 돌아올 것이라고 기대하거나, 잃어버린 대상에 관한 표상에서 카텍시스(은유적으로 정신적 에너지를 칭하는 개념으로 무의식의 정신적 활동의 상대적 정도를 나타내는 것입니다. 실제로 측정할 수 있는 전기적인 에너지를 뜻하는 건 아닙니다)를 거두는 대신에 오히려 과도하게 되어서 결국 과(過)카텍시스화가 되는 상태에 이른다고 말이지요.

폴락(1978)은 우리가 만약 애도 과정을 순차적인 과정으로 정신 기제의 성숙과 밀접하게 관련이 되는 것으로 이해한다면, 이러한 상반되는 견해를 하나로 통합하는 게 가능하다고 주장하였습니다. 애도반응의 초기 과정은 발달 과정의 초기와 연관되고, 이는 애도를 겪는 성인의 개체 발생적인 과정의 초기에 일어난 일이다, 라고 하는 견해입니다.

그리고 그는 청소년기를 마쳐야만 우리가 성인에서 특징적으로 볼 수 있는 애도 과정의 전 과정을 비로소 경험할 수 있게 된다고 하였습니다. 애도반응의 중단, 일탈, 퇴행을 생각할 수 있는 관점을 가지고 평가한다면, 애도의 어려움을 가지고 있는 환자를 도와줄 때 애도 과정의 전 과정을 경험할 수 있도록 도와 줄 수 있겠지요. 또한 그는 볼비가 주장하는 애도 과정의 시기—항의(분리불안), 절망(비탄과 우울), 무심함, 재정비—가 모든 사람에게 동일하게 나타나는지에 관해서 의문을 표시하면서, 볼비와 클라인이 아마 영아기 이후의 발달과정을 고려하지 않은 것 같다는 소견을 내 놓았습니다

가족의 자살력을 가진 사람에게서 나중에 자살의 시도가 높아진다는 보고가 있습니다. 만약 정신적인 발달을 성취했느냐의 여부가 애도 과정에 영향을 미친다는 걸 가정한다면, 이 발달 과정 중의 어느 시기에 이르러 가족의 자살을 경험했는지에 따라 차이가 있는지를 살펴본 다음의 한 연구는 의미가 있다고 하겠습니다. 이러한 논문 중의 하나(로이,

1983)의 연구 결과에서는 어느 연령을 기준으로 그 이전이거나 그 이후에 부모의 자살을 경험한 경우에 나중의 자살 시도에 통계적으로 유의미한 차이가 있는지를 살펴보았습니다.

그 결과, 20세를 기준으로 삼았을 때는 그 이전과 그 이후에 큰 차이를 볼 수 없었지만, 11세를 기준으로 삼은 경우에는 그 이전에 부모의 자살을 경험한 군(群)에서 통계적으로 의미가 있게 자살 시도가 많았다고 보고하였습니다. 정상적인 애도 과정이 실패한, 하나의 극단적인 형태가 자살의 시도라면 어린 시절에 부모의 자살을 경험하는 일이 병적인 애도 과정을 가지게 될 가능성을 높인다고 볼 수도 있겠지요.

한편 사별의 경우에 보이는 애도반응의 과정을 린드만(1944)은 다음과 같이 설명하고 있습니다.

다양한 신체적 고통을 느끼는 괴로움을 겪을 수 있다. 목이 조이는 느낌, 한숨이 나오고, 속이 빈 듯한 느낌, 몸의 힘이 빠진 느낌(맥이 풀린 느낌), 강렬한 주관적인 고통(긴장이나 심리적 고통) 등, 또는 사별한 사람의 이미지에 집착하기도 한다. 죄책감을 느낀다. 적대적인 반응을 때로는 일반 대중을 향해서 그리고 때로는 특정 사람(예를 들어, 의사들을)을 향해서 보인다. 행동양식을 상실해서 목적 없는 활동을 하거나 누군가가 행동을 지시하면 이에 의존해서 지시하는 대로 하려고 하는 상태에 빠지기도 한다. 사별한 사람의 성향을 따라서 하는 경향을 보이기도 한다.

파크스(1972)는 성인기에 사별로 인한 고통을 겪은 사람들에 관해 인터뷰 형식의 연구를 진행한 결과를 다음과 같이 밝히고 있습니다. 대부분의 정신과 의사들이 사별의 비통을 질병의 카테고리로 진단을 한다면 '반응성 우울증'이라고 하겠지만 그는 더 중요한 특징은 분리불안이라고 하였습니다. 하지만 사별의 비통을 한 카테고리에 넣기는 어려운데,

그 이유는 이것이 '하나의 상태'가 아니고 '하나의 과정'이라는 데 있습니다. 이는 현재 대부분의 분석가들도 애도를 하나의 상태가 아니라, 하나의 과정으로 보려는 시선과 일치하지요. 그는 애도 과정에서 보이는 특징을 다음과 같이 밝혀 놓고 있습니다.

첫 번째로 인식하는 과정이 오는데 이는 사별한 사람과 사별을 해서 소중한 사람을 잃었다는 걸 인식하는 걸 부정하고 회피하다가 그것을 받아들이는 과정입니다. 둘째는 놀라는 반응이 따라오는데, 이 경우에는 불안, 안절부절못함, 공포와 연관된 생리적 반응이 나타나기도 합니다. 셋째는 어떤 형태로든 상실한 사람을 찾으려 하고 발견하고 싶은 충동을 느낍니다. 넷째는 분노, 죄책감이 따라오는데, 여기에는 사별한 사람에게 성급하게 상실을 받아들이라고 강요하는 사람에 대한 분노와 적의도 포함되지요. 다섯째는 내적으로 자기의 상실이나 혹은 마치 자기의 일부가 잘려나간 느낌을 느끼기도 한다. 여섯째는 동일시 현상으로 상실한 사람의 성향이나 매너리즘 혹은 그 사람의 증상을 취하는 경우도 일어납니다. 일곱 번째는 애도의 병적인 변형으로 이러한 애도반응이 너무 오래 지속되거나 혹은 억제되고 왜곡된 형태로 나타나는 경우를 말합니다.

앤더슨(1949)은 애도가 지나치게 연장이 돼서 오래 지속되는 경우를 '만성적인 애도'라고 불렀습니다. 1963년에 볼비는 네 가지의 병적인 애도반응에 관해 논의하였는데 이 논의의 골자는 다음과 같이 열거될 수 있습니다.

첫째는 우울 반응으로 불안과 상실한 대상을 되찾고 재결합하고자 하는 지속적인, 그리고 무의식적인 갈망이 존재하는 상태. 둘째는 강렬한 분노와 자기 비난이 종종 무의식적으로 자신과 여러 대상을 포함해서 향하고 있는 경우. 셋째는 사별을 경험하고 있는 다른 사람을 돌보는 데 지나치게 몰두하는 경우. 넷째는 대상이 영구적으로 상실되었음을 부정하는 경우입니다.

사람마다 애도의 반응이 다르게 나타날 수 있습니다. 애도반응이 강렬하게, 아니면 약하게 나타날 수도 있고, 애도반응이 짧게 또는 길게, 그리고 애도반응이 즉각적으로, 아니면 뒤늦게 나타날 수 있으며, 때로는 애도반응이 왜곡되어서 나타날 수도 있습니다.

그런데 사별이 자살로 인해 온 것일 때 남은 가족이 겪는 애도반응은 유다르게 나타날 수 있습니다. 저는 개업 초기에 젊은 여자 환자가 신환으로 찾아왔는데 어디에서 소개받았는지를 불분명하게 하면서 자신의 이야기를 시작하였습니다. 최근에 엄마가 돌아가셔서 힘들다고 하였습니다. 얘기를 들어보니 엄마가 돌아가신 뒤 이 환자는 친척도 거의 없고 부모가 이미 이혼한 상태이고……. 또 이 환자는 아버지와의 연락이 끊긴지 오래됐고, 그래서 이제 거의 고아와 같은 상태에 처해 있었습니다. 엄마의 사인을 물론 제가 물어봤지만 '심장마비'라는 식으로 얼버무리고 지나갔습니다. 환자는 아주 고통스러워해 보였고 다음에 다시 올지 생각해 보겠다면서 면담을 마무리하고 나갔는데, 저는 환자를 보내고 난 직후에야 비로소 '혹시 그 환자의 엄마가 자살을 한 게 아닐까.' 하는 생각이 순간적으로 스쳐 지나갔습니다. 아마도 그 환자는 아픔이 너무 커서 사인이 자살이었다면 그걸 입에 담기조차 어려웠던 게 아닐까 하는 생각이 들었습니다. 물론 저도 조금만 더 일찍 이를 알아차려서 면담 중에 부드럽게 물어봤더라면 어땠을까, 하는 아쉬움이 남아 있었습니다. 그 환자는 그 뒤에 다시 오지 않았습니다.

자살로 인한 사별 후의 애도 과정에 관한 한 연구(네스와 페퍼, 1990)에서는 자살한 가족의 애도의 특징을 다음과 같이 말하고 있습니다.

이들은 처음에는 쇼크 상태에 빠집니다. 그 다음으로는 자신이 처한 비극의 의미를 찾는 과정을 보입니다. 이들은 자신의 비극이 어떻게 일어났는지 하는 설명을 오랫동안 찾으려고 하지만, 가족 구성원의 자살 사건을 더 밀접하게 경험했을수록 감정적인 영향이 더 크다고 합니다. 자살은 사랑하는 가족에게 결국 이해할 수 없는 사실로 남게 됩니다.

루드스턴(1977)은 이런 가족의 50%가 가족의 자살을 하나의 낙인으로 받아들여서 다른 사람들, 심지어는 자신의 자녀들과도 이에 관해선 함부로 대화를 나누지 않는다고 합니다. 이 경우의 사람들은 그렇지 않은 사람들에 비해서 슬픔을 덜 경험했지만, 반면에 분노와 죄책감은 더 많이 느낀다고 했습니다. 최근에 읽은 한 책에서 이러한 한 예가 생생하게 나와서 인용하려고 합니다.

나는 마흔이 다 되어서야 외증조 할아버지가 우물로 뛰어들어 스스로 목숨을 끊었다는 이야기를 외가 친척들에게서 전해 들었다. 내 외당숙은 권총 자살을 했고, 어머니가 가장 따랐다는 또 다른 당숙은 하버드 대학을 다니던 중 뉴욕 주 북쪽에 있는 정신병원에 들어가 여생을 보냈다. 그리고 어머니의 유일한 언니인 프란시스 이모 역시 어렸을 때 정신병원으로 보내졌고, 그 뒤 다시는 가족들의 얼굴을 보지 못했다.

나는 이런 끔찍한 '진실'을 어머니의 입을 통해서 들은 적이 없었다.

—마이클 게이츠 길, 이수정 옮김, 『땡큐! 스타벅스, 그곳에서 내 인생은 다시 시작되었다』, 2009, 262면에서.

이 글을 쓴 마이클 게이츠 길은 상류 사회의 출신이지만 보는 바와 같이, 그에겐 가족사의 끔찍한 비밀 및 진실이 감추어져 왔습니다. 하지만 이를 발설하는 가족 구성원들조차 없었다고 하지요. 가족 구성원 사이의 대화 부재가 오히려 남은 사람들에게 부정적인 영향을 미칠 수 있었다고 저는 생각합니다.

네스와 페퍼(1990)는 자살에 의한 사별을 겪는 가족의 애도반응에 관한 하나의 지침으로 다음의 사항들을 제시하고 있습니다. 그가 제시하고 있는 네 가지의 주의 사항을 어디 한번 열거해 살펴볼까요.

첫째는 살아남은 가족은 결코 그 감정을 완전히 해결하지는 못한다고 합니다. 그렇기 때문에 치료자가 너무 큰 목표를 가지면 그게 오히려 애도하는 가족을 돕기보다는 더욱 좌절시킬 수 있다는 것이지요. 치료자는 특히 죽은 가족에 대한 분노나 죽은 가족을 구하지 못하고 실패했다는 데서 기인하는 의식적, 무의식적인 죄책감에 관해서 각별히 주의를 집중해서 다루어 주어야 한다고 합니다.

둘째는 살아남은 가족 중에서는 '자살에서 살아남은 가족'의 집단 치료에서 도움을 받는 경우도 있다고 지적했어요.

셋째는 어느 환자를 면담하더라도 가족 중에 자살한 사람이 있는지를 묻는 게 도움이 된다고 하였습니다. 왜냐하면 환자들이 이런 걸 밝히는 걸 꺼려하는 경우가 많기 때문입니다. 또한 이런 가족력이 있는 경우가 환자의 현재 고통의 감정과 연관이 될 수도 있기 때문이기도 하죠. 우리나라의 자살률이 현재처럼 높은 경우에, 모든 치료자가 그 사실을 숙지하고 있으면 제가 앞서 소개드린 제 경우처럼, 놓치지 않고, 환자의 고통을 덜어주는 데 도움이 되리라 생각합니다.

넷째는 만일 치료 중에 환자가 자살한다면, 그 환자의 가족과 이야기를 나누려고 적극적인 노력을 취하는 것이 좋다고 권하였습니다. 주요한 시기에 지지를 하는 게 장기적으로 이득이 되고 치료자 자신에게도 이것이 도움이 된다고 했어요.

하지만 이러한 교과서적인 과정을 밟기 위해서는 치료자와 가족 간에 기본적인 신뢰가 형성되어 있어야 가능하리라고 생각되는데, 현재의 우리나라의 사회문화적인 환경에서 얼마나 이것이 가능할지는 고민해볼 문제라고 생각합니다.

시의적절한 죽음은 그렇지 않은 죽음보다 남아 있는 사람이 준비가 된 상태라서 심리적으로 적응하기가 더 낫습니다. 자살은 항상 남아있는 사람에게는 시의적절하지 않은 죽음이므로 가족이 심리적으로 적응하기가 훨씬 더 어렵습니다. 고통스러운 죽음은 애도하는 사람의 마음에 계속 잔상으로 남아 있기 때문에 죽은 사람에 대한 행복한 기억을 떠올리는 걸 막게 될 수 있습니다. 가까운 사람의 죽음으로 인해 괴로워하는 환자의 경우에 그 환자가 돌아가신 분에 대해 자신이 잘못했다고 괴로워만 하다가 어느 순간부터 그 돌아가신 분과의 행복했던 기억을 떠올리기 시작한다든지 혹은 그 돌아가신 분이 인생에서 그래도 만족스럽게 행복했던 순간이 있었다는 걸 애써 기억을 이끌어내어 말하기 시작한다면, 이 시점이야말로 애도반응의 건강한 변곡점을 향해 나아가고 있음을 아는 하나의 실마리가 될 수 있습니다.

자살 후의 시신을 직접 발견했다거나 목격한 경우에 있어서는 특히 그러할 수가 있습니다. 장례식이 잘 진행이 되면 장례식의 좋았던 기억으로 인해 심적인 고통이 다소는 누그러질 수도 있는데, 자살의 경우에 있어서는 사회적으로 쉬쉬 하는 분위기에서 장례식을 치르게 된다면 가족의 고통이 조금이라도 완화될 수 있는 기미나 기회조차 사라지게 됩니다.

신체적인 죽음과 사회적인 죽음은 동시에 일어나는 게 아닙니다. 애도는 '상실의 사실'을 객관적인 사실로 만들어서 받아들이는 과정입니다. 이 과정은 시간 내지 시차를 두고 일어납니다. 장례식 자체도 긍, 부정적인 감정을 모두 유발할 수가 있습니다. 즉 사회적인 지지를 받으면 그 죽음을 긍정적으로 받아들이는 데 도움이 될 수 있겠지요.

그러나 장례식 자체가 마치 강제로 현실을 받아들이라고 요구하는 것처럼 느껴지는 경우에 있어서는, 더욱이 자살이나 시의적절하지 않은 사고 등으로 인한 죽음인 경우에는 남아 있는 가족이 아직 현실로 받아들일 수가 없는 상태이므로, 이는 부정적인 감정을 유발할 수밖에 없습니다.

장례를 치룬 다음에 정상적으로 따라오는 애도의 기간을 사회적으로 인식, 내지는 인정해주는 문화도 도움이 됩니다. 즉, 애도하는 사람이 우울하고 위축된 상태에 있다는 걸 인식하고 존중해주어야 하는 거지요. 다른 사람이 그 사람의 마음 아파하고 있는 현실을 따뜻하게 이해하고 위로하고 품어줌으로써 애도하는 사람들의 지지가 되어야 하는 거지요. 이런 태도가 애도하는 사람에게 그의 우울을 회피하기보다는 받아들이라고 격려하는 게 됩니다. 왜냐하면 애도는 모두 다 겪고 지나가야만 하는 것이기 때문이지요.

여기에서 한 가지 주의해야 할 점이 있다면, 연민이나 동정의 감정을 주변에서 지나치게 보인다는 건, 애도하는 사람을 열등한 것 같은 위치에 두는 것처럼 보이는 것이라서 그다지 바람직하지 않습니다.

불교에서 '인생은 고해(苦海)이다.'라고 말하고 있듯이, 우리가 살아가면서 결국 고통은 피할 수 없는 인생의 일부분이라는 걸 인식하는 게 좀 도움이 되겠지요. 애도하는 사람이 애도를 멈추고 이를 자신의 삶에서 철수하지 않고 다시 새로운 정체성을 가지게 되는 때가 오는데 언제인가가 애도의 마지막 시점인지에 관해선 정확하지가 않습니다.

하나 또는 여러 가지의 전환점이 있을 수가 있습니다. 애도하는 사람의 감정, 태도, 행동에 주된 변화가 오는 경우에, 가족과 친지, 친구 및 다른 사람들은 애도하는 사람이 그러한 전환점을 가지도록 도와주는 게 좋습니다. 특히 가족의 자살을 경험한 사람은 가까운 가족의 죽음이라는 어려운 현실 이상의 고통을 겪게 됩니다. 이 고통은 두 겹의 고통이라고 할 수 있습니다. 애도의 기간에 사회적으로 충분한 지지를 받기보다는 비난을 받거나 낙인이 찍힐 수 있다는 점에서 더욱 그럴 개연성이 농후합니다.

끝으로, 애도에 관해서는 이 정도 수준의 담론으로 갈무리해 두면서,

참고가 될 만한 어록, 즉 파크스(1972)가 남긴 말의 기록을 다음과 같이 인용함으로써 마무리를 지을까 합니다.

사별 후의 비탄의 고통은 사랑의 기쁨과 같이 우리 인생의 한 부분이며 우리가 사랑을 위해 지불하는 대가이고 관계를 맺는 것의 대가인 것입니다. 이러한 사실을 무시하고 그렇지 않은 것인 양 하는 건 우리 인생에서 불가피하게 일어나는 상실에 대해서 준비를 하지 못하는 것이고 그런 상실을 경험하는 다른 사람도 도와주지 못하게 될 것입니다.

애도반응에 이어서 이제는 정신분석에서 우울을 어떻게 이해하고 있는지를 살펴보도록 하겠습니다. 프로이트는 「애도와 멜랑코리아」(1917)라는 논문에서 병적인 우울을 정상적인 애도와 비교하면서 설명하였습니다. 그는 우울은 사랑하는 사람을 잃게 됨으로서 일어나는 현상으로 보고, 이 대상 상실은 실제로 일어난 일일 수도 있고, 아니면 환상 속에서 일어난 일일 수도 있는데, 때로 환자는 상실감을 의식에서는 느끼지 못할 수도 있다고 했습니다.

하지만 우울은 상실이 실제로 일어났건, 아니면 환상 속에서 일어났건 간에, 또 의식적이건 아니면 무의식적이건 간에 대상 상실로부터 초래된다고 하였습니다. 사랑하는 사람을 잃게 되면, 우리는 그 잃은 사람처럼 되려는 경향이 있는데, 이는 동일시의 심리 기전을 통해 그 상실을 완화하려 들거나 상쇄하려고 시도하기 때문입니다.

자기를 버리고 떠난 사랑하는 사람에 대해서는 사랑의 감정뿐 아니라, 미워하는 감정도 있게 되므로, 그 대상에 대해 양가감정을 가지게 됩니다. 대상과의 동일시는 그 대상에 대한 공격성을 자신에게로 돌리게 되는 일이 되기도 하고, 또 이로 인해 우울의 여러 증상이 나타나게 됩니다. 그 중에서도 우울에서는 정상 애도반응과는 달리 자존감*self-esteem*의 저하가 특징적으로 드러납니다.

아브라함(1911, 1916, 1924)은 특히 우울과 구강기의 관계에 주목해서 생후 18개월 내의 구강기에 어머니와의 관계에서의 문제가 나중에 우울을 나타내는 소인이 된다고 하였습니다.

이드 심리학의 뒤를 이어 자아 심리학이 발달하면서 우울을 자아 심리학의 측면에서 보려는 시도가 제기되었습니다.

자아심리학 중에서 비블링(1953)의 관점이 적지 않게 주목을 받았습니다. 그는 우울의 특성을 자아 자체에서 일어나는 현상으로 보았거니와, 그 근원은 무력감에서 온다고 했습니다. 그는 구강기 발달 시기의 장애나 공격성, 또한 양가감정을 지닌 대상과의 동일시는 모두 무력감 이후에 다가오는 이차적인 현상으로 생각하였습니다. 그는 우울의 특징 요소인 '자존감의 현저한 저하'는 순수하게 자아 내에서 일어나는 변화 때문이라는 사실을 유독 강조하였습니다. 따라서 자존감의 상실을 우울 반응의 주요 요소라고 하는 개념을 확립했으나, 이것이 어디에서 오는지에 관해서는 분명히 밝히지 않았습니다.

제이콥슨(1953, 1964, 1971)은 우울의 정신역동에서 공격성의 강도와 양가감정의 정도가 중요함을 강조했습니다. 특히 그녀는 자기-이미지와 대상-이미지 사이의 상호작용과 그 발달이 중요하다고 강조했습니다. 제이콥슨은 프로이트와 아브라함이 말한 원초적이고도 내사적인 과정 대신에, 이 두 가지의 이미지, 자기 이미지와 대상 이미지의 결합을 가정하면서 설명하고 있습니다. 즉 어떤 이유로든 부모에게 적이 실망하게 되면, 그 결과에 있어서 부모의 이미지를 폄하하게 되고 평가절하하게 되며, 결과적으로는 '미분리된 자기nonseparated self'에 대해서도 그렇게 하게 됩니다. 그에 의하면, 이것이 공격성의 한 형태를 보이면서 이 대목에 이르러 자존감의 저하가 나타나게 됩니다.

자존감 조절의 붕괴가 우울에서 보이는 보편적 현상인데, 마가렛 말러

(1966)의 이론을 통해 이 현상을 이해해 보면 다음과 같습니다. 말러는 발달 과정에서 생기는 이러한 자기애적인 취약성을 '분리개별화의 화해 *rapprochement* 시기'에서 찾았습니다. 이 시기에 어머니로부터 충분한 감정적인 이해와 수용을 경험하지 못한 경우에는 양가감정, 부모에 대해 지속적이고, 공격적으로 강제하려는 경향과 우울 정동을 초래한다고 하였습니다. 이때 아이는 자존감을 조절할 수 있는 내적인 심리구조를 발달시키지 못하게 되고, 그 결과에 이르러서는 아이가 자존감의 유지를 위해 항상 외부에서 안심할 수 있는 걸 찾는 게 필요한 상태가 된다고 하였습니다.

스톤(1986)은 여러 저자들의 이론을 검토하고 자신의 사십 오 년 동안의 정신분석 임상경험을 통해 본 스물 세 명의 우울 환자—이 중에서 열네 명은 주 4회 이상의 정신분석을 받은 환자—의 치료 경험을 통해서 우울에서 중요하게 발견되는 정신역동으로서 병적인 자기애, 일차 대상을 향한 공격성, 구강 양가적인 퇴행, 실망스런 대상과의 동일시 등이 따른다고 주장합니다.

브레너(1991)는 다른 저자들과는 또 다른 자신만의 독특한 견해를 밝히고 있습니다. 그는 우울 정동을 불안과 짝을 이루는 정동으로 보면서, 불안이 의식적, 혹은 무의식적으로 예기되는 위험이나 재난에 따라오는 불쾌로 인해 야기되는 정동이라고 보았습니다. 그에 따르자면, 우울 정동은 이미 일어난—의식적, 무의식적으로—재난에 대한 정동입니다. 우울 정동과 불안은 환자의 병적인 갈등의 한 부분으로 파악됩니다. 따라서 타협 형성의 결과로 의식에서 우울 정동이나 불안이 나타날 수도 있고, 그렇지 않을 수도 있으나, 항상 존재하고 있는 것으로 보았습니다. 그러므로 진단 용어로서의 그 용어들을 사용하는 것에 대해선 그가 반대하지만 오랜 기간에 걸쳐 이미 진단 용어로 굳어진 점을 고려하여 이런 용어를 진단명으로 사용하는 것은 받아들인다고 하면서도 더 중요한 점은 근본 갈등을 이해하는 일이라고 주장하고 있습니다.

다른 분석가들과는 달리, 브레너는 우울이 구강기 갈등보다는 남근기와 항문기 갈등에서 더 흔하게 나타난다고 보았습니다. 우울 정동은 유아기에 일어난 어떤 재난과도 연관되어 일어날 수 있고, 그 중에서도 거세 우울 정동이 주된 역할을 하는 경우가 더 많다고 하였습니다. 특히 여아의 경우에는 이미 거세되었다고 생각하기 때문에, 그에 의하면, 이것이 바로 여성의 우울이 남성의 경우보다 더 많이 일어나는 현상에 대한 설명이 될 수 있다고 하였습니다.

그럼, 이제 여성의 심리역동 중에서 우울의 정신역동과 서로 교차되는 부분에 관해 부분 별로 나누어 살펴보려고 합니다.

첫째로 낮은 자존감과 자기애적인 취약성의 부분을 보겠습니다. 프로이트(1912, 1931, 1933)는 여성의 심리 역동에서 남근선망의 현상이 중요한 역할을 한다고 보았습니다. 이는 여자 아이가 남성과 여성간의 해부학적 차이를 발견한 뒤에 자기 자신을 거세된 열등한 존재로 느끼므로, 남성이 가진 우월한 생식기인 남근을 선망한다고 본 것입니다. 이런 과정 중에 여자아이는 자신과 같이 '거세된' 어머니를 경멸하고 이전까지 어머니와의 사이에 형성했던 강한 전(前)-오이디푸스기적인 애착 관계에 손상을 받게 된다고 하였습니다. 그 결과, 일차적인 애정 대상을 어머니에서 아버지로 바꾸게 됩니다. 그 뒤에는 남근과 아기를 심리적으로 동등하게 생각하게 됨으로서 궁극적으로는 남근을 갖겠다는 소망을 포기하고 대신에 아버지에 의해서 아기를 갖겠다는 소망으로 바꾸며 정상적인 여성성이 발달된다고 하였습니다. 이 이론에서는 여성에서의 자존감 저하는 남근선망으로 인해 생기고 이것이 여성에서의 자기애적인 상처가 되며 열등감과 질투를 초래한다고 보았습니다.

그러나 호나이(1926)와 존스(1927)는 남근선망의 현상이 오이디푸스기 소망에 대한 방어로 작용할 수 있음을 지적하였습니다. 특히 아브라함은 어린 여자아이가 내부 생식기에 대한 근감각지식을 이미 가지고 있으며 여기에 기초해서 초기 여성의 정체성과 신체상을 발달시킨다는 견해를 밝혔습니다.

지금까지 논의한 것들이 우울에서 보이는 주요한 특징인 자존감의 저하와 연관되어 있음을 보는 건 어렵지 않습니다. 여성심리에 관한 최근의 정신분석 문헌을 보면 대부분 남근선망의 존재는 인정하면서도, 그러나 여자아이가 갖고 있지 않은 것에 중점을 두기보다는, 갖고 있는 것의 중요성에 더 관심을 두는 경향을 보입니다. 또한 남근선망을 여성성의 근본이 되는 토대로는 더 이상 간주하지 않고 생식기 욕동과 공상에 대한 방어로 이해하는 경향을 보입니다.

스톨러(1976)에 의하면, 여자아이는 어려서부터 자신이 가지고 있는 생식기(질)의 존재를 느끼고 이것이 신체자아의 정신적 표상을 형성한다고 하면서, 이를 일차적인 여성성이라고 불렀습니다. 따라서 남성성이 양성(남성과 여성)에서 일차적으로 나타나고 여기서 여성성이 이차적으로 발달한다고 보는 게 아니라, 남성의 일차적 남성성과 대등하게 여성에서도 일차적 여성성이 있다는 주장이 제기된 셈입니다(스톨러 1968, 메이어 1985).

자, 두 번째 부분을 살펴봅시다. 이 부분은 구강성, 의존성, 수동성에 관한 내용입니다.

비블링(1953)은 우울에서 자아의 무력감을 주요 특징으로 보았는데 이는 심리적인 재난이 이미 일어난 것으로 경험하거나 이런 심리적 재난을 수동적으로 불가피하다고 받아들이는 데서 온다고 보았습니다. 이런 무력감은 여성성의 이미지 중의 하나인 수동성과 연관 될 수 있습니다.

제첼(1965)은 최적의 성숙을 위해서는 발달과정 중에 우울을 경험하고 이를 견디고 숙달하는 것이 중요한데 이는 다음의 두 가지 과정을 통해 일어난다고 보았습니다. 먼저의 과정은 존재하고 있는 고통스러운 현실을 스스로가 어떻게 해볼 능력이 없음을 수동적으로 경험하는 일이고, 그 다음의 과정은 가능한 다른 부분을 동원해서 만족과 성취를 얻어서 이에 적응하는 일입니다. 여성의 경우에 있어서 수동성이란 이미지가 발달 과제의 수행을 시작하고 완성하는 데 영향을 미칩니다. 이 사실이 오히려 더 수동성과 무력감을 증폭할 수 있으며, 이것이 여성의 우울 성격 구조를 이루게 됩니다.

또 다른 여성의 심리 역동 중의 하나는 의존성인데요. 프로이트는 여자아이에게 거세콤플렉스가 오이디푸스 콤플렉스에 선행해서 일어나므로 여성은 오이디푸스기의 감정을 억제할 강한 동기를 가지지 않는다고 했습니다. 이 말을 좀 더 쉽게 설명해 볼까요? 여아는 자신의 남근이 남아와 마찬가지로 있었지만 거세되었기 때문에 없는 걸로 받아들인다는 거지요. 그 결과로 여아는 남근 선망을 가지게 되고 자신에 관해 열등감을 포함한 여러 가지 복잡한 성격 특성을 보이게 되는 데 그 중의 하나가 의존성인 거지요. 또한 여아의 입장에서는 이미 자신이 거세되었다고 받아들이면 오이디푸스 소망을 서둘러서 포기할 이유도 없어지는 거지요. 왜냐하면, 남아는 오이디푸스 소망을 계속 추구하면 자신의 소중한 남근이 아버지에 의해 거세당할 까봐 하는 거세 불안에 의해서 그 소망을 포기하게 됩니다.

프로이트는 여성이 오이디푸스 콤플렉스를 극복한 뒤에 형성하는 초자아의 발달에서 문제를 가질 수밖에 없다고 봅니다. 초자아 발달이 덜되어서 여성은 스스로의 초자아에 의해 자신을 조절하기보다 다른 사람의 승인, 가치, 도덕관에 더 의존적이 된다고 한 거지요. 즉, 초자아의 형성이 여성은 남성보다 덜 발달해서 그렇다고 본 것이지요. 이 부분으로 인해서 프로이트는 사후에 많은 페미니스트들에게 격렬한 공격을 받게 됩니다. 지금 대부분의 분석가는 프로이트의 이런 견해를 따르지 않습니다만, 여성에게는 유아기 부모와의 애착이 결정적으로 깨지지 않는다고 보곤 합니다. 하지만 이를 스톨러는 조금 다른 관점으로 해석했습니다. 그는 거세 콤플렉스에 중점을 두지 않고 양성 모두(여자아이와 남자아이)에서 보이는 어머니와 초기 공생관계의 역할에 중점을 두었습니다. 여자아이에게는 결국 어머니와 여성으로서 동일시하게 되므로, 어머니의 승인, 가치, 도덕관에 더 의존적이게 되지만, 남자아이는 아버지와 동일시하기 위해서는 일차 양육자인 어머니와의 분리-개별화를 좀 더 분명하게 성취해야 한다고 보았습니다. 그러므로 덜 의존적인 방향으로 향한다는 거지요.

그럼, 마지막으로 세 번째 부분인 공격성과 피학성에 관해 살펴보겠습니다.

호프만(1996)에 의하면 어떤 개인이 자기 자신을 적극적인 주체로 볼 수 있게 하기 위해서는 공격적인 충동 파생물이 중요한 역할을 한다고 말했습니다. 프로이트는 어린 여자아이가 여성이 되기 위해서는 자기 자신을 적극적인 주체로 보는 걸 포기하고, 공격성을 조절해서 수동적인 대상이 되어야 한다고 결론을 맺었습니다. 이에 대해 호프만은 프로이트가 여성에서의 공격성을 받아들이기 어려워했기 때문에, 여성적인 주체를 이해하는 데 어려움을 겪었다고 보았죠.

도이치(1944)는 여성의 심리 역동을 생식 기능과 연관해서 피학성을 설명하였습니다. 여성에서 거세반응은 남근을 가지지 않은 것에 대한 느낌에서 오는 게 아니라 여성의 생리 과정에 대한 공포로부터 생긴다고 했어요. 생리, 성교, 임신, 출산, 그리고 수유에서 오는 신체적인 손상 및 피blood, 그리고 통증에 대한 공포로 인해서, 그것이 온다는 것이지요. 그렇기 때문에, 여성성의 기능에서 초래되는 그런 고통이 여성의 피학성을 초래한다는 겁니다. 이 특성들이 우울의 늪에 빠진 자신에게로 향하는 공격성과 연관된다는 것을 알 수 있게 합니다.

또한 우울한 환자에게서 엄격하고 끊임없이 요구되는 '자아 이상ego

ideal'으로 인해 어떤 목표를 포기하거나 변경하는 데 심한 어려움을 겪는 걸 볼 수가 있는데, 이는 앞에서 언급했듯이 여성이 미약한 초자아를 가졌다고 프로이트가 본 것과는 오히려 정반대가 되는 현상이지요. 우울한 여성에서 흔히 보이는 이런 현상은 여성이 오히려 너무 엄격한 초자아를 가지지 않았나 하는 추측을 하게 합니다. 따라서 현재 대부분의 분석가는 이러한 관점에서는 프로이트와 다르게 생각합니다.

제이콥슨(1964)은 여성의 초자아가 결함이 있다는 것이 사실이 아니며, 다만 남성의 초자아와 그 성질을 달리한다고 보았습니다. 여자아이의 경우에는 거세 갈등이 일찍 오기 때문에 진정한 자아 이상의 핵을 남자아이보다 더 일찍 발달시킨다는 것입니다. 여자아이가 성의 차이를 애초에 발견했을 때, 거세를 받아들일 수 없다는 것으로 말미암아 이를 부정하다가 이 시기 동안에 걸쳐 강한 거세공포에 시달리게 되는 게지요. 또, 마침내는 자신이 거세되었다는 믿음을 버리고, 다시 잃어버린 남근을 되찾으려는 공격적인 충동을 갖게 된다는 거죠. 이런 생각을 하면 할수록, 여자는 자기 자신과 어머니를 더 경멸하게 되고, 반면에 자신과 어머니에 대한 경멸에 대해 모성적 자아 이상을 일찍 형성함으로써 이 경멸의 감정을 극복하려고 한다고 하였습니다.

그 외에도 여러 저자들이 여성의 심리 역동에서 사회문화적인 영향에 대해 논의하였죠. 프로이트는 해부학적인 차이를 강조하고 사회문화적인 영향을 무시했다고 비판받았어요. 그러나 한편으로 여성에 대한 프로이트의 견해는 그 나름대로 타당하다고 보는 견해도 없지 않습니다. 그 이유는 헤르만(1983)이 지적한 바 있었거니와, 그가 남녀의 해부학적인 차이에 결정적인 요인이 있는 게 아니라, 가부장제 사회에서 자라나는 여자아이의 마음에 문화가 어떻게 내재화되는지를 설명해 주었다는 데 있다고 보기 때문입니다.

7. 정신분석의 이론에 관한 짧은 요약

2000년에 신경생리학으로 노벨상을 받은 에릭 켄델은 자신의 저서에서 이렇게 밝힌 적이 있습니다.

당신이 정신과 의사 수련에서 얻은 건 뭐죠?, 라는 질문을 나는 흔히 받는다. 그 수련은 신경과학자로서의 경력에 도움이 되었나요? 나는 이런 질문을 받을 때마다 놀란다. 나의 정신과 수련과 정신분석에 대한 관심이 내 과학적 사유의 핵심에 있다는 점이 내게는 명백하기 때문이다.

켄델은 또한 정신분석에 관해 다음과 같은 말을 남겼습니다.

정신분석은 아직도 우리가 가진 것 중에 마음에 관해 가장 일관성과 조리가 있고 지적으로 만족스런 견해에 해당한다.

정신분석의 이론은 프로이트 사후에 백가쟁명의 다른 이론들이 활발하게 전개되고, 그것들의 임상적인 적용에서의 유용함이 널리 알려지게 되었습니다. 이제는 정신분석의 다양한 이론들이 프로이트의 것이 아니라고 해서 더 이상 배척되거나 비난을 받지는 않습니다. 저는 이 강의를 통해 제 정신분석 수련의 배경이 미국에서 수련을 받은 자아심리학에 뿌리를 두고 있기 때문에 우선 이를 중심으로 제 의견을 개진하려고 합니다.

자아심리학이란 결국 (심리의) 구조 이론에 충실하게 의거해서 인간의 심리를 이해하려는 입장을 견지합니다. 최근에는 자아심리학이란 용어보다는 소위 '통합적인 심리학*holistic psychology*'이라는 용어를 사용해야 한다고 프리드만 같은 학자는 주장하기도 합니다. 아마도 이런 주장이 나오는 배경에는 흔히 자아심리학이란 용어로 인해서 보통 사람들이 잘못 가지고 있는 오해가 증폭되고 있다고 생각해서가 아닌가 싶습니다. 제가 접한 흔한 오해 중의 하나는 자아심리학의 입장에서의 정신분석이 마치 무의식을 덜 다루는 게 아니냐는 것이지요. 이런 오해 중의 한 가지를 소개해 보겠습니다. 다음은 『라캉 읽기』(2005)라는 제목의 책에서, 숀 호머가 사용한 말입니다. 이듬해에 우리말로 번역된 책에서, 다음을 인용해 보겠습니다.

> 1950년대 라캉이 세미나를 시작했을 때 그는 마리 보나파르뜨의 생물학주의와 '자아심리학'에 노골적으로 반대하며 자신의 이론을 전개했다. 자아심리학은 2차 대전 이후 미국에서 발전했으며 고전적 정신분석학에서와 같이 우리 행동의 무의식적 동기보다는 의식의 방어기제를 강화하는 방법들에 초점을 맞추었다.

우선 이 인용문 가운데 '의식의 방어기제를 강화하는 방법들에 초점을 맞추었다.'라고 하는 부분은 자아심리학에 관한 정확한 이해에 의거한 서술로 보기는 어렵습니다.

왜 그럴까요?

그럼, 간단히 설명을 곁들여 보겠습니다.

우선 자아심리학은 위에서 말한 대로 인간의 심리를 구조 이론의 관점에서 이해하는 입장이지요. 이는 즉, 이드(원본능), 자아, 초자아의 관점에서 인간 심리를 이해하는 거지요. 인간 심리를 세 가지 요인(이드, 자아, 초자아) 사이의 갈등으로 보는 것입니다. 단지 자아를 중심에 내세운 이유는 모든 것이 자아를 거쳐서 일어나기 때문입니다. 또한 자아의 많은 부분은 의식이 아니라 무의식에 속해 있습니다. 우리의 성격을 규정하는 여러 가지의 방어기제를 사용할 때 우리가 의식하고 사용하는 방어기제보다는 우리가 의식하지 못한 채 무의식적으로 방어하는 부분이 훨씬 많지요. 따라서 무의식을 다루지 않고서는 그와 같은 자아의 익숙한 방어 양상이 바뀔 수가 없겠지요.

그럼, 먼저 데이비드 라파포트가 구분한 정신분석적인 자아심리학의 역사를 살펴보지요. 그는 자아 심리학의 발달 시기를 가리켜 모두 4기로 구분했습니다. 제1기는 프로이트가 본격적으로 정신분석 이론을 세우기 이전의 시기로서 1897년까지의 시기입니다. 이 해는 프로이트가 자신의 꿈을 통해 '자기 분석self-analysis'을 시도하기 시작한 해입니다.

그 제1기에 이르러 방어의 개념이 생겨났습니다. 이 시기는, 그 이전에 생각했던바 실제 일어난 일로서의 영아기 유혹이 있었다는 생각으로부터 입장을 바꾸어 영아기 유혹의 환상이 가지는 중요성을 인식하는 시기이기도 합니다. 따라서 1897년까지의 제1기에서는 실제의 외부 현실이 중요한 역할을 한다고 여기던 시기이기도 합니다.

제2기는 1923년에 끝난다고 데이비드 라파포트는 보았습니다. 이 시기를 가리켜 그는 엄밀한 의미의 정신분석이 발달하게 된 시기로 간주하였지요. 앞서 말한 대로, 영아기 유혹에 관한 환자의 보고가 실은 환자의 공상이라고 프로이트가 발견을 하면서 제2기는 비로소 시작됩니다. 이제부터는 외부 현실은 주요한 위치에서 탈락하고 대신에, 공상과 이 과정을 만들어내는 중개원agent이 관심의 초점으로 부각됩니다.

하지만 잊지 마셔야 할 점은요, 프로이트는 한 편 실제 일어난 사실인 경우의 유혹이 갖는 트라우마 유발의 중요성도 계속해서 끝까지 명심하고 있었지요. 이 시기의 중요한 발견은 본능적인 충동에 관한 발견입니다. 이 본능적인 충동에 관한 것이 제2기의 주요한 테마로 부상합니다. 이 시기에는 방어에 관한 관심은 줄어든 반면에, 억압에 대한 광범위한 개념이 여러 방어기제에 관한 관심을 대체하게 되는데, 무엇이 과연 억압을 일으키는 힘인가, 혹은 다른 말로 표현한다면 무엇이 과연 방어를 일으키는 힘인가, 하는 질문이 제기되지요. 자아심리학의 관점에서 볼 때 이 시기가 기여한 부분은 2차적 (사고) 과정의 개념과 현실 원칙의 개념 및 억압에 대한 과정의 분석에 있습니다.

제3기는 프로이트가 「자아와 이드」(1923)라는 논문을 출판함으로써 시작되는 시기입니다. 이렇게 1923년에서 1937년까지의 시기는, 프로이트가 비엔나에서 자아 심리학을 스스로 발달시킨 시기입니다. 프로이트는 「자아와 이드」라는 논문에서 구조 이론의 이드, 자아, 초자아의 개념을 완성합니다. 또한 무의식적 죄책감과 부정적인 치료 반응을 설명하기 위해서 초자아의 개념을 소개합니다. 프로이트는 자아가 단지 이드의 심부름꾼이 아니라, 자율적으로 불안신호를 일으켜서 방어를 시작하게 한다고 주장합니다. 말하자면, 자아는 수동적으로 불안을 경험하는 게 아니고, 적극적인 입장에서 신호로서의 불안을 경험하게 해서 위험 상황을 예상케 한다는 거지요. 또한 그는 다시 외부 현실의 중요성을 강조하기 시작하고, 마찬가지로 본능적인 충동의 역할도 중요하다는 입장을 견지합니다. 그는 여기에서 처음으로 '적응'의 개념을 내비치기 시작합니다.

제4기는 안나 프로이트의 『자아와 방어기제』(1936)로부터 시작되어 하트만(1939), 에릭슨(1937), 호나이(1937), 카디너(1939), 설리반(1938, 1940) 등에 의해 지속되게 되는 시기입니다.

먼저 안나 프로이트의 『자아와 방어기제』라는 책이 나온 배경을 보겠습니다. 정신분석 운동이 이제 수십 년에 이르게 되면서 다양한 이론가들이 나오고, 융, 아들러 랑크 등이 프로이트 학파로부터 떨어져 나가게 됩니다. 그 이후에 호나이, 레익, 라이히, 페렌찌, 클라인 등이 독자적인 이론을 내세우기 시작하지요. 따라서 프로이트 학파에서는 정신분석이 여러 학파로 파편화될까봐 우려하게 되지요. 프로이트의 딸로서 프로이트 학파를 지켜야 할 책임감을 가졌던 안나 프로이트로서는 이런 다양한 이론들을 주장하는 이론가들이 결국 부분을 가지고 전체를 이야기한다고 보고, 이와 관련된 우려감 속에서 이 책을 쓰게 되었다고 보입니다.

이 책에서 안나 프로이트는 방어의 여러 양상과 그 발달 과정을 상세히 서술하고 있습니다. 결국 이러한 방어에 관한 발견이 그 전까지 우세하였던 마음의 지형학적인 이론, 즉 무의식, 전의식, 의식으로 나누어 생각하던 것에서 구조 이론의 모델(이드, 자아, 초자아)로 좀 더 확실히 넘어가는 계기가 된다고 볼 수 있습니다.

하지만 제가 미국에서 정신분석을 공부하던 1990년대 중반에도 미국의 자아심리학파의 정신분석가들이 '아직도 진정한 구조 이론의 시대는 오지 않았다.'라고 말하면서 많은 분석가들이 아직도 지형학적인 모델에서 벗어나지 못하고 있다고 한탄하는 걸 듣곤 했던 기억이 납니다.

안나 프로이트는 정신분석하에서 다루어야 할 자아를 세 가지로 정리하고 있습니다.

하나는 분석가와 공동의 목적을 가지고 협조하는 자기-관찰의 입장입니다.

둘째는 자아가 정신분석의 과정에서 적대적인 입장을 취해서 어떤 건 별을 보게 통과시키고, 어떤 건 위조하거나 아예 통과시키지 않게 하는 거지요. 분석가가 무의식을 의식으로 만들려고 하는 게 이드의 입장에서는 조력자이고 해방자이지만, 이드를 마스터(숙달)하려는 목적을 가진 자아의 입장에서는 분석가는 그 동안 비록 병리적일지라도 자아가 노력을 기울여 열심히 만들어 낸 평화를 깨뜨리려고 하는 방해자가 되는 거지요. 즉, 환자의 자아는 자신의 병리에 관한 통찰이 생기지 않는 한 분석가의 목적을 위협적인 일로 간주하게 될 것입니다.

세 번째는 바로 이러한 자아의 무의식적인 방어 기제 자체가 분석의 대상이 되게 됩니다.

안나 프로이트는 분석가가 취해야 할 태도로 환자의 이드, 자아, 초자아로부터 등거리를 유지하는 걸 바람직하다고 권하고 있습니다. 최근에는 이 세 가지에 덧붙여서 외부 현실을 네 번째 요인으로 간주해서 이 네 가지 요인으로부터 등거리를 유지해야 한다는 입장이 많은 지지를 받고 있습니다.

이 시기에는 '적응'의 개념이 본격적으로 논의되기 시작합니다. 이 이전의 정신분석에서는 위험한 상황에서, 또는 2차적 (사고) 과정의 관계에서 현실의 개념을 확립했지만, 1937년까지는 적응의 개념을 일반화하지는 않았습니다. 그 결과, 대상관계의 이론은 정신분석적인 자아심리학의 영역 밖에 있었습니다. 말하자면, 현실의 정신사회적인 영향과 대상관계는 이론적으로 설명이 잘 되지 않았었습니다.

그러나 1930년대 후반부터 이 간극을 줄이고자 하는 노력이 나타납니다. 제4기에 주요한 기여를 한 사람은 하트만과 에릭슨입니다. 하트만은 『자아 심리학과 적응의 문제』(1939)라는 책을 통해서 자아 발달에서 갈등과 상관이 없는 적응적인 면을 가지는 자율적인 부분이 있다고 주장합니다. 또 프로이트가 리비도적인 충동에 치우치고 클라인이 공격적인 충동에 치우친 것과 대조적으로 리비도적인 충동과 공격적인 충동이 같은 위치에서 대등하게 있다고 자리를 매김합니다. 하트만의 이러한 기여 이후에야 비로소 '자아심리학'이란 용어가 광범위하게 사용되어 왔지요.

또 한편으로는 페니셀(1941, 1945)이 구조 이론에 기반을 둔 정신분석의 치료 기법을 총정리한 바 있었습니다.

미국의 자아심리학의 발전에 기여한 분석가 중에서 몇몇을 소개하겠습니다.

제이콥슨(1964)은 자기 표상과 대상 표상에 관해 언급했고, 정신분석에서 자아의 기능 정도 및 자아의 힘과 그 취약성을 평가하는 게 중요하다고 했습니다.

로왈드(1960, 1962, 1970, 1983)는 구조 이론이 인간의 깊은 마음을 이해하는데 있어서 더 우수하다고 하였습니다. 그는 발달 단계의 초기부터 욕구(충동)를 조직화함에 있어서 대상의 역할이 중요하다고 강조하였습니다. 말러(1972)는 구조 이론 하에서 발달학적인 측면에 초점을 맞추어서, 그녀(자신)의 이론을 개진하였습니다. 인간의 발달에 있어서 '분리-개별화'가 어떻게 중요한지에 관해 직접적인 영, 유아의 관찰을 통해 하나의 통찰을 얻어서 정신분석의 이론에 접목시켰습니다. 그 외에도 타협형성이라는 개념의 중요성을 전파한 브래너(1982년에서 2000년까지 수많은 논문과 책이 있습니다), 그레이, 아로우 등이 있습니다.

이제 정신분석의 다른 학파에 관한 이론을 간략히 살펴보겠습니다.

멜라니 클라인은 아이와 놀이 치료를 통해서 얻은 경험을 통해 영아의 정신세계를 깊이 이해하려고 하였습니다. 이러한 초기 영아기의 정신세계에 문제가 있는 것을 나중의 정신병적인 발병과 연관시키려고 하였습니다. 이는 최초의 항정신병 약물인 클로로프로마진이 1950년대에서야 나왔고, 클라인이 편집-분열적인 입장을 제시한 1946년에는 정신병에 관한 치료에서 별다른 수단이 없었다는 점도 고려해야 할 것입니다.

클라인의 무의식의 공상phantasy과 프로이트의 무의식의 공상fantasy은 어떤 차이점이 있을까요? 단순한 활자의 차이만 있는 게 아니겠지요? 물론, 클라이언들은 자신들이 말하는 공상을 프로이트가 말하는 공상과 차별을 두기 위해서 fantasy라는 철자 대신에 일부러 phantasy라는 새로운 철자를 썼을 정도입니다.

프로이트(1911)는 공상의 기본 기능이 욕망과 만족 사이의 간극을 매워준다고 하였습니다. 그에 의하면 영아는 이러한 간극을 자신이 전능하다는 공상으로, 혹은 때로는 환각으로 채우지만 어느 시기가 되면 영아는 전능감이 자신의 욕구를 만족시키지 못한다는 점을 알게 된다고 적시했습니다. 이것이 즉 현실을 인식하게 되는 단계이며, 이때 '생각'이

점차 발달한다고 하였습니다.

그는 '생각'을 '실험적인 행동'이라고 하였지요.

반면에 클라인의 입장은 한나 시걸이 말한 바대로 전(前)언어기의 공상phantasy에서도 원시적인 형태지만 이미 '생각'이 존재한다고 보았습니다. 따라서 전능 공상은 현실을 받아들이기 위한 노력의 하나로 볼 수 있는 과정이라고 봅니다. 이미 출생 직후부터 존재한다고 보는 거지요.

클라인의 기여는 제가 생각하기에는 프로이트가 세밀하게 다루지 않은 인간의 공격성에 관해 제 나름대로 설명한 부분이라고 여겨집니다. 프로이트의 후기 이론 중에서 삶의 본능과 죽음의 본능에서 대해서는 많은 분석가들이 죽음의 본능을 곧이곧대로 받아들이지 않고, 이를 대부분 공격적인 본능으로 좀 더 순화(?)해서 받아들이고는 합니다.

물론 프로이트도 인간이 건강하게 살기 위해서는 죽음의 본능은 적어도 일정 부분이나마 삶의 본능에 의해 마스터되어 그 후에는 살아가는 데 필요한 공격성으로 수용되어야 한다고 고려했지요.

그러나 클라인은 죽음 본능의 존재를 그대로 받아들이면서 발달 과정에서 어린 아이가 왜 이 본능을 힘들게 감내해서 처리할 수밖에 없는지를 설명합니다. 그는 우리가 살아가면서 '편집-분열 입장paranoid-schizoid position'과 '우울 입장depressive position'을 진동의 추처럼 왔다 갔다 해야 하는 입장이라고 비유했습니다. 마음이 건강하면 건강할수록 애증을 통합할 수 있고, 그렇게 해야만 좀 더 성숙한 발달단계인 우울 입장에 머물겠지요. 클라이니언이 소개한 방어기제인 '투사적 동일시'는 분석가들이 환자의 원초적인 마음을 한결 이해하는 데 적잖은 도움을 던져 주었습니다.

1938년에 이르러 프로이트 일가가 영국으로 이주하면서부터 클라인과 이론적인 대립을 겪게 되지요. 클라인은 이미 영국에 와서 제 나름대로 활발하게 활동을 벌이고 있었지요. 1939년 프로이트의 사망 이후에,

주로 안나 프로이트를 중심으로 하는 프로이디안 입장과, 클라인을 중심으로 하는 클라이니언 사이에는 격렬한 충돌이 있었지요.

하지만 지금 돌이켜 본다면 다행스럽게도 이들은 다른 그룹으로 학회를 갈라 나가지 않고 그 안에서 서로 첨예하게 경쟁하고 갈등하며 자신들의 이론을 더 발전시키는 방식을 택합니다. 이 와중에서 두 학파에 속하고 싶지 않은 중간 그룹이 생겨나게 되는데, 이들을 두고 세간에서는 '브리티시 독립 그룹British Independence group'이라고 부르게 됩니다.

이 그룹의 분석가들은 1940년대의 영국 정신분석학계에서 프로디안이나 클라이니언과는 다른 그들만의 독자적인 사고 체계를 발달시키려고 했습니다. 그들 중에서도 몇몇은 클라이니언으로서 수련을 받았지만, 클라인이 환경(부모)의 영향을 너무 무시하는 것에 반대해서 제 나름의 생각을 발전시킨 경우도 있고, 페어베인처럼 지리적으로 런던과 멀리 떨어진 스코틀랜드의 에딘버러에서 환자를 보면서 자신만의 독창적인 생각을 발전시킨 경우도 있습니다.

페어베인은 아이가 처음부터 대상-추구의 리비도를 가지고 태어나고, 또 이것이 역동적인 자아 구조를 형성한다고 보았습니다. 발린트, 칸 등은 양육자와의 관계에서 온 트라우마가 아이의 내적 발달에 어떻게 영향을 미치는지를 살펴본 반면에, 볼비는 정신분석 외의 다른 학문과의 연결을 통해서, 특히 직접적인 관찰에 기반 한 애착이론을 발달시켜서 아이의 양육에 관한 사회적인 정책 수립에 큰 영향을 미치기도 하였습니다. 뿐만이 아니라, 브리티시 독립 그룹은 여성의 성 발달에 관해서도 그 당시의 프로이트의 의견과 유다른 목소리를 끄집어내어서 그 이후의 여성의 성 발달의 이론 전개에 크게 기여하기도 했습니다.

이 독립 그룹에 속하는 사람으로서 위니코트가 있었습니다. 그는 원래 소아과 의사로서 정신분석 수련을 받고 분석가가 된 경우입니다. 그는 클라인과 마찬가지로 영아의 심리에 관심을 두었습니다. 그가 외부 현실의 좌절을 다루기 위해 공상이란 게 생기는 것이 아니고 이것이 현실보다 더 일차적으로 존재한다고 본다는 관점에선 클라인과 같은 입장을 공유하게 되지만, 클라인과 달리 엄마의 실제 양육 태도를 더 중요시하고 있습니다. 그는 공상을 더 풍부하게 하는 게 착각illusion의 경험인데 영아가 이런 착각의 경험을 충분히 하도록 도와주기 위해서는 엄마의 제1차적인 '모성적인 몰두primary maternal preoccupation'가 필요하다고 보았습니다. 이런 건강한 관계가 영아와 엄마 사이에서 일어나지 못하고 영아의 착각을 침범하게 되면 이때는 단순한 좌절이 일어나는 게 아니라 자신의 존재가 없어지는 전멸의 위협을 느끼면서 제1차적인 불안이 발생된다고 했습니다.

이 개념을 확장한 위니코트는 아이가 대상관계와 현실을 다루는 데 있어서도 과도기적(혹은 이행기적)인 대상을 '사용한다.'라는 현상인 '과도기적(이행기적)인 현상transitional phenomenon'에 관해서 논의하고 있습니다.

그가 말한 바에 의하면, 이 개념 틀은 구체적인 대상들이나 혹은 특정한 소리나 특정한 것을 보거나 갖는 것에 관한 애착인데, 이러한 것이 엄마를 소유하고 엄마와 결합하는 걸 상징한다고 합니다. 아이가 꼬질 꼬질한 담요나 인형에 집착해서 세탁도 못하게 하면서 가지고 다는 등의 경우가 그러하다고 볼 수 있습니다. 과도기적인 대상은 이러한 착각을 지탱시켜 준다는 것이죠. 이러한 경험으로부터 과도기적인 활동 혹은 놀이, 또한 과도기적인 공간이 발달하면서, 여기에서 아이가 놀이를 향유할 수 있게 된다고 봅니다.

그가 각별히 강조하는 점은 이러한 착각의 창의적인 필요성입니다. 현실이 침입하는 것으로부터 보호된 상태인 과도기적인 공간 내에서, 최소한 일시적이긴 하지만, 놀이하는 것과 꿈꾸는 걸 배우는 것입니다. 따라서 모든 문화적인 현상은 과도기적 공간transitional space에서 일어난다고 봅니다. 그는 또한 '거짓된 자기false self'와 '참된 자기true self'의 형성도 언급했는데, 이는 사실상 나중에 미국에서 코헛의 자기심리학을 이룩하는 데 많은 영향을 주었다고 보입니다. 하지만 코헛이 이 사실을 분명히 언급하지 않았기 때문에 좀 비난을 받곤 했지요.

현대의 정신분석 중에서 또 몇 가지를 소개해보겠습니다.

포나기는 신뢰할만한 관찰을 중요시하는 실험 심리학과, 경험에 수반되어 따라오는 의미가 우리가 어떤 행동의 변화를 일으키는 주된 원인이라고 보고, 그 의미를 살피는 일이 바로 치료적인 변화를 가져온다고 보는 정신분석과의 사이에 있는 거대한 간극을 메워주려고 노력했습니다. 그는 그 이론이 바로 애착 이론이라고 말하였지요. 따라서 그는 볼비의 애착 이론에서 정신분석의 여러 이론과 공통점이 될 수 있는 게 있다고 봅니다. 포나기는 특히 아이가 발달과정에서 소위 '가장하는 모드pretend mode'를 거쳐서 '정신화하는 모드mentalizing mode'로 발달해 나아감에 있어서 양육자와 아이의 상호관계가 중요하다고 보고 있습니다.

프로이트는 영아를 양육자에 의해서 길들여지고 조절되며 문명화(교화)될 필요가 있는 여러 욕동(충동)을 가지고 태어난 존재로 보았습니다. 반면에 코헛은 영아를 공감적인 잠재성을 가진 주변 환경에서, 영아 자신이 자신의 정신적인, 동시에 감정적인 발달에 필요한 자양분을 이끌어 낼 수 있는 능력을 가지고 태어난 존재로 봅니다. 따라서 코헛의 자기심리학은 영아의 발달 과정에서 영아가 필요로 하는 이런 자기대상selfobject의 기능을 양육자가 충분히 제공하지 못하면 발달 과정에 있어서 결손이 생기고, 그 결과 필요한 심리적인 구조(자기)가 발달하지 못하게 되며, 대신에 방어적인 구조가 그 자리를 차지하게 되는 등 또 다른 뭔가의 정신병리가 생긴다고 봅니다.

대상관계와는 다르지만 설리반의 이론을 더 적극적으로 해석하고 폭넓게 적용시켜보자면, 미첼이 명명한 '(인간)관계 이론'이란 것이 있습니다. 본디 설리반의 이론은 소위 말하는 네오 프로이디안 학파에 속하는 것으로 간주되었지만, 이제 미국정신분석학회에서는 자신들만을 전통 프로이디안 학파로 간주하고, 그 외의 네오 프로이디안 학파를 자신들의 학회에 받아들이지 않았던 과거와는 달리 최근 몇 년 전부터는 자신들 학회의 텐트를 좀 더 넓게 펼치려는 계획의 일환으로 네오 프로이디안도 학회의 일원으로 받아들이기 시작했습니다.

이런 움직임은 사실 국제정신분석학회에서는 오래전부터 이미 적용되었던 것이기도 하지요. 미첼은 대상관계이론에서 관계의 이슈를 초기 영아기의 문제로 돌리는 것은 발달학적으로 치우친 시각이라고 비판하면서 관계의 욕구는 모든 성인의 관계에서도 적용되는 거라고 하였습니다.

이른바 (인간)관계 이론에서는 인간이 기본적으로 성숙해지려는 동력을 인간관계로써 추구하고 유지하려는 것에서 찾는다고 보고 있습니다. 이를 단순히 양육자와의 초기 관계의 장애로 편중되게 볼 것이 아니라, 전 생애에 걸쳐 일어나는 주요한 동력으로 봅니다. 치료 과정에서도 현재의 치료자와의 사이에서의 상호관계를, 환자가 적극적으로 형성하려는 양상으로 살펴봄으로써 치료 효과를 얻을 수 있다고 주장하고 있습니다.

설리반의 이론에서의 아이는 안전한 경험을 얻기 위해서 다른 사람과 관계하는 제 나름의 방식을 발달시키고 이것이 잘 안 될 때에는 불안을 느끼게 됩니다. 주요한 방어로는 '나는 그것을 생각하지 않겠다.'를 들수가 있겠고, 이러한 방어는 '선택적인 부주의'를 초래한다고 보고 있습니다.

마지막으로 제가 수련생들에게 간단하게 설명하는 방식을 소개할까합니다.

저는 수련생들에게 환자를 살펴볼 때 세 가지의 큰 줄기를 염두에 두라고 조언합니다.

첫째는 그 환자가 얼마나 안전감을 가지고 있는지, 즉 그 환자의 자기

*self*의 발달 정도가 어떠한지를 생각하면서, 이때 환자가 안정적인 애착을 형성했는지도 살펴보아야 하겠지요.

두 번째로는 환자의 정신성적인 발달단계(구강기, 항문기, 남근기, 생식기 등)를 고려해야 한다고 말합니다.

세 번째로는 환자의 공격성의 발달단계를 생각하라고 합니다. 전반적으로 공격성이 리비도와 융합이 되고 중화가 되어서 건강한 공격성을 발휘하는지, 아니면 파괴적인 공격성이 너무 강하게 우위를 차지하고 있는지를 잘 살펴보라고 하지요.

물론 이 방식은 도식적인 것에 지나지 않을 것입니다. 어느 환자도 이러한 점들이 분명하게 잘 구분되지는 않기 때문이지요.

지금까지의 제 강의가 이와 같이 복잡한 사람 심리, 열 길 물속은 알아도 한길 마음은 모른다고 하듯이 마음속의 깊이를 이론적으로 이해하는 것의 일환이어서 매우 관념적이고 추상적일 수 있습니다. 그럼에도 불구하고, 제가 드린 말씀이 여러분들에게 조금이라도 도움이 되었으면 하는 마음은 간절합니다. 경청해 주셔서, 감사합니다.

제5부 **정신분석 개념의 적용**

1. 나르시시즘의 재조명

프로이트는 문명화 사회에서 인간의 나르시시즘에 큰 충격을 준 사건 세 가지를 언급하면서 그 가운데 세 번째로 정신분석을 꼽았습니다. 첫 번째는 코페르니쿠스의 지동설로 이는 우주의 중심이라고 생각했던 지구가 그렇지 않다는 게 밝혀진 일이고, 두 번째는 다윈의 진화론으로 인간이 다른 천지만물보다 더 우수하다고 믿어왔는데 그러한 위치를 박탈당한 일입니다. 세 번째 충격인 정신분석은 우리 마음에 있어서 의식이 전부가 아니라 사실은 무의식의 힘이 우리가 살아가는 데 중요한 선택 및 행동에 영향력을 끼치고 있다는 점을 밝힘으로써, 또 의식의 마음이 무의식의 마음과 힘의 지배를 받고 있다고 밝혀짐으로써 의식의 위치가 강등된 사실에 있지요.

이 강의에서는 나르시시즘에서 볼 수 있는 임상 양상과 감정 반응들에 관해선 언급하지 않고 주로 나르시시즘의 이론이 어떻게 발원되어 발전해 나아갔는지를 역사적인 연대기의 순서에 따라 살펴보려고 합니다.

이 용어는 1898년에 해블록 엘리스가 처음으로 고전적 나르시소스 신화를 사람이 겪는 심리적 어려움과 연관시켜서 '나르시소스 같은'이라고 지칭한 데서 기원하였다고 알려져 있습니다. 1899년에는 파울 네케가 성도착*sexual perversion*을 가리키는 용어로 사용했던 표현이기도 합니다.

프로이트는 1914년에 처음으로 나르시시즘의 논문을 발표합니다. 실제 이 논문은 1913년 9월에 완성된 뒤에 퇴고의 과정을 거쳐 1914년에 발표했습니다. 프로이트의『꿈의 해석』이 출판된 1900년을 기점으로 삼아도 약 13년 동안의 임상 경험 후에 쓰인 논문이고, 그가 1886년 개원해서 신경증 환자를 주로 살펴보면서 새로운 치료 기법을 탐색하면서 브로이어와 같이 쓴 최초의 정신분석 논문인「히스테리아에 관한 연구」를 발표한 1895년을 기점으로 삼는다면 약 18년의 세월 후에 나르시시즘에 관해 쓰게 되었다고도 볼 수 있겠습니다.

이 논문은 그의 정신분석 이론의 발달 과정에서 하나의 이정표가 될 만한 중요한 논문으로 간주되고 있습니다. 하지만 그 자신은 이 논문에 관해 불만족스러워 했다고 합니다. 현재의 관점에서 본다면 '새 술을 헌 부대에 담는 격'이 되었기 때문이라고 볼 수 있지요. 즉, 정신분석 초기의 본능 이론인 리비도의 개념에 의거해서 나르시시즘을 설명하고 있지만 실제로는 이 이후의 정신분석 이론의 발달을 모두 포함하고 있는 복합적인 측면을 내포하고 있는 논문입니다.

이 논문에서 그는 제1차적인 나르시시즘과 제2차적인 나르시시즘으로 설명하고 있습니다.

영아가 자신과 대상을 아직 구분할 능력이 없는 상태에서 자신만을 생각하고 자신이 필요로 하는 모든 것이 자신에게서 나온다고 생각하는 단계를 가리켜 그는 제1차적인 나르시시즘의 상태라고 보았지요. 그는 미분화된 정신적 에너지가 처음에 '에고*ego*'에 부착되는 거라고 보았습니다. 여기서 그가 사용한 에고라는 단어는 아마도 현재의 '자기*self*'의 의미에 더 가깝다고 보아야 되겠지요. 이 에너지의 한 부분이 나중에 대상으로 향해서 부착되면 성적인 에너지가 됩니다. 이때는 리비도라는 용어를 사용하게 되며 이는 대상-리비도*object-libido*가 되는 거지요. 물론 이 단계 이전에 대상을 구분하는 능력이 생겼다는 걸 가정하는 거구요. 이 대상-리비도가 다시 에고로 돌아갈 수가 있는데(에고-리비도) 이를 제2차적인 나르시시즘이라고 불렀습니다.

우리는 프로이트의 전집을 읽다보면 지금 보시는 바와 같이 용어의 혼란을 경험합니다. 왜냐하면 그가 계속해서 이론을 발전시키는 와중이었고, 현재의 저희는 이미 그 이후에 더 정립된 이론과 용어에 의거해서 생각하고 있을 가능성이 높기 때문입니다. 따라서 여기에서 사용한 에고란 용어를 현재는 자기*self*라는 용어로 바꾸어 이해하면 더 적절하겠지요.

그는 나르시시즘에 관한 논문을 발표하기 몇 년 전인 1909년에 비엔나 정신분석 학회의 한 모임에서 나르시시즘이야말로 '자동-에로티즘*auto-erotism*'과 '대상-사랑*object-love*' 사이에 필연적으로 존재하는 중간 단계라고 언급했습니다.

그는 나르시시즘이 대상관계로 가는 발달의 전조 단계가 된다고 하였지요. 그가 1914년에 나르시시즘에 관한 논문을 통해서 나르시시즘 개념의 발달에 기여한 바를 두고서, 테이츌즈(1978)는 다음 네 가지의 맥락을 구분해서 논의합니다.

첫째는 (제2차적인) 나르시시즘을 외부세계에로부터 리비도를 철수해서 에고*ego*에 다시 투입한 것으로 다시 정의한 일입니다. 여기에서도 그가 사용한 용어, 에고는 오늘날의 자기*self* 개념으로 이해하시는 게 더 적당하지요.

둘째로는 자아-이상*ego-ideal*을 영아 나르시시즘*infantile narcissism*의 성인판, 혹은 영아 나르시시즘의 '계승자'로 간주한 일입니다.

셋째는 대상 선택과 대상관계에서 나르시시즘적이라고 명명할 수 있는 종류가 있다는 사실을 말한 일입니다. 말하자면, 사랑하는 대상이 자신의 이미지이거나, 과거의 자신의 이미지일 수 있고, 또는 자신이 그렇게 되었으면 하는 이미지이거나, 과거의 자신의 연장으로 느껴지는 이미지(주로 자신의 자녀에게 그렇겠지요)의 경우일 때를 말합니다.

네 번째는 '자존, 자애self-regard'가 나르시시즘적인 리비도와 밀접한 연관을 맺고 있다고 말한 일입니다. 요컨대 우리의 자존심은 나르시시즘적인 리비도와 밀접하게 연관이 되어있다고 말할 수 있겠지요.

나르시시즘을 논의할 때 제기되는 문제 중에서 주요한 두 가지 문제가 있는데 그 하나가 제1차 나르시시즘과 제2차 나르시시즘의 존재이고, 다른 하나가 대상 선택과 나르시시즘과의 상호관계라고 할 수 있습니다.

프로이트가 논의한 제2차 나르시시즘에 관해서는 별 다른 이견이 있을 수 없겠지만 제1차 나르시시즘의 존재는 인정하지 않는 분석가들이 많습니다. 이는 동시에 말러의 공생symbiosis의 개념도 받아들이지 않는 것과 동일합니다. 각각 다른 의견을 피력하는 분석가의 설명을 소개하면 다음과 같아요.

발린트는 제1차 나르시시즘의 존재를 부정합니다. 그도 그럴 것이 처음부터 아이에게 대상 사랑이 존재한다고 보기 때문이지요. 그 이후에도 많은 분석가들이 제1차 나르시시즘이 허구라고 보는 경향이 있으며, 현재는 영아 관찰 연구에 기반으로 한 증거를 통해서 더욱 더 그렇게 인정하는 추세에 놓여 있습니다.

이와 반대로 그린(2002)의 생각은 좀 다릅니다. 그는 영아가 비록 엄마의 행동, 감정 표현 및 돌봄에 반응하는 신호를 보이지만 이는 행동의 측면에서 볼 때 그러하고, 영아의 이러한 행동 측면이 우리에게 아이의 마음속에서 무엇이 일어나고 있는가에 관한 전체의 이야기를 해주는 건 아니라는 거지요. 즉, 우리가 영아의 마음을 모른다는 겁니다. 제1차 양육자에 관한 영아의 반응이 영아가 자신과 다른 사람을 다른 존재로 받아들이고 있다는 증명이 될 수는 없다고 보는 거지요.

위니코트는 아이가 엄마의 얼굴을 볼 때 아이가 보는 건 엄마가 아니라, 사실은 말예요, 아이 '그 자신'이라고 했습니다. 또한 대상을 자신과 구별되는 다른 사람으로 일찍 지각함이 꼭 장점이 되는 건 아니라고도 했습니다. 왜냐하면 아이가 자기 자신이 전지전능하다는 환상을 통해서 주관적인 대상을 창조하기 때문일 테죠. 아이가 너무 일찍 대상을 지각하게 되면, 아이는 엄마의 감정과 기분에 더 의존하게 마련입니다. 그 결과, 아이는 엄마의 기분을 아이인 자신의 내적 상태에 따라 해석하기 때문에, 엄마에게 순응하기 위한 '거짓 자기false-self'를 발달시킬 수도 있습니다.

컨버그(1991)는 프로이트가 1914년에 기술한 나르시시즘의 논문이 현재 제기되는 나르시시즘의 문제 중에서 다음의 두 가지 점이 결여되고 있다고 지적했습니다. 이를테면, 하나는 병적인 나르시시즘이 병적인 성격의 한 유형이라는 점이요, 다른 하나는 나르시시즘적인 저항이 정신분석의 기법에서 다루어져야만 한다는 점이지요.

그럼, 이제 현재 나르시시즘에 관한 정신분석의 개념을 정리해 볼까요?

우선 세 가지의 것을 정리해서 생각해 볼 수가 있습니다. 첫째는 리비도적인 나르시시즘이요, 둘째는 파괴적인 나르시시즘이요, 셋째는 건강한 나르시시즘입니다.

앞서 이미 소개한 대로 프로이트는 주로 리비도적인 나르시시즘에 관한 개념을 발전시켰습니다. 그의 작업에서 1914년에서부터 1920년에 이르기까지 나르시시즘은 주요한 위치를 차지했지만, 1920년 이후에는 그가 나르시시즘에 관해선 더 이상 다시금 언급하지는 않았습니다. 그가 「쾌락원칙을 넘어서」(1920)라는 논문을 통해서 죽음의 본능death instinct을 소개하면서 나르시시즘을 아마도 '삶의 본능life instinct'의 일부라고 생각하고 버린 게 아닐까 하고, 그린(2002)은 막연하게 추측하고 있습니다.

프로이트의 사후에 출판된 「정신분석의 개요」(1940)에서 마지막으로 나르시시즘에 관해 프로이트가 언급한 걸 보면, 그는 나르시시즘이 사랑, 즉 삶의 본능과 결과적으로 합성*synthesis*되어야 한다고 하였습니다.

그럼, 이제 프로이트 외에 다른 분석가들이 나르시시즘을 어떻게 이해했는지를 살펴볼까요. 아브라함(1922)은 더 심한 상태로서의 나르시시즘의 개념을 설명하였습니다. 이는 한 동안 정신분석학계에서 잊어진 상태로 있다가 1971년에 이르러 로젠펠드에 의해서 '파괴적인 나르시시즘'의 형태로 재조명됩니다.

요컨대, 아브라함은 '부정적인 나르시시즘*negative narcissism*'에 초점을 두었습니다. 이 경우에 부정적인 나르시시스트란 자기 자신을 전혀 좋아하지 않으면서도 자신에 관해 불만스러운 상태에 놓여 있는 사람을 가리킵니다. 긍정적인 나르시시즘이 자신을 대단한 사람으로 간주하는 반면에, 부정적인 나르시시즘은 자기-사랑*self-love*보다는 자기-증오*self-hatred*에 집착되어 있는 방식으로써 자기를 묶어놓고 있습니다.

로젠펠드(1971)에 의하면 이런 부정적인 나르시시스트는 병적으로 시기하고 미워하면서 적극적으로 대상을 파괴해서 단지 자기 자신만이 세상에 존재하도록 허용한다는 겁니다. 그는 '마피아 갱'이란 은유를 사용해서 설명했는데, 이런 '마피아 갱'이 마음을 점령해서 무자비하게 다른 어떤 외부와의 상호 관계도 허용하지 않는 승리에 도취되어 의기양양하게도 '피부가 두꺼운*thick-skinned*' 나르시시즘으로 변질된다고 했습니다. 이러한 상태는 파괴적이라기보다는 방어적인 양상에 더 가까운 '피부가-얇은*thin-skinned*' 나르시시즘과 대조가 된다고 볼 수가 있습니다.

파괴적인 나르시시즘에서는 그 자신이 의지하고 있는 자신 이외에는 다른 사람의 존재를 모두 위협적인 대상으로 수용합니다. 자신이 자신의 전지전능한 존재감을 유지하기 위해서는 다른 사람을 모두 질시하면서 제거의 대상으로 삼으려고 한다는 거지요.

여기에서 저는 잠시 1990년 미국정신분석학회가 용어집의 형태로 제시한 『정신분석의 용어 및 개념틀』을 참고해 보겠습니다. 여기에서는 나르시시즘을 가리켜 자기self에게로 심리적인 관심이 집중되어 있는 상태라고 정의하고 있습니다. 이는 긍정적, 부정적인 나르시시즘에 모두 적용할 수 있어서 나르시시즘을 이해하는 데 있어서 적잖이 도움이 되는 정의라고 생각됩니다.

1960년대 후반부터 코헛은 건강한 나르시시즘을 개념화시켰습니다. 코헛은 나르시시즘의 기존 개념에 도전합니다. 그는 정상적이고 건강한 나르시시즘이 인간의 성장과 발달 과정에서 필수적이라고 봅니다. 그는 나르시시즘을 정신적으로 병이 있거나 미성숙한 것, 또는 적절하게 분석이 되지 않는 현상으로 보기보다는 건강한 나르시시즘을 성공적인 삶을 살아가기 위한 (대상관계를 포함해서) 필수적인 전제 조건으로 보았습니다. 그는 제2차 나르시시즘이 나르시시즘적인 성숙함으로 가는 정상 과정에서의 '쇠약의 부산물breakdown products'을 나타내는 것으로 간주했지요.

그는 '자기 대상selfobject'이라는 용어를 들먹이면서 이 용어를 가리켜 자기와 대상의 관계를 긴밀하게 맺는 특별한 방식이라고 하였지요. 타자the other가 완전하게 자기self의 부분도 아니고 완전하게 자기와 분리된 것도 아닌 상태가 바로 소위 자기 대상인 것이죠.

그러나 발달이 진행될수록 영아에게 있어서의 과대성과 노출증은 현실과 자기-깨달음에 의해 조절이 되어 갑니다. 이를 두고 그는 '최적의 좌절optimal frustration'이라고 표현한 바 있었습니다. 즉, 나르시시즘에서는 나르시시즘의 결핍이나 나르시시즘의 과다, 모두가 문제적인데, 그는 나르시시즘에 병리적인 문제가 생기는 건 정상적인 자기 대상의 발달이 억제가 되었을 때 일어난다고 보았습니다. 또한 그 이전까지 통용되어

오던 개념인 나르시시즘으로부터 대상관계의 발달이 이루어지기까지는 하나의 연속된 발달 과정이라는 개념에 이의를 제기하고, 나르시시즘 자체가 독립되고 분리된 발달 과정으로서 존재한다고 주장합니다. 이 문제는 현재에도 정신분석학계 내에서 지속적인 쟁점으로 남아 있습니다.

코헛이 프랑스에서 논의한 1957년의 그런버거와 1967년의 그린의 나르시시즘에 관한 개념을 언급하지 않은 걸 두고, 그린은 비판합니다. 그 외에도 코헛은 위니코트의 이론으로부터 받은 영향을 충분히 인정하지 않았다는 점에서 비판을 받기도 합니다. 여기에서 간과하지 말아야 할 사실은 '하늘 아래 새로운 것은 없다.'라는 말대로 새로운 이론의 발달이 항상 그 이전의 여러 가지로 발달된 집적물에 기대어 존재하고 있다는 점입니다.

다시 프랑스의 상황으로 돌아가 볼까요?

그런버거(1957)도 이미 나르시시즘을 이드, 자아, 초자아와 같은 하나의 에이전시agency로 보고 이를 'le soi'라고 명명했으며, 그는 이것이 자기self와는 다른 개념이라고 하였습니다. 다른 한 편으로는 다소 역설적이긴 하지만, 그는 또한 나르시시즘도 본능과 같이 구조화되어 있다고 간주하면서, 이를 두고 '의사(擬似) 생물학적인 힘a quasi-biological force'으로 파악했습니다. 요컨대 그는 정신성적 발달psychosexual development의 각 시기마다 나르시시즘과 본능적인 힘의 합성이 필요하다고 생각해 보았습니다. 이런 측면에서 보면, 그는 코헛처럼 나르시시즘이 발달 과정에서 제 나름대로 분리된 길을 밟는다는 점, 또 합성되는 것이 목표라는 점을 중시하고 있다는 것을 알 수가 있습니다.

그린(1964, 1983, 2002)은 프로이트의 마지막 충동 이론과 연결해서 긍, 부정적인 입장에서 본, 나르시시즘의 두 가지 개념 틀을 상정해볼 필요가 있다고 생각했습니다. 긍정적인 나르시시즘의 목표는 결국 하나oneness가 되려는 것, 즉, 하나의 단위에 도달하려는 상태를 말합니다. 이에 비해 부정적인 나르시시즘은 제로 수준으로 향하려고 하는 데 있어서 아무 것도 없는 상태nothingness를 목표로 삼아서 심리적인 죽음으로 향하는 것이라고 하였습니다. 그의 주장에 의하면, 우리가 건강한, 또는 병적인 나르시시즘만으로 구분하는 건 충분하지 못하다고 여기는 거지요. 어떤 측면에서는 그가 본능 이론을 접목시켜 삶과 죽음의 성격으로 분기되는 두 겹의 나르시시즘으로 구분하는 게 더 낫다고 주장한 셈입니다.

컨버그(1970년대)는 전통적인 프로이디안의 이론과 클라이니안의 이론 및 비온니안과 대상관계 이론들을 통합하려고 시도한 것으로 유명한 분석가이지요. 그는 나르시시즘의 이론에서도 코헛과는 달리 여러 갈래의 정신분석 이론들을 통합하여 이해하려고 노력하였습니다.

게다가 컨버그는 이런 통합을 우리에게 익숙한 자아심리학의 용어로 설명해주고 있기 때문에, 우리가 이해하기 쉽게 도와주고 있지요. 컨버그는 욕동, 정동 및 자기와 대상 표상을 기능적인 일종의 단위로 사용해서 이들 기능적인 단위가 구조 이론의 전통적인 기제인 이드, 자아, 자아 이상 및 초자아 등의 지배하에 놓인다고 하면서 서로 연결시키려고 시도했습니다. 그는 비록 정상 발달과 합성이 일어날 때 나르시시즘이 역할을 한다고 인정하기는 하지만, 나르시시즘의 병적인 증후군은 초기 유아기에 고착된 비정상적인 정신 구조의 결과에서 비롯된다고 보고 있습니다. 나르시시즘을 영아기적인 공격성에 관한 방어를 반영하는 일종의 병적인 형태로 보고 있는 거지요. 요컨대 컨버그는 나르시시즘적인 장애를, 코헛이 주장하듯이 발달 과정에서 중지arrest가 일어난 것으로 보기보다는, 하나의 특정한 병적인 형태로 간주하고 있다고 볼 수가 있겠습니다.

현대 정신분석에서는 자기self와 대상object의 개념을 적잖이 거론하고 있는데요. '자기'에 관한 개념은 앞에서 언급했듯이 프로이트가 1914년에 나르시시즘에 대해서 기술한 것에서부터 기원하고 있습니다. 그는 소위 자동-에로티시즘에서부터 나르시시즘으로 나아가기 위해서는 새로운 심리 작용이 필요하다고 본 것입니다.

이른바 '자기'를 어떻게 이해하는가 하는 문제는 다소 차이가 있습니다.

컨버그(1975)는 자기를 자아*ego*의 일부분이라고 인정하면서 그것을 자아의 하위 구조로 간주하였습니다. 이러한 견해에 동조하는 많은 분석가들은 결국 나르시시즘을 이해하는 일은 자아에 관한 연구라고 생각하고 있기도 합니다.

리치텐슈테인(1977)은 이드와 자아와 초자아가 구조 이론의 세 가지 구성 요소라고 볼 수 있듯이, 자기를 네 번째 구성 요소로 추가할 수 있는 동등한 구조를 제안하기도 했습니다.

그러나 코헛(1977)은 자기를 상위의 구조로 간주하고, 이것이 정신을 하나로 묶어주는 일종의 구조자*organizer*의 역할을 감당한다고 보았습니다.

로스스테인(1980)은 나르시시즘을 분리 불안에 관한 하나의 방어로 이해하기도 했습니다. 그는 자기애적인 성격장애를 가진 환자가 자기-표상으로서의 나르시시즘적인 완벽함이라는 착각의 상태로 회복해 돌아가고자 하는 방어의 목적을 통해 환자가 그 자신의 성격을 구조화했다고 보았습니다.

나르시시즘에 관한 정신분석의 개념은 1980년대에 들어서서 한결 정확하게 진단하려는 움직임이 생기는 과정에서 나르시시즘의 의미를 정확하게 정의하려는 데 초점을 맞추고 있습니다. 그 결과, DSM-III의 자기애적인 성격장애라는 진단명에 반영되어 정신과에서 이용이 되어 왔습니다. DSM-IV에서는 나르시시즘에 관한 정신분석의 최근의 발전을 반영하여 로젠펠드의 '피부가 두꺼운, 그리고 피부가 얇은 나르시스트*thick, and thin skinned narcissist*'의 개념이 가바드에 의해서 '둔감한 그리고 지나치게 예민한*oblivious and hypervigilant*'의 용어를 사용해서 두 가지 형태로 분류하고 있습니다.

그러나 이와 같이 기술적으로 설명하려는 정신과학의 기준은 정신분석 연구에서의 관찰과 그 기여에 적잖이 의존하고 있음에도 불구하고, 그 '결과물'로서의 기준은 나르시시즘의 정신분석적인 견해보다는 더 병리적으로 보이게 만들었고, 임상적으로 볼 때도 더 비관적으로 보이게 하는 경향이 없지 않게 만들었지요. 여기에서 여러분이 하나 기억해 두시면 도움이 되는 사실은 DSM에 의한 나르시시즘의 병리적인 구분이야말로 전체 나르시시즘의 여러 양상을 다 포함하고 있지는 않다는 사실입니다. 즉, DSM에서의 자기애적인 성격장애는 나르시시즘의 모든 임상적인 결과물을 포함하고 있지는 않습니다.

무어(1995)는 나르시시즘에 새로운 용어와 이론이 필요한 게 아니라, 이미 존재하는 구조 개념과 발달 개념으로도 충분히 설명이 가능하다고 주장하고 있습니다. 나르시시즘은 욕동이나 대상의 관점에서만 이해될 수 있는 게 아니고 정신분석 이론의 전체를 통합하는 관계에서만이 충분히 이해될 수 있다는 거지요.

어쩌면, 이 강의는 여러분의 마음을 무겁게 만들었을지 모르겠네요. 즉, 너무 이론적인 이야기만 풀어놓은 듯해서요. 하지만 실제로 나르시시즘을 깊이 이해하기 위해서는 많은 임상 경험의 시간이 필요하다고, 저는 생각합니다. 따라서 여러분이 포기하지 않고 묵묵히 임상 경험을 쌓아가다 보면 아마도 조금씩 나르시시즘의 실체가 보이지 않을까, 하고 저는 기대해봅니다. 감사합니다.

2. 신체상에 관한 정신분석학적인 고찰

여성정신의학회로부터 이번에 발표를 의뢰받고, 제가 가장 먼저 떠올린 환자는 몇 년 전에 한 차례 면담한 여자 환자였습니다. 누가 보아도 팔등신에다 미모인 이 여자 환자는 수차례 성형수술을 받았고, 그럼에도 자신의 신체상에 만족하지 않아서 또 성형수술을 받을 예정이었습니다. 그런가 하면 임상에서 환자를 볼 때 종종 경험하는 일이지만, 사람이 자신의 신체상에 만족하는지, 만족하지 않는지에 관한 문제는 자신의 객관적인 신체 조건과 꼭 일치하지는 않는다는 사실입니다.

신체상은 일종의 개인적인 심리 현상이지만, 또한 사회문화적인 영향을 적지 않게 받는 심리 현상이기도 합니다. 최근 수십 년 동안 특히 서양에서는 여성에게 마른 몸매를 위한 체중감량에 지나친 가치를 부여하는 소위 사회문화적 압력이 있어 왔으며, 우리나라에서도 이러한 가치의 변화가 뚜렷이 감지되고 있습니다. 남성에게도 1990년대 이래 이와 같은 압력이 가중되고 있음을 볼 수도 있습니다. 1968년에 개봉해서 흥행에 크게 성공했던 영화인 〈미워도 다시 한 번〉을 보면, 남자 주인공인 신영균은 뚱뚱한 모습으로 나옵니다. 그 영화에서 혼외(婚外)의 아들 역으로 나온 아역배우 김정훈의 대사 중에 다음과 같은 말이 나옵니다. "나도 이 다음에 아빠처럼 배불뚝이 사장님이 될테야!" 그 시대 사람들의 신체상의 가치 기준을 엿 볼 수 있게 하는 대목입니다.

최근의 의학 연구자들이 고혈압, 관상동맥질환 등이 비만과 연관성이 많다는 점을 얘기하면서, 체중감량의 중요성을 강조하고 있는 것도 신체상의 변화에 영향을 주고 있다고 봅니다. 또한 다른 사회문화적인 현상으로서 패션 산업에서 깡마른 모델을 통해 드러내서 몸매를 강조하고 있는 점도 간과할 수 없습니다. 그 외에도 리트보(1976)가 지적했듯이 사회문화의 동향으로 모성motherhood에 대한 가치부여를 축소하는 일도 하나의 요인이라고 볼 수 있겠습니다.

그럼 저는 이제부터 이러한 사회문화적인 요인을 다소 의도적으로 배제하고 정신분석학적인 관점에서 신체상의 발달 과정 및 자기*self*와의 관계를 파악하려고 합니다. 또한 신체상의 왜곡과 연관된 발달 과정의 여러 요인도 주의 깊게 살펴보겠습니다.

우선 용어의 개념을 바르게 이해하기 위기 위해서, 신체상*body image*에 관한 사전적인 정의를 살펴보면 다음과 같습니다. 신체 자아 및 신체 스키마의 뜻을 지닌 신체상은 자기 자신에 대한 총체적 표상에서 의도적으로 분리한 한 작은 측면을 가리키고 있습니다(정신분석의 용어 및 개념들, 미국정신분석학회, 1990.).

이를 좀 더 쉬운 말로 설명한다면 다음과 같이 정의될 수도 있습니다. 신체상은 자신의 신체에 관한, 그 사람의 지각, 사고, 감정을 뜻한다(그로간, 2007), 라구요. 타이슨(1990)은 신체상이 신체에 관한 정신적인 표상으로 서서히 발달 과정을 거쳐 형성되며, 또 개인이 성장, 성숙, 발달함에 따라 변형되며, 이는 신체의 객관적인 조건과 꼭 일치하는 건 아니라고 하였습니다. 즉, 신체상은 신체 및 신체와 연관된 부분과 기능에 관한 상*image*, 공상*fantasy*, 그밖에도 사람마다 다른 낱낱의 의미가 누적되어 생기게 됩니다.

요컨대, 신체상은 자기 자신의 상이 통합되고 자기-표상을 이루는데 기초가 됩니다. 그러나 앞서 말씀 드린 대로, 신체상은 사회문화적인 영향력이 결코 작지 아니한 심리 현상이라고 볼 수도 있습니다.

더 넓은 의미의 용어인 '신체적 자기*body self*'에는 신체 감각과 신체 기능 및 신체상 등, 즉 신체에 관한 모든 심리적 경험이 포함되어 있습니다. 신체적 자기란 이것이 바로 '내 몸이다.'라는 개념이 생기게 되는 것으로, 즉 심신일체, 몸과 마음을 하나의 결합체로 인식하는 걸 말합니다. 그 다음 단계인 '심리적 자기*psychological self*'는 상징과 언어를 가지고 자기 자신의 내적 경험을 이해함으로써 형성되어 가는 것으로 이것이 바로 '나'인 것입니다.

프로이트는 자신의 초기 이론을 정립할 때에 자아의 초기 단계가 주로 '신체적 자아*body ego*'로 만들어져 있다고 하였습니다. 이 시기에 그 (1923)는 '자아'란 용어를 여러 가지 의미로 사용했습니다. 때로는 심리적인 구조 혹은 구조화로, 한 편으로는 제가 지금 거론하고 있는 자기*self*의 의미로도 사용했습니다. 여기에서 그가 말하고자 하는 바는 정신분석의 기본 개념 중의 하나로서, 모든 심리 현상은 신체 경험과 연관해서 발달한다는 겁니다(구강기, 항문기 등). 그는 사람의 신체, 그리고 무엇보다도 신체의 표면이 외적, 내적 지각이 일어나기 시작하는 바로 그 지점이며, 여기에서 생겨나서 형성되는 '자아'는 신체 표면에 관한 심리적인 기제라고도 볼 수 있다고 하였지요.

신체상과 이에 대한 관심은 한 인간이 살아가는데 있어서 자기-경험의 핵심을 이루게 됩니다. 병에 걸리거나, 내과적인, 혹은 외과적인 처치를 경험한 경우에, 신체의 성장과 변화는 모두 신체에 관한 다양한 범주의 의식적인, 내지 무의식적인 심리 상태에서 공상과 불안을 야기합니다. 이것은 한 개인의 정신병리에 있어서 주요한 역할을 담당하기도 합니다.

어린 아이의 신체 경험은 아이의 1차적인 생물학적 욕구와 상태를 조절 하려는 일과 밀접하게 연관됩니다. 빠는 행위 및 그와 연관된 감각, 배고픔, 포만감, 각성, 주의집중 및 수면-각성 주기 등과 연관된 행위가 자기-경험 가운데서도 가장 근본적인 경험을 구성하게 되지요. 아이는 자신의 신체에 관한 심리적 인상이 점차 확장되어 감에 따라 자신의 '신체 경계*body boundary*'에 대한 원초적인 감각이 생겨나며, 또 이를 조작하는 능력을 키우게 됩니다. 예를 들면, 눈-손-입의 협동 행위와 같은 것이 되지요.

프로이트는 다양한 신체 경험의 통합을 통해서 신체 경계를 구별할 수 있게 되는 일이 초기 자아가 기능한 결과이며, 자기감*sense of self*의 초기 단계를 나타내는 거라고 간주합니다. 이를 가리켜 신체자아*body ego*라고 이르기도 합니다.

아티아스와 구드윈(1999)에게 있어서는 신체상의 발달이 다음 세 가지의 것들로 구성될 수 있다고 보았습니다.

첫째는 양육자가 신체적 접촉과 정서적 반응을 통해서 아이에게 거울처럼 반영해주는 것. 둘째는 아이가 자신의 행동 및 그 파급 효과를 경험하는 일. 셋째는 아이가 자신의 신체 내부의 감각을 경험하는 일입니다.

언어 발달이 일어나기 이전의 시기에는 갓난아이와 양육자 사이의 감각-운동 상호작용이 아이의 모든 감각에 대하여 아이를 신체적, 심리적으로 안정시키거나 진정시키는 작용을 합니다. 따라서 양육자가 세밀하고 조심스럽게 아이의 상태에 잘 맞추어 주는 일이 아이의 신체적 자기를 형성하는 데 중요합니다. 신체적 자기가 잘 형성되어야 그 이후에 점차로 발달되는 심리적인 자기의 형성에 튼실한 기초나 토대가 될 수 있습니다.

위니코트(1967)는 말하기를 '아이가 엄마의 얼굴을 볼 때 무엇을 보겠는가? 그것은 바로 아이 자신을 보게 되는 것이다.'라고 말하였습니다. 제이콥슨도 '표상'이란 용어를 사용하여 설명하기를, 아이가 자기와 타자의 경계를 형성하기 이전인 원초적인 결합의 상태에 있을 때에는 아이의 정신표상의 수준에서 보면 아이가 타자를 지각하는 일이 아이가 자기를 경험하는 일의 직접적인 구조를 형성해서 마침내 타자가 자기-이미지의 내재화된 부분이 된다고 하였습니다.

스피쯔(1945)는 프로이트가 지적한 바처럼 갓난아이가 단지 불특정한 감각의 경험만을 수용할 수 있는 능력으로서의 '체감(體感) 모드*coenesthetic mode*'라고 명명되는 것을 언급했습니다. 이 모드는 생후 4-5

개월경까지 비교적 두드러져 보입니다. 그 이후의 발달 단계에서 보이는, 우세하게 나타나서 분명히 구분이 되는 감각과는 달리 이 체감 모드는 경계가 불분명하게 퍼져 있어 국한되어 있지 않은 감각입니다. 다시 말하면 자신의 신체의 상태를 느끼게 하는 기초 감각의 총칭이라고 할 수 있겠습니다.

대체로 갓난아이가 반응하는 신호들은 다음과 같습니다 : 평형, 긴장, 자세, 온도, 진동, 피부 및 신체적 접촉, 리듬, 속도, 지속, 음의 고저, 음성, 공명, 땡그렁하는 소리, 그 외에도 어른으로서는 알아차리지 못하는 여러 신호들이지요.

그리나커(1960)는 긴장에서 이완으로, 혹은 이완에서 긴장으로 변화되는 몸의 상태는 아이가 자신의 신체에 관해 희미하게나마 깨닫는 주요한 요인이 된다고 하였습니다. 아이는 생후 6개월경에 이르면 분명히 구분이 되는 시각 능력의 우세한 감각이 발달되고, 생후 6개월에서 생후 1년 사이에는 분명히 구분이 되는 청각 능력이 우세한 감각으로 발달됩니다.

이제 이른바 신체적 자기의 발달 과정에 관해 말씀드리겠습니다. 아이는 자신의 발달 과정과 지적인 정신의 기제를 통해서 신체적 자기의 발달 과정을 겪습니다. 아이는 처음에 상image을 만들고 거기에 단어word를 통해 의미를 부여하고, 또 그 다음에는 '조직화된 패턴'이 생성되면서 그 다음의 단계에 이르러 더 높은 수준의 추상abstraction과 추론inference을 완성시켜 나아갑니다.

크루거(2002)는 신체적 자기의 발달 단계를 도식적으로 나누기도 했지요.

첫째는 생후 초기에 신체에 대한 심리적인 경험을 하는 일. 둘째는 신체표면의 경계를 구분 짓고, 신체내부의 상태를 구별하는 일. 셋째는 자기-깨달음의 기초를 이루는 신체적 자기가 통합되고 구분되어 이루어지는 일의 단계입니다.

　이 세 가지 단계를 좀 더 자세히 볼까요?

　첫 번째 단계는 이미 앞부분에서 말씀드린 대로 신체 내부의 감각을 통해, 특히 이른바 '프로프리오셉션*proprioception*'이라는 생리학적인 전문 용어로 일컬어지는 '자기 수용의 감각'을 통해서 경험하는 자기 감각입니다. 초기에는 촉각이 매우 중요하며(호퍼, 1949, 1950), 앞서 논의한 바와 같이 그 뒤를 이어서 시각과 청각이 주요한 역할을 담당합니다.

　양육자의 손이 아이 신체 표면의 경계를 구분 짓게 하고, 아이의 내적 경험에 관한 양육자의 공감어린 반응이 거울에 비추어주듯이 상호작용을 아이에게 제공해서 아이의 자기 경계를 형성하는데 도움을 주며, 아이의 내적 경험을 확인하고 구분하게 도와줍니다.

　양육자의 공감적인 반응이 결여된 경우는 성인이 되었을 때 자기 확신이 없게 되는 게 물론이겠지요. 그 결과, 지속적으로 외부의 확신을 추구해서 끊임없이 거울에 비추어줄 반응을 찾으며 결여되어 있는 내면적인 자기에게 확신을 줄 수 있는 구체적인 표상을 필요로 하게 됩니다. 이 단계에서 문제가 생기게 되면 '정신신체 증상*psychosomatic symptoms*'이나 여러 가지 형태의 신체 자극이나 자기-손상*self-harm*을 일으키는 성향이 나타나는데, 이것은 마음과 몸을 연결하려는 시도이며 정동*affect*과 긴장을 조절하려는 노력의 일환으로 볼 수 있습니다.

　두 번째 단계는 신체표면의 경계를 구분 짓고 신체 내부의 상태를 구별하는 일입니다. 이 단계의 발달은 생후 수개월에서 시작해서 약 2세경에 이르기까지 지속됩니다. 아이는 새롭게 신체 경계와 자신의 내적 상태를 발견하며, 이것이 신체적 자기로 통합되어 형성됩니다. 신체의 외부 경계가 더 분명해지고 신체 내부 및 외부가 확실하게 구별됩니다. 신체 경계가 분명해지면 무엇이 '내 것'이고 무엇이 '내 것이 아닌지'가 뚜렷이 구분되지요. 아이의 내적 경험은 더 이상의 조각난 부분으로서가 아니라 하나로 통합되지요. 이제 어디까지가 자신의 신체이고 그 밖에서는 다른 세상이 시작된다는 걸 아이는 어렴풋이나마 알게 됩니다. 신체적 자기는 더 굳건해지고, 심리적 자기의 발달이 기약되는 거죠.

세 번째 단계는 자기-깨달음self-awareness의 기초를 이루는, 신체적 자기가 통합되고 구분되는 일이 어느 정도는 이루어지게 되지요. 아이를 잘 관찰해 보면 생후 15개월에서 18개월경이 되면 어느 정도의 조직화된 자기-깨달음이 생겨나는 걸 볼 수 있습니다.

아이는 거울을 보면서 거울 속에서 자기를 발견하게 되고, '아니야no'라고 말하기 시작합니다. 아이가 '아니야'라고 이야기하는 이유는 이제 자신이 엄마의 신체나 욕망의 연장선상에 있지 않고 아이 자신의 신체와 욕망이 다르다는 걸 깨닫기 시작하는 데 있습니다. 내적인 신체와 신체표면의 상이 경험적으로, 또한 개념적으로 통합되어서 신체적-자기(신체상과 자기-개념)가 통합되면, 그것이 자기감the sense of self 형성의 기반을 이룹니다. 즉, 이제 '나'라는 걸 알게 되는 거지요. 이는 심리적인 자기에 관한 내적 감각을 형성하는 데 있어서도 일정한 기초가 됩니다. 이러한 신체적인, 또한 심리적인 자기의 통합은 시간time과 공간space 및 상태state를 넘어서는 내적인 통일성과 지속성을 아이에게 제공합니다. 결국 어떤 때, 어떤 장소, 어떤 상태에 있든지 간에, 아이는 '나는 나다.'라는 걸 알게 되는 거지요.

인지 발달 과정에서 '구체적인 조작concrete operation'이 시작되는 약 6세경에 아이는 자기 자신과 대상을 명확히 구분하게 되고, 더 분명하게 구별되는 정확한 신체상이 드디어 추상적으로 통합되게 이룹니다.

초기 신체상의 형성은 성 정체성의 발달에도 중요한 역할을 합니다. 아이는 구강기, 항문기, 요도기, 그리고 생식기의 감각적인 활동을 통해서 신체상의 형성 기회를 갖게 됩니다. 이를테면 먹는 것, 기저귀 갈 때의 감각, 목욕이나 놀이를 통한 감각 등이 이에 해당됩니다. 엄마나 1차 양육자와의 유대관계에서 일어나는 친밀하고도 정서적인 상호작용으로부터 생겨나는 활동과 그 활동들의 통합을 거쳐서 아이의 신체상은 형성됩니다. 점차 형성되어가는 신체상에 기초하는 초기적인 '자기감 *sense of self*'은 성 정체성의 핵심적인 기저로 작용하지요.

생후 7 내지 9개월경에 이른 아이의 행동을 보면 자기 신체에 관한 인식이 더욱 더 확장되어 있음을 알 수 있습니다. 아이는 자신의 발가락을 인식하기 시작하고 자신의 손가락을 발견하게 되지요. 이 시기 이전에, 아이의 욕구나 흥분과 연관되어 일어난 신체부분의 조각난 이미지에 의해 형성되었던 고유한 생리적인 감각으로부터 발전해서 이제는 그런 스트레스와 무관한 자유로운 상태에서 자신을 경험하게 됩니다.

이러한 유의 경험이 축적되어 조악한 대로나마 지속적으로 하나의 통합된 신체 스키마*schema*를 갖게 되기에 이릅니다. 생후 15 내지 18개월경이 되면 이른바 자기감이 서서히 드러나기 시작하면서, 자신이 남자의 성기를 지닌 남자인지, 혹은 여자의 성기를 가진 여자인지에 관한 판단과 분별이 명백하게 생겨납니다(클리만 1965, 1966, 1971, 스톨러 1976, 로페와 갈렌슨 1981).

한편 2 내지 3세의 사이에 이른 아이는 좀 더 분명하게 자신의 성 *gender*을 인지하게 되죠. 남자 아이는 남자다운 특징을, 여자아이는 여자다운 특징을 보여주지요. 이 시기를 거치면서 형성된 성 정체성의 정립이 평생토록 변치 않고 지속됩니다. 이런 초기 신체상은 오이디푸스 시기에서 더 굳건해지고 사춘기에 이르러서는 새로운 신체적 변화를 겪으면서 다시 수정되기에 이릅니다.

2세경의 남자아이는 자신의 신체 기능에 관해 전에 비해 더 많은 조절력이 생기면서 자부심을 경험하게 되지요. 소변을 스스로 가릴 수 있게 되면서 이 자부심은 고조되기에 이릅니다. 이러한 요도기의 흥미와 연관되어서 성기의 자극이 일어나게 되고 남자아이에게서는 남녀의 해부학적 성차(性差)를 인식하면서 종종 거세에 관한 두려움이 따라옵니다.

그러면, 이제 초기 유아기 생식기 단계early infantile genital phase, 혹은 남근기-나르시시즘적인 단계phallic-narcissistic phase의 시기에 관해 말씀드리겠습니다.

이 시기에 남자아이는 자기애적으로 가치가 있고, 완전한 자기 신체상을 확고히 마련하고 남성의 성 역할에 관해서도 분명하게 파악하는 단계에 이릅니다. 이런 단계에 제대로 도달하지 못하면 거세불안castration anxiety이 다음과 같은 형태로 나타날 수 있습니다 : 남근 과시, 관음증, 여자를 깔보려는 태도, 마초 같이 남성성을 과장된 형태로 이상화시키는 일이지요. 이는 남성의 신체에 대해서도 부적절한 자기애적인 과잉 반응을 보이기도 합니다. 왜일까요? 남성의 신체를 지속적으로 불완전하게 느낀다는 점의 한 반영이기도 하며, 대상관계에 장애가 있다는 한 징후이기도 합니다.

여자아이의 경우는 초경menarche이 시작되면 '질vagina'을 더 뚜렷이 인식하려는 경향이 있습니다. 초경이 시작되면서 '질'에 대한 감각이 더욱더 의식화됨으로써 여성적인 신체에 관한 자기상으로 통합되는 거지요. 어떤 여성의 경우에는 그 이전 시기에 충분히 '질'에 대한 감각을 잘 인지해서 이미 초경 전에 충분한 여성적인 신체 표상을 발달시키기도 합니다.

그러나 대부분의 여성에서는 생리 기능과 연관해서 '질'에 대한 인식이 더 분명해지게 되면서 신체상에 관한 통합으로 귀결합니다. '여성성'이라는 자기 존재의 구체적인 확인으로서의 초경은 남근 선망, 박탈감, 자기애적인 손상의 느낌을 불러일으키기도 하며 자기 자신에 관해 받아들일 수 있는 신체상이 모호하게 되는, 다소 부정적인 결과를 빚기도 합니다.

발달 단계 중의 '청소년 전기preadolescence'에 있어서 가장 중요하게 수

행해야 할 과제는 '성 정체성gender-identity'을 완성해야 하는 일인 거죠. 소위 '신체적인 자기상body-self image'을 수정하고 동성의 부모와 동일시하거나, 혹은 동일시하지 않는 경우, 그리고 '자아 이상ego ideal'의 수정 등의 일이 여기에 포함되지요.

일관되고 통합된 신체적 자기와 심리적인 자기에 있어서 표상이 없는 사람은 자신의 신체가 경험하는 걸 통해서 느끼고, 정동을 조절하면서, 자기-표상의 감각을 유발해 보려고 시도합니다. 이런 사람의 자기-표상은 자기에 대한 상징적인 표상을 통해서 형성해 있다기보다는 신체를 통한 자기-경험을 거쳐서 자기-표상을 유발하게 됩니다. 즉, 신체적 감각과 느낌을 서로 구분하는 탈신체화desomatization의 발달 과정을 충분히 이루지 못했기에 일어나는 현상입니다. 이 현상은 마음mind과 몸body을 각각 충분히 구별하거나 분리하거나 할 수 있도록, 그 이전의 발달 단계에서 이 두 가지를 충분히 통합시키지 못한 결과에서 비롯된 것입니다. 따라서 정서적인 어려움에 부딪히면, 자기 표상이 없는 사람들은 초기의 기본적인 구조인 신체적인 자기의 상태로 늘 향하게 되는 거지요. 이러한 경우의 한 예를 지적하자면, 자해하는 환자의 경우를 우선 떠올릴 수가 있겠습니다.

그럼, 이렇게 형성된 신체상이 분석적인 치료 방법에 의해서 과연 얼마나 변할 수 있을지를 가늠해보는 한 가지 방법으로 뇌의 발달에 관해 잠시 살펴보겠습니다.

아이가 만 3세가 되면, 뇌는 성인 크기의 90%, 신체는 성인 크기의 15%가 되고 뇌의 대부분에서는 구조화가 일어난다고 합니다. 뇌의 어떤 부위가 일단 구조화organized되면 그 부위가 환경, 즉 경험에 덜 민감하게 됩니다. 다시 말하면 유연성plasticity이 부족해지는 걸 의미합니다.

그러나 대뇌 피질cortex의 유연성은 전 생애에 걸쳐서 현저하게 지속되고 있다고 합니다(페리, 1999). 예를 들면 새로운 이름을 외우는 일은 다소

간의 노력을 통해 가능하겠지만 새로운 '운동 기억*motor memory*'으로 운동 기술을 익히는 일이나 피아노를 치는 일을 잘하게 만드는 것은 훨씬 더 어렵습니다. 또한 새로운 '상태 기억*state memory*'을 만들기 위해서는 뇌간*brain stem*을 변경해야 하는데, 이것은 매우 어렵습니다.

지속적이고 반복적인 스트레스나 알람 같은 경고 신호가 있다면, 새로운 상태 기억을 만들기 쉽겠지요. 유아기에 일단 뇌가 구조화된 뒤에도 경험에 반응해서 뇌가 변화할 가능성이 있지만, 뇌의 모든 부분이 똑같이 변화가 가능한 것은 아니라고 보아야 하겠지요.

이런 이유로 인해 치료적인 변화가 일어나려면 지속적이고 반복적인 경험을 치료과정 중에 경험하는 일이 필요하고, 이는 변화가 일어나기 위해서 어째서 지난한 과정인 훈습*working through*이 필요한지에 관한 신경과학적인 설명이 될 수 있다고, 저는 생각합니다. 하지만 기능의 이상이 중뇌*midbrain*나 뇌간*brain stem*에서 일어난 경우는 대뇌 피질에서 일어난 경우보다 변화되기가 상대적으로 더 어려우리라는 추측을 할 수 있습니다.

3세 이후에는 경험에 의존하여 조절 시스템*regulatory system*을 통해 수정할 수 있는 가능성은, 언어 발달과 같은 대뇌 피질이 연관된 기능을 경험적으로 수정할 수 있는 가능성보다 적다고 생각합니다.

그리나커(1953)가 언급했듯이, 발달 단계의 초기에 트라우마를 경험하거나 신체적인 손상을 경험하게 되면 이것이 아이의 신체상의 안정성에 결정적으로 나쁜 영향을 끼친다는 사실을 잘 알 수가 있습니다.

이제 신체상과 신체적 자기의 발달 과정에서 장애에 관해서 조금 더 상세하게 살펴보겠습니다.

신체가 심리적 경험 안으로 자연스럽게 통합되지 못하면, 신체는 계속 인간 경험의 가장 민감한 최전선의 부분으로 남아서 다음과 같이 악화된 상황을 초래할 수가 있습니다. 첫째로는 금욕주의나 소외(굶는 것, 자기

상해)를 통해서 신체에 관한 관심을 심화시킵니다. 둘째로는 신체가 행위적 증상, 말하자면 충동적인 행동을 하거나 약물에 중독되거나 하는 경우의 도구가 될 수 있습니다. 셋째로는 신체에 대해서 자기애적인 과잉 반응을 보이거나 신체를 지나친 반추의 대상으로 삼게 되기도 하지요. 넷째로는 통증, 신체적 질병, 노화를 통해서 신체가 계속 주목할 거리로 남게 되고, 또한 몸무게의 문제로 인해 신체를 계속해서 자기 관심의 대상으로 만들게 됩니다.

프로이트(1923)가 강조했듯이 통증을 지각하는 일이 정상적인 신체상의 발달에 중요한 요인으로 자리하게 됩니다. 그런데 부모가 가진 문제로 인해서 지나치게 아이의 응석을 받아주게 되면 거식증의 유발 가능성이 있는 아이로 자라날 수도 있습니다. 왜냐하면 이런 아이의 자아가 충동 만족을 지연시킬 수 있을 만큼의 충분한 능력을 발달시키지 못하기 때문입니다.

호퍼(1950)도 지적하기를, 부모가 구강기의 갈등을 심하게 가지고 있으면 자기 자신self을 자기 외의 다른 대상nonself으로부터 구분하기 위한 능력을 발달시키는 데 중요한 신체 부위인 입mouth과 손hand을 중요하게 사용하는 충분한 기회를 아이가 방해받을 수 있다고 하였습니다.

제이콥슨(1954)은 어머니나 아버지, 혹은 두 부모 모두가 엄격한 초자아를 가진 경우에도 아이가 정상적으로 보이는 자체애(自體愛), 즉 자기 몸을 통해 성적 흥분을 일으키려고 하는 유희적인 자기 신체의 탐구를 통해 초기의 자기-표상과 대상-표상을 형성하는 일이 제한을 받거나 왜곡된다고 지적했습니다.

안정적이고 통합적인 신체상을 형성하는 초기 발달의 과정에서 일어나는 문제는 1차 양육자와의 비적응적인 상호작용의 결과로 말미암아 일어날 수도 있습니다. 이런 입장에서 크루거(2002)는 다음과 같은 세 가지의 관점에서 이 문제에 관해 논의하고 있습니다.

첫째는 지나친 개입과 지나친 자극을 주는 경우입니다.

이런 경우에, 부모는 갓난아이 때부터 심리적으로 아이와 융합된 상태로 계속 남아 있으려고 합니다. 이런 부모는 아이에게 통제적, 과보호적인 관계로 얽히는 특정의 행동 양상을 보이고 그러한 자신의 요구에 아이가 순순히 순응하기를 바랍니다. 이런 행동이 극단적으로 기울어지게 되면 아이의 신체상은 종종 다음과 같은 특징을 보이게 됩니다 : 신체상이 뚜렷하지 않고 희미하거나, 왜소하거나, 사춘기 이전의 상태로 남거나, 무성적asexual인 상태로 남거나, 미분화되거나, 부모의 이미지와 혼재된 상태로 있게 됩니다. 이런 경우에 생겨나는 증례로는 거식증anorexia nervosa을 들 수 있습니다.

두 번째로는 공감이 결여된 경우입니다.

부모가 아이의 내적 경험에 잘 조응하거나 공감해주지 못하면 다음과 같은 현상이 아이에게 일어납니다. 아이는 자신의 경험에 대한 자기-확신을 자연스럽게 이룩하지 못합니다. 신체 경계는 애무나 접촉, 그리고 품어주는 것이 일관되고 정확하게 일어날 때 생기는데, 이 과정에서 문제가 생기면 아이는 신뢰할 수 있는 자신의 신체 경계를 만들지 못하거나, 자신의 신체 감각을 깨닫는 일에서 자신감을 읽게 되거나 합니다. 따라서 이는 신체적인 자기 인식이 불완전한 형태로 나타나게 되면서 말이죠, 자신에 대한 신체상이 왜곡되기가 쉽습니다. 증례로는 폭식증 bulimic, 경계성borderline, 혹은 만성적으로 우울한 사람이 되기 쉽습니다.

세 번째로는 일관성이 없고 선택적으로 반응하는 경우입니다.

예를 들자면 말예요, 양육자가 아이의 정서적인, 혹은 운동 감각성 kinesthetic의 자극은 무시하고 아이의 신체적 욕구나 신체적 통증에만 선택적으로 반응하는 경우가 있는데 이런 경우에 아이는 부모의 관심과 애정을 얻기 위해서 통증이나 병을 통해서 경험을 지각하고 구조화하는 반응 패턴을 만들게 됩니다. 이런 경우는 신체적인 자기와 연관된 정동의 조절이 결코 탈신체화*desomatized*에 이르지 못하게 됩니다. 통증과 불쾌감을 통해서 신체적인 자기와 심리적인 자기를 경험하는 패턴은 아이의 성격으로 굳어지고 대상과의 상호작용의 특징이 되며, 그 결과에 있어서 '정신신체적인 표현*psychosomatic expression*'을 추구하려는 성향으로 발전하게 되지요.

이와 같은 세 가지 경우로 부모와 상호작용한 경우에는 아이의 발달에 장애를 초래합니다. 이는 아이의 자신에 대한 감각에도 영향을 줍니다. 결국 일관되거나 통합된 과정을 거쳐 잘 구조화된 신체상을 형성하지 못합니다. 이런 아이는 신체경계의 발달에도 문제가 생겨서 신체경계가 미약하거나 심하게는 신체 경계를 거의 갖지 못하는 경우도 있을 수 있습니다. 이렇게 되면 신체 자기/신체상에서 내적으로 유발되어서 생기는 상이 결여되거나, 혹은 통합적이고 긍정적이며 심리적인 자기 형성이 결여되는 결과에 이릅니다. 이런 사람은 자기 확신이 없이 항상 외부의 피드백이나 외부에서 확신을 찾을 수 있는 구체적인 대상물에 의존하게 됩니다. 예를 들면, 자신의 외모와 행동에 대해 다른 사람의 반응이나 '거울'과 같은 외부 대상에 의존하는 경우가 있겠습니다.

마지막으로 하고 싶은 말이 있습니다. 신체상의 왜곡을 다소 극단적으로 보이는 거식증에 관해 간단히 언급하면서, 제 발표는 이 정도로 끝을 맺으려고 합니다.

윌슨(1983)은 식욕부진*anorexia*이란 용어보다 '뚱뚱해지는 것에 관한 두려움*the fear of being fat*'이라는 용어를 쓰는 게 적절하다고 주장하면서 거식증*anorexia nervosa* 환자를 결국 '지방 공포*fat phobia*' 환자로 부르는 것이 타당하다는 의견을 제시했습니다. 그에 의하면 이런 환자는 무의식적인 신체상의 갈등이 의식에서 표현되어 나타나는 것으로 볼 수 있다고 하였습니다.

거식증에서는 엄마의 유방 표면, 그리고 더 나아가서는 엄마의 형상이 아이의 신체상으로 투사되어 무의식적인 갈등이 있는 것으로 볼 수 있습니다. 뚱뚱해지는 것에 관한 두려움은 결국 아이가 엄마의 유방, 엄마, 그리고 나중에는 다른 대상이 자신을 '가학적으로 집어삼킬 거라는 *sadistic incorporation*' 공포에서 연유한다고 볼 수 있다고 했습니다.

현대 사회에서 여성 주변의 평균적인 환경에서 이런 뚱뚱해지는 것에 관한 두려움이 당연하고도 정상적인 가치 기준으로 자리를 잡고 있기 때문에, 비만에 대한 공포가 여성들에게 신체상의 갈등을 더 강화시키는 요인으로 작용할 수 있다고 말할 수가 있습니다.

3. 정신분석의 관점에서 이해한 청소년 폭력

정신분석의 관점에서 청소년 폭력을 이해한 발표를 본격적으로 시작하기 전에 하나의 사례를 먼저 거론해 보겠습니다. 다음은 문화일보(2005년 9월 13일)에서 발췌한 기사문입니다.

학교폭력에 시달리던 고등학생들이 자신을 때린 학생을 혼내주려다 죽음에 이르게 한 것으로 드러났다. (…) 경찰에 따르면 정군은 지난 7월 중순 숨진 한군 등 중학교 동창 4명이 동네 PC방에서 자신을 '설친다'는 이유로 때린 것에 대해 앙심을 품어왔다. 정군은 이후 중학교 동창인 김군과 함께 지난 7일 새벽 1시쯤 광진구 구의동의 한 주유소 앞에서 친구들과 함께 PC방에서 놀다 집으로 돌아가던 한군을 만나 흉기로 위협했다. 겁에 질린 한군은 900m정도 도망치다 천호대로변에서 김군이 휘두른 흉기에 복부와 허벅지를 찔려 과다 출혈로 숨졌다. 경찰조사 결과 숨진 한군과 용의자 김군과 정군 등도 학교에서 큰 문제를 일으키지 않는 평범한 학생이었던 것으로 드러났다.

우리는 갖가지의 매체를 통해 다양한 종류의 무시무시한 폭력 사건을 무시로 접하곤 합니다. 지구상의 어느 곳에선가는 항상 시도 때도 없이 전쟁(혹은 내전)은 물론 약탈, 강간, 테러 등의 사건이 벌어지고 있구요. 폭력은 우리 생활 속에 깊숙이 파고들어와 있습니다.

폭력의 간접적인 양태는 생활 주변에 늘 존재하고 있지요. 신문, 뉴스, 비디오테이프, 영화는 말할 것도 없고 사이버 공간을 통해 때리고 부수고하는 전자 게임으로 대리 만족하는 숱한 사람들이 있지요. 이렇게 다양하게 생활 깊숙이 침투해 있는 폭력에 관해 우리는 다소 무심하거나 무감각해져 있는 자신을 발견하면서 한편 놀라기도 하지요.

청소년 자녀를 둔 부모의 위치에 있는 사람의 경우는 가슴이 철렁하며 과연 자신의 자녀가 이러한 유형의 위험이나 곤경으로부터 안전한가 하는 생각을 하게 되겠지요. 정신분석에서 공격성에 관한 논문이 많이 있지만 아직도 폭력에 대한 이론의 모형, 혹은 실용적인 접근의 성격을 띠고 있는 논문은 극히 드물다는 게 또한 현재의 실정이기도 합니다.

청소년 폭력에 관한 정신의학과 사회심리학의 조사 등이 여러 갈래로 행해졌지만 폭력에 길들여진 청소년의 심층 심리에 관한 충분한 이해가 이루어졌다고 보기는 어렵습니다. 그 이유를 여러 관점에서 찾을 수 있겠지만, 그 중의 한 가지는 폭력적인 청소년을 정신분석의 관점에서 충분히 살펴보거나 접근해보기가 어렵다는 데 있는 게 아닐까 합니다.

정신분석가의 강력한 도구는 정신분석의 치료 상황에서 사람의 심리를 관찰하고 연구하여 인간 심리에 관한 깊은 성찰과 이해에 도달함으로써 그 빛을 발하게 되지요.

그런데 청소년 폭력의 문제를 가진 환자가 정신분석의 치료 상황으로 들어오는 경우는 극히 드물지요. 굳이 청소년 폭력의 문제를 가진 환자뿐 아니라 정신분석가는 폭력 행동의 문제점을 가진 성인 환자를 정신분석의 치료 상황인 면담실 안에서 만나게 되는 경우도 극히 제한적이며, 더군다나 그 폭력 행동을 면담실 내에서 관찰하는 기회는 거의 없다고 보아야 할 것입니다. 분석가가 주로 접하는 건, 이를테면 폭력에 대한 생각이나 공상이지요. 따라서 지금까지 폭력에 관한 정신분석의 이해 혹은 이에 대한 탐구 및 접근은 그다지 활발하게 이루어지지도 않았고 진전되지도 않았다고 볼 수 있습니다.

하지만 점차로 분석가들은 공격성과 폭력의 상동성이나 상관관계에 관심을 보이기 시작했고, 몇몇의 분석가는 살인을 저지른 청소년을 감옥에 수감되어 있는 상태에서 정신치료를 시도함으로써 그들의 심리 상태 및 그 변화에 대한 결과를 보고한 바 있습니다. 또한 약 15년의 연구 프로젝트로 비행 청소년을 대상으로 정신분석의 관점을 토대로 한 정신치료 프로그램에서 그들의 변화를 관찰하고 분석한 결과를 밝힌 다소 의미 있는 보고서도 있지요.

성격 문제를 가진 폭력 청소년과 정신분석 개념을 토대로 한 치료 작업을 통해 밝혀진 결과물은 사회에서 청소년의 적절한 발달을 증진시키는 프로그램을 만드는 데 실제적으로 적지 않은 도움이 될 터입니다. 정신분석 이론이 전통적으로 면담실 안에서만 적용되는 걸 의미하는 건 아니며, 따라서 사회에서 일어나는 현상에 관한 사회정책을 입안하거나 수립하는 데 유용하게 사용될 수 있으리라고 여겨집니다.

저는 이 강의를 통해 청소년기의 특징에 관해 간단히 언급하고 청소년의 경우에 한하여 그들의 충동 및 본능적 욕구, 대상관계, 자아의 힘, 방어 등의 측면을 모두 고려하면서 폭력행동의 문제가 지닌 의미를 정신분석의 이론 내에서 찾아보려고 합니다.

청소년은 신체는 어른에 가깝지만 정신은 아직 '미숙한 자기' 및 그 욕망과 공포로부터 자유로울 수가 없지요. 바로 이런 특징이 이들의 삶에 항상 긴장을 야기하는 요인이 된다고 볼 수 있습니다.

아나스타소포우로스(1999)는 청소년기를 정신적인 단절과 혼란이 교대로 일어나는 시기이며, 이는 청소년이 감당할 수 있는 한도 이상의 적응력을 요구한다, 라고 말하기도 했습니다. 분리-개별화의 과정에서 공격성이 담당하는 정상적인 역할에 주목하는 분석가도 있는데, 이들의 견해에 의하면 분리가 일어나기 위해서는 다른 사람을 밀쳐내고 화를 내며 떠나는 일이 필요하다고 하였습니다(파렌스, 1987). 청소년기는 부모로부터의 분리, 이를테면 '제2차 개별화'가 일어나는 시기입니다. 이와 같은 분리 현상으로 말미암아 청소년이 자신의 마음에 생긴 한켠의 공백을 동료 집단과의 결속을 통해 채우려고 하는 일은 흔히 일어나지요.

청소년기에서 흔히 볼 수 있는 특징으로는 정체성의 장애, 혼란, 충동적 행동, 격렬한 감정을 다스리지 못하고 행동화 하는 일, 주관적으로 시간에 대한 개념이 팽창되거나 수축되는 현상, 강렬한 정신 신체 현상을 보이는 일 등을 실례로 들 수 있습니다. 이 모든 현상은 외상후 스트레스 장애에서 보이는 양상과 비슷하다고 보는 견해도 있습니다(아나스타소포우로스, 1999). 이 견해를 지지하는 분석가는 청소년 시기가 정신적 외상에 취약하기 때문에 청소년기 자체가 가지는 특징을 다음과 같이 열거하기도 합니다.

청소년 시기는 성적 본능과 공격적 본능이 증대되고, 정신-감정 발달에서 그 이전 단계로 퇴행하는 시기이며, 그 이전에 해결되지 않았던 갈등이 재연되는 시기이고, 나르시시즘과 전능함에 관한 공상이 증대되고, 자기self와 신체상의 경계가 유동적이고 정체성을 확보하려는 시기이며, 유년기 자기의 상실 및 부모상에 의존하던 상태에서 결별하면서 애도반응의 시기를 거치게 된다고 합니다.

지금까지 열거한 청소년기의 특징을 다룬 영화가 적지 않지요. 우리나라 영화 가운데서는 〈말죽거리 잔혹사〉를 손꼽을 수 있습니다. 2003년에 개봉된 유하 감독의 영화 〈말죽거리 잔혹사〉는 소위 '웰 메이드'급 영화라는 평판과 함께 예상보다 훨씬 많은 관객을 동원했습니다. 유하

감독이 시인인 만큼 관객들의 감성에 호소한 측면도 부인할 수 없겠지요. 동아일보(2004년 1월 28일)를 통해 인터뷰한 내용을 살펴보면, 그는 학교의 현실을 고발하기 위해 만든 게 아니라 궁극적으로 '상실감'에 대한 영화적인 견해의 표명이라는 사실을 밝힌 바 있습니다. 이는 정신분석의 입장에서 볼 때 청소년기의 특징을 한마디로 잘 파악했다고 생각되는 말입니다.

청소년기에 일어난 사건이 정신적 외상을 초래하는 경우로는 다음과 같은 상황을 들 수 있습니다. 신체의 결함이나 신체적 차이가 있는 경우, 갑작스럽고 중대한 상실을 경험하는 경우, 동료집단에서의 거절 혹은 따돌림을 당하거나 동료집단에 원만하게 편입되지 못하는 경우, 사회적인 격리의 경험, 버림받는 경험, 환멸의 결과로 느끼는 수치심, 혹은 성에 대한 모욕적인 경험(유혹, 강간, 근친상간) 등이 있지요.

청소년 개인의 정신구조의 안정성 여부와 과거 경험에 따라 구체적인 사건이 어떻게 정신적인 외상으로 작용하는가에 차이가 있게 마련입니다. 정신적인 외상에 대한 흔한 반응으로는 행동화, 비행, 정체성 장애, 건강염려증과 정신신체증상, 우울 등을 들 수 있습니다.

흔히 공격성이라는 용어는 자기주장을 의미하는 것에서부터 파괴적 행동이라는 구체적인 지점에 이르기까지의 여러 가지 행동, 또는 행동적인 성향을 지칭할 때 쓰여 지고 있는 개념입니다. 따라서 샌들러는 용어상의 혼선을 막기 위해서 불쾌나 고통을 피하기 위해 자아기능으로서 움직여지는 공격성과 본능적 충동으로서의 공격성을 구분하자고 제안했습니다.

그런데 사람은 과연 선하게 태어나는가 아니면 악하게 태어나는가 하는 쟁점은 동양에서도 오래전부터 논의되었고 논란이 되어온 문제였지요.

맹자가 주창한 성선설(性善說)에 의하면 사람의 본성은 선(善)이라고 하였습니다. 이후 유교는 성선설을 도덕실천의 근거로 삼아 계승하고 발전시켰습니다. 이에 반해 순자는 사람의 본성은 악이라고 생각하는 성악설(性惡說)을 주장하였습니다. 성악설은 사람이 태어나면서부터 가지고 있는 감성적인 욕망에 주목하고 그것을 방임해 두면 사회적 혼란이 일어나기 때문에 악이라고 하였습니다. 따라서 외부의 가르침이나 예의에 의해 후천적으로 교양을 축적하고 인품을 도야해야 한다고 하였습니다.

프로이트는 1920년에 공격성을 본능적 충동으로 간주했는데 그 이후에 이에 대해 여러 논쟁의 여지를 남겨놓았습니다.

공격성에 대한 이론은 충동이론에서부터 자아심리학, 대상관계이론 등의 견지에서 폭넓게 설명되어 왔습니다. 페렐버그(1999)는 공격성에 관해 우리가 논의할 때 흔히 제기하는 의문이나 가설을 다음과 같이 열거하고 있습니다. 공격성이 자발적으로 생기는 충동의 소산인가 아니면 불안감이나 나르시스즘적인 손상에 대한 반응의 결과로 일어나는 것인가? 공격성이 죽음의 본능과 관련된 개념을 포함하고 있는가? 분리-개별화 과정에서 공격성의 중요성은 어느 정도인가? 공격성이 환경으로부터 영향을 받을 수 있는 가능성은 어느 정도인가? 최근에 제기되기 시작한 공격성과 폭력과의 상관성은 어떻게 수용되는가? 새롭게 조명되는 아버지의 역할의 중요성은 과연 어느 정도라고 여겨지는가?

프로이트는 20여년에 걸쳐 공격적인 충동에 대한 이론을 발전시켰습니다. 그는 1905년부터 향후 10년간은 공격적 충동이 성적 지배력을 위한 충동의 파생물이라고 주장하였습니다. 그는 「본능과 그 파생물」(1915)이라는 논문에서 증오의 원형이 성적인 생활에 의해 드러나는 게 아니고 자아가 자신을 유지하기 위해 노력하는 일련의 과정 중에 생겨난다고 보는 이른바 '자기-보전 충동'의 이론을 제안하였습니다.

1920년에 와서야 그는 「쾌락원칙을 넘어서」라는 논문에서 처음으로 '자동적인 공격 충동'의 개념을 거론하였습니다. 이 개념에 따르면, 이 충동은 태어나면서부터 존재하고, 에로스(계속해서 결합을 추구하는 속성을 가집)와는 반대로 지속적인 해체를 시도한다고 합니다. 구조 모델(1923, 1926, 프로이트)의 발달로 자아, 본능적 충동(이드), 초자아의 구분이 이루어진 뒤에야 비로소 자아가 자신의 고유한 충동을 가지는 게 아니라 이 충동이 이드로부터 유래되는 걸로 생각했습니다. 따라서 공격성도 이제 마음의 상이한 부분이 각각 서로 관계하는 과정에서 일어나는 특징이라고 보는 관점이 생겨나기에 이릅니다.

프로이트의 딸인 안나 프로이트(1949, 1972)는 좌절 이론이라는 용어로 표현하면서 공격성을 설명하였습니다. 이는 아이의 본능적 소망이 충족되지 않을 때, 혹은 환경에 의해 방해 받을 때 오는 반응으로서의 공격성을 말하며, 자아 기능의 일부로 보는 경향이라고 하겠습니다. 아버지 프로이트는 그의 사후에 발간된 「정신분석의 개요」(1940)라는 논문에서 두 가지 기본적인 충동으로서 에로스와 파괴 충동의 대응 혹은 상응 관계로부터 논의의 실마리를 찾았습니다. 이 입장이 그가 본능적인 충동에 관해 취한 마지막 입장입니다.

프로이트 이후의 분석가들 사이에서는 공격성을 충동으로 보는 경우와 그렇지 않은 경우로 나누어집니다. 공격성을 충동으로 보는 분석가로는 클라인(1957), 아브라함(1924), 솔니트(1972), 컨버그(1984), 쉔골드(1991, 1993) 등이 있으며, 반면에 공격성이 환경에 대한 반응으로 생긴다고 보는 분석가로는 페렌찌(1933), 가디너(1977) 등이 있습니다. 물론 이들 모두 박탈, 정신적 외상, 학대의 결과로 공격성이 발생한다는 사실에는 동의를 표하고 있습니다. 그 외에 조금 다른 견해로는 공격성을 '심리적 자기psychological self'가 위협을 받으면 이를 방어하려고 생긴다고 보는 경우(포나기 1993, 파렌스 1973, 1979)도 있으며, 공감의 실패와 공격성이 서로 연관성을 맺고 있다고 보는(코헛 1967, 1971) 경우도 있습니다.

이 모두가 공격성이 반응으로서 생길 수 있다는 입장에 서 있다는 점에서 서로 비슷하다고 볼 수 있습니다. 예컨대, 매 맞는 아이가 있다고 가정해보면, 이 아이에게는 강한 공격성이 작동하겠지만, 정작 자신을 때리는 사람에 대해 직접적으로 공격성을 향하는 것이 두렵기 때문에, 그 공격성은 다른 대상을 향해 이행되면서 표출될 것입니다.

대규모로 행해지는 폭력은 경우에 따라선 어떤 목적을 달성하기 위해 불가피한 방법이라는 식으로 합리화되곤 하는 일이 상례입니다. 현재도 세계 각지에서 일어나는 테러, 국지적 전쟁에서 우리는 그러한 합리화의 예를 비일비재하게 봅니다. 청소년 폭력집단은 흔히 자신들의 폭력을 그럴싸한 자기합리화로 포장하곤 합니다. 요컨대, 폭력은 합리화로 포장되어 폭넓게 논리의 정당성을 얻게 되면, 이에 관한 평가도 사뭇 달라지게 마련입니다.

앞서 언급한 바와 같이 프로이트는 폭력과 공격성이 경쟁적인 생물학적인 힘에 의해 생기는 논리적인 결과에 기인한다고 믿었습니다. 즉, 후세에 적합한 자손을 낳기 위해 싸울 수밖에 없다는 거지요. 하지만 프로이트는 제1차 세계대전 뒤, 그리고 사랑하는 딸(소피)의 죽음을 겪은 뒤에, 폭력과 공격성에 관한 개념을 재조정했습니다. 이때 그는 인간에 관해 훨씬 더 비관적으로 보게 되었습니다. 사람에게는 '1차적인 파괴 충동'이 있다고 보았지요.

대부분의 분석가들은 이 개념을 무시했지만, 클라인은 이 개념을 더 섬세하게 설명하면서 발전시켜 나아갔습니다. 클라인은 '1차적 죽음 본능'과 증오, 파괴, 시기envy에서 작동하는 심리 기제를 자세히 설명했습니다. 클라인의 증오와 파괴에 대한 연구가 현재에까지 소위 인간이 저지르는 비인간적 행동을 이해하는 데 많은 도움을 주었다고 보고 있습니다(시걸, 1988).

클라인(1927, 1935, 1945)은 여러 가지 심리적인 현상을 파괴동기로 설명할 수 있다고 하면서 우리가 파괴충동을 다루는 방편으로 투사, 분열, 투사적 동일시 등의 기제를 사용하여 자기와 '좋은 대상good object'

이 경험하는 것에서 나쁜 것을 방출한다고 주장하였습니다. 다음과 같은 마음 상태가 바로 적당한 예가 되는 것이지요,

내가 그를 증오하는 것이 아니라 그가 나를 증오한다. 내가 한 사람에 대해 증오하고 사랑하는 것이 아니라 서로 다른 두 사람에 대해 한 사람은 선하고 좋은 사람이라서 내가 사랑하고 다른 한사람은 나쁜 사람이기 때문에 증오하는 것이다.

다음은 다른 분석가의 경우를 살펴보겠습니다.

쉔골드(1999)는 폭력이 공격적인 충동에 대한 조절 능력을 상실함에 따라 초래되는 행동이라고 보았습니다. 그가 말한 폭력성의 견해는 여기에서는 소략한 정도로 지적하면서 그냥 넘어가겠습니다.

글래서(1979, 1985)는 폭력이란 다른 사람에게 신체적 해를 의도적으로 가하는 일이다, 라고 정의하였습니다. 비행 청소년의 특징적인 양상은 문헌 고찰에 의하면 다음과 같은 여러 양상으로 정리되는데, 이는 폭력 청소년에게도 해당된다고 생각합니다. 이들은, 좌절을 견디는 능력이 낮은 특징이 있고, 지나친 나르시시즘을 보이며, 불안과 죄책감의 표현이 경미합니다. 언어적인 상징화를 사용하기보다는 행동을 강조하는 양상을 보이며, 즉각적인 만족을 추구하는 충동성이 큰 것을 볼 수 있겠습니다. 또한 문자 그대로의 편협하게 생각하는 '구체적 사고concrete thinking'를 유지하는 양상이 있고, 장기적인 계획은 거의 없거나 아예 없기도 합니다. 지각과 현실 감각에 다소간 문제가 있고, 자신(들)만의 만족감을 구하기 위해 다른 사람을 극단적으로 이용하려는 습성을 보입니다.

글래서(1985)는 폭력을 '자기 보전인 폭력self-preservative violence'과 사디즘에 기반을 둔 '악의가 있는 폭력malicious violence'으로 구분하였습니다. 그와 비슷한 시점에 폭력에 관한 또 다른 유형론이 있습니다. 멜로이

(1992)는 폭력에 관해 '정서적affective인 것'과 '약탈적인predatory 것'으로 나누어서 보기도 했습니다.

우리나라의 경우, 최근에 자살률의 기록적인 증가가 심각한 사회문제로 제기되고 있습니다. 폭력과 자살은 아주 밀접한 관계에 놓여 있지요. 발달상 청소년 후기와 성인 초기는 분리에 대한 외적인 요구가 명백한 시기이며, 이로 인해 위기가 초래되지요. 자기 파괴 행위와 극단적으로는 자살이 마치 이런 위기를 해결해 줄 수 있는 오직 하나의 해결책인 것처럼, 그들에게 지각되기도 합니다. 즉, 자기를 대상으로부터 자유롭게 하기 위해서 자기 안에 있는 대상을 파괴하는 것입니다. 그러한 행위가 외부에서 볼 때는 자살이 되는 거지요.

그러나 어떤 경우에는 왜 폭력을 일으키고, 어떤 경우에는 왜 자살이 일어나는지에 관해서는 아직 알려진 바가 별로 없습니다. 메닝거(1938, 1942, 1968)는 임상에서 심각한 폭력 행동의 문제가 있는 환자를 경험한 뒤에, 그 현상을 다음과 같이 설명하기도 했습니다.

모든 폭력에는 의미가 있다. 즉, 폭력은 어떤 것이 더 악화되는 것을 피하려는 노력 중에 일어난다. 따라서 어떤 사람은 자신이 완전히 파괴적으로 붕괴되는 것을 피하기 위해 살인을 저지르기도 한다(1963), 라고 했습니다.

살인은 종종 자신이 미치지 않기 위한 노력의 일환으로 자행된다는 것입니다. 그럼, 이 대목에 이르러 제가 애초에 인용한 신문 기사로 돌아가 보겠습니다.

우선 '설친다.'라는 이유로 여러 명 앞에서 친구에게 맞은 것은 나르시시즘적인 손상이 되어 격렬한 수치와 모욕감, 치명적인 분노의 마음을 초래했을 가능성이 있고, 이것이 정신적인 외상으로 작용해서 자아가 과도한 퇴행을 일으켰을 수 있겠지요. 나르시시즘적인 분노에서는 강한 정도의 급박감을 느끼는 것이 일반적인데, 뭔가 굉장히 잘못되었다고 느끼면서 해치거나 파괴하려는 소망이 크게 생깁니다.

　보통 이런 분노에는 자신이 옳다는 것과 자신이 그럴 권리가 있다는 생각이 함께 동반됩니다. 청소년에게서 흔히 볼 수 있듯이 뭔가를 '보여 주겠다.'라고 하는 것은 보통 나르시시즘적인 분노와 연관되어 있습니다. 이 생각에는 복수하겠다는 저의가 담겨 있지요. 이때는 이성적인 생각이 마비된 채로 복수만이 '온전한 자기intact self'로 돌아가는 통로가 된다는 생각에 사로잡힙니다.

　또한 청소년은 자기와 집단을 동일시하는 경향이 있습니다. 이 집단에는 자신과 친한 또래 집단도 물론 포함됩니다. 집단의 파괴는 자기 상실과 동등합니다. 자신이 맞은 것이 아니면서도 친한 친구의 복수를 돕는다는 명분에 따라, 처음에는 상관이 없었던 사람이 살인을 자행하는 결과가 귀결되는 일을, 만화나 영화에서는 자주, 신문을 통한 현실에서도 간혹 볼 수가 있습니다.

　범죄를 저지르는 청소년에게서 보이는 양상으로는, 아주 강렬한 나르시시즘적인 분노, 본능의 결합이 약화된 상태(즉, 에로스와 파괴충동의 결합이 약화된 상태), 자아의 통합 기능의 실패 등을 볼 수가 있습니다. 프로이트는 폭력을 가리켜 아이의 '원초경primal scene'에 대한 공상 및 오이디푸스 콤플렉스와 연관시켰습니다. 오이디푸스 콤플렉스에서는 이성의 부모와 섹스를 하고 싶어 하는 소망 외에도 동성의 부모를 죽이고 싶어 하는 것도 포함되어 있지만, 종종 이 부분은 언급되지 않곤 합니다. 앞서 말한 원초경이 폭력과 연관되는 이유는, 아이가 부모의 사랑 행위를 폭력 행위로 곡해하는 데서 찾을 수도 있습니다.

　캠벨, 포나기, 타겟, 페렐버그, 베이트만(1999) 등의 분석가가 동의하고 있는 사실은 폭력과 자살의 기저에 대상 파괴라는 동일한 공상이 내면에 자리를 잡고 있다는 것이지요. 이 공상에서는 아이가 엄마의 신체를 공격하고 이런 유의 공격(성)이 가능한 이유가 자기self와 신체body를 증오하는 대상과 동일시하는 현상이 일어난다는 데 있습니다.

그러나 모니엘로(1999)는 비행이나 폭력의 상징적인 의미에 초점을 맞추기 보다는 이런 행위가 '조각난 자기*fragmented self*'를 추스르려는 노력이라는 점을 강조하기도 하였지요.

포나기와 타겟(1999)은 자기를 해치는 행위와 다른 사람에 대한 폭력 행위는 모두 '정신화*mentalize*'하는 능력의 손상에 기인한다고 하였습니다. 사람 마음의 특징은 자신의 마음뿐 아니라 다른 사람의 심리 상태에 대해서도 생각하는 능력이 있는데 이런 능력에 손상이 오면 문제가 생긴다는 거지요. 폭력, 즉 몸으로 향하는 공격성은 이러한 '정신화*mentalization*'의 실패와 밀접한 연관을 가진다고 봅니다.

우리가 마음 상태에 대해 생각하는 능력이 결여되면, 우리의 생각, 신념, 욕망을 신체 영역에서 조직화하는 경향이 있습니다. 아이에게서 이런 문제가 생기는 경우는 자기*self* 형성의 중요한 시기에 아이가 1차적인 대상인 어머니에게서 자신의 마음 상태에 대한 표상을 찾으려고 하지만 실패할 때입니다. 엄마는 아이의 불안을 품어야 하고 아이의 경험을 되돌아보고 다시 아이에게 돌려주는 역할을 해야만 아이가 자신이 경험한 일에 대한 심리적 표상을 지니게 됩니다. 쉬운 말로 다시 설명하자면, 엄마가 아이의 마음을 읽어주는 일이지요. 예를 들면 '지금, 배가 고파서 화가 났구나.' 등으로 말이죠. 즉, 자기(상)의 핵심은 타자에 의해 비추어지는 것인데, 이 타자가 결국 자기를 표상해주는 사람이라는 것이지요.

포나기와 타겟은 유아기에 신체적이고, 감정적인 학대를 경험한 경우에 이것이 공격성을 초래하는 과정을 밟는다고 했습니다. 이들은 이 과정을 4단계로 구분해서 설명하고 있습니다.

먼저 아이의 심리적 자기가 약화됩니다. 그 다음으로는 대상에서 온다고 추측하는 적개심으로부터 자신의 약한 심리적 자기를 보호하려는 시도로 공격성이 일어납니다. 자기-표현과 공격성이 서로 밀접하게 연관되면서 둘 사이에 병적인 결합이 일어납니다. 마지막 단계로 다른 사람의 심리 상태에 대해 생각하는, 즉 '정신화'하는 능력이 감소해서 그 결과 공격성에 대한 억제력이 떨어집니다.

이런 과정이 일어나면 피해자의 생각이나 느낌, 실제 고통에 관해 생각하는 능력이 없어지게 됩니다. 학대의 과거력이 없어 보이지만 폭력 행동을 보이는 경우도 있습니다. 이 경우는 어떤 형태의 폭력이든지 간에 폭력이 심리적인 자기self에게 행해졌을 거라고 생각하지만, 외부 관계에서의 연관성을 꼭 집어서 지적하기는 어렵습니다. 하지만 강렬한 개인적인 만남이 이루어지는 정신분석 상황에서는 이 경우 어떤 종류의 폭력이 행해졌는지 관찰할 수 있게 되기도 합니다.

꽤 역설적으로 보이는 상황이 있습니다.

아이가 '거울보기mirroring'를 시도하거나 '품어주기containment'를 찾는데 실패한 경우가 있습니다. 이 경우는 나중에 대상과 분리하려고 할 때에 오히려 반대로 대상과 결합하려는 방향으로 움직여서 여러 가지의 문제를 일으키기도 합니다. 아이는 자기 자신이 되려고 합니다. 하지만 자기 자신이 되려고 할수록 역설적으로 그의 대상을 향해서 더 근접해 가게 됩니다. 왜냐하면 대상이 자기-구조self-structure 안의 일부가 된 상태이기 때문이지요. 이런 경우에, 심한 좌절을 경험하게 되지요.

말하자면 폭력은 그 대상과의 관계에서 하나의 공간space을 만들려는 시도입니다. 왜냐구요? 대상이 침입적이면서 무서운 존재로 경험되기 때문이죠. 즉, 폭력적인 사람일수록 심리 내면에서 원치 않게 대상과 근접하게 되고, 그 이후에는 그 대상이 자기를 박해하는 대상이라고 경험한다는 거지요. 이 때문에 늘 갇힌 느낌에 사로잡히게 되구요.

가래쩌-래비(1993)는 청소년 폭력을 이해하기 위해서는 청소년이 폭력에서 느끼는 기쁨을 간과해서는 안 된다고 하였습니다. 폭력 행동이 청소년에게는 무엇과도 바꿀 수 없는 강한 흥분제인 것이지요. 흥분을 동반하는 묘한 스릴을 경험한다는 게 바로 폭력인 거지요. 그는 폭력적인 청소년이 만족스런 폭력을 만족스런 섹스처럼 한 방향으로 집중함으로써 자기self를 지지하는 통합 기능을 가지게 된다는 것을 간파합니다. 청소년에게 있어서의 폭력은 강력한 신체 기능을 나타내는 힘의 표지가 되면서 강력한 나르시시즘적인 만족감을 가져다줍니다.

제가 청소년 환자의 정신치료를 수행하던 중에 이런 이야기를 들은 적이 있습니다. 중학교 때 범생이로 통하던 환자가 주변에 귀찮게 구는 아이들이 많게 되자 이를 물리치기 위해 중학교 3학년 때 학교에서 싸움꾼으로 소문난 아이들과 싸우기 시작했답니다. 그 이후로는 자신을 건드리는 아이들이 물론 없게 되었습니다. 그때 그 환자는 '아, 세상이 이런 거구나!' 하는 생각을 하게 되었다고 합니다. 청소년에게 있어서 운동이 중요한 이유는 운동을 통해서 좋은 신체 경험을 하면 이것이 폭력과 대치될 수 있다는 데 있습니다. 영화 〈말죽거리 잔혹사〉를 보면 주인공 현수가 전학 간 학교에서 처음에 전혀 주먹을 쓰지도 않았는데 농구에 출중한 실력을 드러낸 뒤에 학교의 싸움 짱인 우식과 친구가 된다는 사례에서도 이러한 관점을 적용해 볼 수 있을 것 같습니다. 따라서, 폭력 행동을 보이던 청소년이 폭력을 포기한다는 것은 실질적인 상실을 경험하는 일이 되기 때문에, 이에 대한 애도반응을 잘 겪도록 도와주어야 합니다.

청소년에게 있어서의 폭력은 항상 무력감에 대한 반대 측면이라고 볼 수 있습니다. 무력하고 무능하며 활기가 없다고 느끼는 청소년에게 폭력은 힘을 가지고 있다고 느끼게 해주는 일이며, 폭력적일 때, 이는 자신이 살아있다고 느끼게 해주는 즉각적인 통로가 됩니다. 다시 영화로 돌아가면, 싸움 짱인 우식에게 자신이 흠모하는 여자 친구 은주를 빼앗기고 무기력해지고 고통에 빠진 주인공 현수가 체력 단련과 철권도 연습을 통해 힘을 기른 후에 학교의 싸움 짱인 우식에게 도전해 싸움을 거는 것도 이런 측면에서 이해할 수 있는 대목입니다.

최근에는 아버지의 부재가 공격성을 잘 조절하지 못하게 만드는 부정적인 영향을 끼친다는 점이 알려지면서 아버지의 역할이 얼마나 중요한가 하는 점이 강조되고 있습니다.

헤르쪼그(1980, 1982)는 생후 초기에 아버지가 부재하거나 아버지를 상실하는 경우에 아이가 공격성을 조정하는 능력에 손상이 올 수 있다고 하였습니다. 캠벨(1995)은 특히 모자 관계가 만족스럽지 않을 때 아버지의 부재는 해로운 영향을 준다고 하였습니다.

공격적인 남자의 경우는 그 적개심을 종종 다른 사람을 향해 표출하고, 여자는 자기를 스스로 해치는 행동으로 흔히 나타납니다. 여자는 공격의 대상이 남이 아니라 자신이란 점에서 자학적이라고 할 수 있지요. 왜 이렇게 공격성의 표출에 대한 성 차이가 나타날까요?

아마도 이는 남자나 여자 할 것 없이 모두 동성의 부모를 공격하려는 소망이 있는데, 여자 아이에게는 엄마가 초기에 이미 마음속의 표상으로 남아 있게 되고, 남녀의 아이 모두에게는 아버지에 대해서는 외부에 존재해 있은 것으로서 표상이 이루어집니다. 남자 아이가 아버지를 대변하는 외부 대상에게 적개심을 향하게 되는 데 반면, 여자 아이는 자기 자신의 안에 있는 엄마에게 적개심을 향하는 것이라고 엿볼 수 있습니다.

쉔골드(1999)는 폭력 행동을 보이는 아이의 부모 유형을 다음과 같은 사례를 들어서 열거하고 있습니다. 부모가 폭력적이거나 '영혼 살해'의 유형인 경우, 부모가 부재하는 경우, 아이를 지나치게 응석받이로 키우는 부모, 아이를 사랑하지 않는 부모……. 그는 치료자가 폭력적인 성향이 있는 사람에게 그 자신의 분리된 개체로 경험하게 하고 자신을 돌볼 수 있게 한 후에 그 돌봄을 스스로 견딜 수 있게 만든다면, 그 사람은 폭력(성)을 다소 조절할 수 있게 된다고 조언했습니다.

폭력 청소년에게 있어서의 정신치료의 역할을 잘 정리하자면, 발달의 영속성과 정신 역동을 재정립시켜주고, 자아*ego*와 자기*self* 이미지를 안정화시켜주며, 성숙한 동일시를 증진시켜주는 일입니다.

이러한 목적을 달성하기 위해서는, 정신치료자가 청소년의 불안과 거대한 투사를 잘 품어줄 수 있어야 하고, 청소년 발달상에 흔하게 따라오는 빠른 변화 및 퇴행에 유연하게 대처할 수 있거나 반응할 수 있거나 하는 유연성을 가질 수 있어야 하겠습니다.

4. 정체성에 관한 정신분석 개념의 변천사

오늘의 주제인 정체성이란 용어는 우리가 일상생활을 영위하면서 쉽게 접할 수 있을 뿐더러 빈번하게 사용하고 있는 용어입니다. 또한 철학, 사회학, 문학, 심리학, 정치학, 인류학 등등의 전문 분야에서도 종종 접할 수 있는 용어이기도 합니다. 다시 말하면, 정체성이란 용어는 일상용어이면서 전문용어입니다. 그 용례의 몇 가지를 다음과 같이 나열해 보겠습니다.

2010년 동아시아연구원이 실시한 '한국인의 정체성' 조사에 따르면 '진정한 한국인이 되기 위한 조건'을 묻는 복수응답형 질문에 '대한민국 국적 유지'가 1위(89.4%)를 차지했다. '혈통'이란 응답은 84.1%였지만 최하위인 7위를 기록했다(중앙선데이, 2014년 3월 16·17일자).

세계화를 예찬했던 미국의 칼럼니스트 토머스 프리드먼은 "세계가 평평하다"고 표현했다. 그러나 보호막이 없는 평평한 세계는 강풍과 폭우로부터 피하기 어려운 존재적 불안의 세상이다. 민족주의 담론은 확고한 세계관과 역사관을 심어주고 탄탄한 심리적 뿌리를 제공하기 때문에 불확실한 미래와 취약한 현재로부터 도피하기 좋은 안식처다 정체성의 정치가 세계화 시대에 무엇보다 중요해지는 이유다(중앙선데이, 2014년 3월 16·17일자).

때때로 혼돈 혹은 아노미 상태로 묘사되는 한국인의 정체성은 지금까지 주로 다음 두 가지 방식으로 논구되어 왔다. 그 하나는 전통적 정체성이 현대적 형태로 교체되어 가고 있다는 '통시적 해석'이요, 다른 하나는 이질적이거나 상반된 속성들이 이중적 혹은 다중적으로 공존하고 있다는 '공시적 해석'이다. 전자의 경우는 교체론, 후자의 경우는 중첩론이 내용의 근간을 이룬다. 여기에 또 한 가지 접근을 덧붙이자면, 비동시적인 것들의 동시적 병존으로 정체성 지형의 파악이 원천적으로 불가하다는 비관적 해석을 추가할 수 있으리라 본다(김문조 외 공저,『한국인은 누구인가』, 2013.).

원래 정체성의 주제는 정신분석 밖의 다른 학문들, 즉 사회학 및 사회심리학의 영역 등에서 활발히 다루어지곤 하였습니다.

정체성의 개념은 타우스크(1919)에 의해서 정신분석에 비로소 소개되었습니다. 그후 이것은 1950년대에 에릭 에릭슨에 의해서 정신분석의 영역에서도 다루어지기 시작하면서 '사회적인 자기social self'의 대두와 그 기능을 이해하기 위해 이용하였습니다. 리히텐스타인(1977)이 이 개념을 전통적인 정신분석 이론과 접합하려고 노력하였고, 다른 분석가들에 의해서도 정체성의 주제는 1970년대에 이르기까지 논의되었습니다.

에릭슨(1950)은 프로이트 시대에는 성욕을 연구하는 것이 중요했다면, 자신의 시대에는 정체성의 연구가 바로 그에 버금가는 중요한 일이 될 것이라고 예측한 바 있었지요.

월러스타인(1998)은 에릭슨의 죽음(1994.5.)을 애도하면서 그의 연구사적인 기여를 조명한 논문에서 다음과 같이 말했습니다. 에릭 에릭슨이 프로이트 이후에 세계 문화의 사회역사적인 분위기에 가장 폭넓게 영향을 미치고, 가장 깊은 존경을 받았으며, 가장 잘 알려진 정신분석가였지만, 역설적으로 동시대의 정신분석의 주류에는 통합적으로 편입되지 못했다고요. 제 개인적인 기억을 돌아봐도 1990년대 말의 미국정신분석학회의 연례 겨울 모임 중에 에릭슨에 관한 토의를 하는 소(小)모임에 너무 썰렁하게도 분석가들이 거의 찾아오지 않았던 장면이 생각나네요.

정신분석가들은 에릭슨의 정체성의 개념이 정신분석학적 치료에 근거를 두었다기보다 사회적이고 문화적인 인류학상의 자료에 근거한 개념 틀이라고 비판하였습니다.

1957년에는 미국정신분석학회에서 아이슬러, 그리나커, 말러를 패널리스트로 정체성의 문제를 다루는 토론이 벌어지기도 했습니다. 특히 제이콥슨은 1964년에 쓴 자신의 저서 『자기와 대상세계』를 통해서 에릭슨의 정체성 개념이 '사회적인 관점'이라고 비판하는 근거를 정교하게 제시함으로써 미국정신분석학계의 자아 심리학의 주류에 에릭슨이 들어올 수 없도록 하였고, 이것은 국제 정신분석학계에도 영향을 주었습니다. 따라서 정체성의 개념은 그 후에는 자기self의 개념으로 흡수되어서 독자적인 영역으로 간주되지 못하였고, 주류 정신분석 내에서는 성적 정체성의 개념만이 거부감 없이 받아들여져서 명맥을 유지해올 뿐이었습니다.

하지만 20세기 말에 이르러 다시 정신분석가 사이에서 정체성에 관한 관심이 증가하였는데, 그 이유는 서구 사회와 문화의 빠른 사회적 변화에 있습니다. 세계화의 과정을 겪는 오늘날, 특히 빠른 압축 성장을 경험하면서, 산업화, 근대화, 정보화로의 사회로 숨이 가쁘게 달려온 우리로서는 정체성의 문제가 한번은 진지하게 정신분석적으로 성찰을 해볼 만한 가치가 충분한 이슈라고, 저는 생각합니다.

에르만(2004)의 주장에 따르면, 에릭슨이 논의한 바대로 정체성이 점진적으로 발달해서 청소년기의 '정상적인' 정체성 위기를 거쳐서 그 이후에 오래 지속하면서 소위 안정적인 정체성을 유지하게 된다는 생각은, 이제 현대 사회에서 더 이상 적용할 수 없다고 했습니다. 에릭슨의 정체성 발달 모델을 빌려온다면, 이제는 정체성의 발달 과정이 오래 지속적으로 이루어진다는 것 자체가 의미를 가지는 사회에 우리가 산다는 것이지요. 현대의 개인은 변화하는 사회에 살고 있기 때문에, 역할의 변화가 지속적으로 요구되어 있지요. 따라서 정체성 위기가 생애 내내 지속되면서 정체성의 과제가 생이 끝날 때에야 비로소 끝난다죠. 이렇게 보는 것이야말로 에르만의 관점입니다.

이제 정체성에 관한 정신분석적 개념의 변천사와 재조명을 조금 더 자상하게 살펴보겠습니다.

청소년들은 '나는 누구인가.' 하는 질문을 끊임없이 제기합니다. 이에 비해서 성인들은 자신의 정체성을 의문 없이 받아들이곤 합니다. 혹자는 성인 중에서도 철학자나 예술가가 '나는 누구인가.'라고 하는 질문을 지속적으로 제기하는 사람들이라고 말하기도 해요.

정신분석 내에서 정체성의 개념에 관해서라면, 1950년대 이후 많은 논문들이 발표되었지만, 누구도 이 용어에 관한 한 명확한 정의를 내리는 데 성공을 거두지 못하였다고, 아벤드(1974)는 주장합니다. 저는 이 강의에서 정신분석과 사회학의 기존 개념들과 모호하게 얽힌 정체성의 개념 틀을 정신분석에서 어떻게 받아들이고, 또 어떻게 거부하며, 또 재조명하였으며, 그 임상적 의의는 어디에서 찾을 수 있을 것인가를 살펴볼까 합니다.

1957년에 미국정신분석학회에서는 '정체성의 문제들'이라는 표제의 패널 모임을 가진 바 있습니다. 이 모임에서 아이슬러, 그리나커, 말러가 각각 발표한 뒤에 토론에 붙여졌습니다(루빈파인, 1958). 제가 그때의 자료를 읽어보니 말이에요, 세 사람의 패널리스트 모두가 정체성을 '정신성적*psychosexual* 발달'과 연결하려고 노력하고 있는 점이 참 인상적입니다.

이 발표와 토론은 그 당시 미국정신분석학회의 분위기와 무관하지 않으리라고 보입니다. 정신성적 발달 단계에 의한 프로이트의 이론과는 달리 에릭슨이 정신사회적 발달 단계를 주장하자, 이 이론에서 기존의 프로이트 이론과의 접점을 찾으려고 시도한 게 아닌가 싶습니다.

그럼, 이들의 시도를 좀 더 자세히 살펴볼까요?

아이슬러는 정체성이란 다름 아니라 '나는 나다.'라고 하는 이른바 자기-인식self-cognizance의 경험이라고 정의했습니다. 이 자기-인식은 한 사람의 인생에서 겪는 성격의 여러 변화 중에서도 그 개인적인 독특함과 내적인 지속성을 갖는 특별한 의식의 깨달음을 말한다고 하였습니다. 아이슬러는 사춘기에 이르러서 생식기의 성숙이 이루어져야 자기-인식으로서의 정체성의 감각의 마지막 형태가 완성된다고 보았습니다. 그는 또한 이드, 자아, 초자아 외에 네 번째의 구조를 제안하고, 이 네 번째 구조가 자기self와 개인 정체성의 기능을 담당한다고 함으로써 정체성의 개념을 구조 이론의 관점에서 이해하려고 하였습니다. 그러나 그가 제안한 네 번째 구조의 개념은 다른 분석가들로부터 지지를 받지는 못했습니다.

그리나커는 정체성이란 용어가 두 가지의 측면, 즉 내적 측면과 외적 측면을 가진다고 정의하였습니다. 이를테면 전체로서의 조직체와 잘 어울리고 통합되는 측면인 같음 내지는 비슷한 측면을 말하고, 다른 하나는 다른 사람들이나 대상들과 구별되는 특정한 성격의 다름의 측면을 말합니다. 이 두 가지의 경향으로 인해서 정체성의 개념에는, 상대적인 것과 관련해 변한다고 지각할 수 있는 측면이 있다는 것이지요.

변화는 무생물에서는 일어날 수 없고, 오로지 생물에서만 일어날 수 있습니다. 생life이야말로 생물학적인 동시에 정신적인 현상이겠지요. 이를 '변하는 정체성'이라 정의할 수도 있습니다.

그리나커는 초기 신체상body image의 발달을 강조해서 논의하면서 아이가 '신체적인 자기body self'를 개별적인 것으로 인식하고 다른 사람의 것과 비교, 대조하는 것이 발달에서 중요한 부분인데, 특히 얼굴과 생식기가 그 발달에 있어서 중요한 역할을 담당하는 부위라고 지적했습니다.

　제대로 된 개별적인 정체성의 감각이 형성되기 전에 신체(상)에 관한 발달이 선행되어야 한다고 했습니다. 그녀가 이 발달의 시기를 생후 6개월에서부터 생후 2년 후반의 6개월까지로 보았습니다. 이 신체상의 발달이 정체성 형성의 핵심이 된다, 라고, 그녀는 보았던 거지요. 아이가 그 시기 후반과 3세경에 이르면 생식기의 느낌이 증가하면서 자신의 생식기와 다른 사람의 생식기의 시각적, 촉각적인 평가에 의한 신체상을 만들어가면서 내인성 감각을 형성하게 된다고 보았죠.

　그리나커는 자신의 생식기와 타인의 생식기 이미지를 어느 정도 융합하는 일은 보편적인 현상이라고 지적합니다. 그러나 불안정한 상태에서 이런 융합이 일어나는 경우가 페티시즘fetishism과 중요한 관련이 있다고 그녀는 주장하였고, 이 경우에 정체성의 문제가 함께 따라 온다고 하였지요.

　말러는 아이들의 임상 관찰에 근거해서 그리나커와 비슷한 결론에 이릅니다. 소위 '자기-정체성self-identity'의 감은 두 가지 경험이 교대로 일어남에 따라서 형성된다고 했어요. 아이가 수유하는 엄마와 기분 좋은 신체 접촉을 하고 수면에 빠진 상태에서 엄마와의 역시 기분 좋은 재결합을 경험하는 사이사이에 수면에서 깨어나는 경험이 반복된다고 하였습니다. 그녀는 정체성 형성의 중요한 두 가지의 시기로, 첫 번째는 생후 1년까지이며, 두 번째는 생후 1년 반에서 3년 사이를 들었습니다. 두 번째 시기인 생후 18개월에는 대상과 분리되는 관점에서 중요한 자기-구분self-differentiation이 생깁니다.

　말러는 가장 중요한 성숙이 일어나는 시기를 두고 남근기phallic phase로 간주합니다. 이 시기에 신체상의 성적인 부분에 엄청난 리비도의 집중이 일어나는데, 이것의 집중은 환경의 영향과는 상관이 없이 독자적으로 일어나는 일이라고 보았습니다. 이러한 경험을 통해서 아이는 신체상의 표상화에서 카텍시스의 변화가 일어나서 성적 정체성을 굳건하게 정립합니다.

결론적으로 보면, 그리나커와 말러는 정체성 형성의 시기를 에릭슨이 주장한 정체성 형성의 시기보다 훨씬 더 어린 시절에서 이루어진다, 라고 주장한 셈이 됩니다.

이제 그 외의 다른 분석가들의 시각을 살펴보겠습니다.

리히텐슈타인(1961)은 역시 성욕이 정체성 발달에 어떻게 연관되는지를 염두에 두면서, 다음과 같이 주장합니다.

첫째는 자손의 번식과 상관이 없는 성욕이 일차적 정체성의 획득에 사용된다. 둘째는 정체성의 유지가 '쾌락원칙'이나 '현실원칙'에 우선한다. 셋째는 한 번 성욕에 의해서 정체성의 속도가 정해진 뒤에는, 사람의 정체성의 유지는 대부분 비성욕적인 특성을 가진 복잡한 매개에 의해 이루어진다, 라구요.

리히텐슈타인은 영아가 엄마와 함께 하나의 단일체unit로 공존한다고 했어요. 이 사실이야말로 정체성 형성을 위한 기본 조건이 된다고 하였구요. 엄마와 영아가 이렇게 극단적으로 '공생적인' 상태에 있게 됨으로써 영아는 전체 유기체가 되는 엄마 안에 있는 하나의 기관organ이 된다고 하였지요. 즉, 전체에 관한 하나의 부분으로 관계를 맺게 됨으로써 하나의 유기체에 대한 하나의 기관으로서 정체성을 갖는다고 했습니다.

그에 의하면, 인간은 사회문화적인 패턴의 안쪽에 존재합니다. 하지만 사회문화적인 패턴의 안에 놓인 결과에 따라 인간의 정체성이 생기는 게 아니다, 라고 지적합니다. 그보다는, 인간이 동물과는 반대로 정체성을 규정해야 하기 때문에, 사회문화적인 패턴의 출현이 가능하다고 보았던 거구요.

아벤드(1974)에 의하면, 다른 분석가들의 지지를 얻지 못했음에 불구하고, 리히텐슈타인의 이 같은 발상 전환은 상당히 색다른 것이 됩니다. 왜냐하면, 그것이 거의 '각인imprinting'의 개념과 유사하기 때문이지요.

제이콥슨(1965)은 전반적으로 정체성에 관해서 그리나커와 말러의 견해에 동조하였지만 에릭슨이 강조한 자아 통합에 관해서는 비판적이었습니다. 그녀는 이 개념을 오히려 메타심리학의 입장에서 자기 표상과 대상 표상의 개념으로 설명하였어요. 그녀는 이처럼 정체성을 설명하는 개념 틀을 만들면서, 메타심리학의 용어를 전혀 사용하지 않은 에릭슨과 분명히 대조되는 국면을 정신분석학계에 이룩해 놓았지요. 또한 그녀는 정체성을 형성하는 주요한 요인으로서 자율성, 분리 및 독립을 들었는데, 이것은 에릭슨과는 달리 공격성의 중요성을 강조한 셈이지요.

타바흐니크(1965)는 정체성에 관한 정신분석적인 관점을 제시하였습니다. 그는 자기self의 개념을 정체성의 개념과 연관시켜서 설명한 바 있었죠. 말하자면, 각각의 자기self는 하나의 정체성을 획득한다고요. 자기가 객관화되어서 사회적으로 정의된 형태를 정체성으로 보았고, 자기실재감은 자기 존재의 실재에 관한 주관적인 경험이라고 간주했지요.

이를 단순화하여 논의해 본다면, 자기는 주관적 측면을 가리키며, 정체성은 이를 사회적인 시각에서 어떻게 정의해서 보는가 하는 객관적 측면을 말한다고 볼 수 있어요. 이 두 측면을 축으로 해서 그는, 프로이트의 구조 이론, 하트만과 자아 심리학자들의 이론, 또한 에릭슨의 이론을 대입하였지요.

프로이트의 구조 이론에 따르면, 자기의 실재에 관한 주관적 측면은 본능의 만족을 추구하는 욕동을 경험하는 일입니다. 이것은 사회 및 환경에서 가하는 힘들과는 늘 충돌하게 됩니다. 이 충돌을 매개하는 자아 및 초자아가 본능과 갈등의 상태에 처합니다.

하트만과 다른 자아 심리학자들은 갈등과 관련이 없는 자아(에고)의 자율적인 기능을 설정함으로써, 자기의 실재에 관한 주관적인 측면이 사회의 시각에서 정의하는 바에 의해 정체성의 형성에서 갈등을 불러일으킨다고 볼 필요는 없다고 하였어요. 그들은 자아의 개념에서 조직화 및 합성적 기능을 강조함으로써 이 기능으로 인해 자기의 관점에서 볼 때 생물학적 및 사회적인 압력으로 경험되는 것을 자아가 처리할 수 있다고 보았지요.

에릭슨은 개인의 생물학적인 욕구와 사회가 개인에게 부과하는 요구를 '상호관계'의 개념 틀로서 보아서 이 두 가지 사이의 갈등을 중재해야 한다기보다는 어떤 가치를 선택함으로써 이 두 가지를 모두 다 만족시킬 수도 있다고 보았습니다. 따라서 그는 생물학적이고 주관적인 경험으로서의 자기와 사회의 욕구에 의해 압력을 받는 자기가 서로 보완해서 만족을 하는 방향으로 함께 나아갈 수 있다고 전망합니다.

쉐이퍼(1973)는 자기와 정체성의 개념이 불필요하며, 오히려 혼돈을 초래한다고 하였지요. 그에 의하면, 이 대신에 자기 표상과 대상 표상의 개념을 사용하는 게 더 적절하다고 하였지요. 그는 자기와 정체성이 사람에 관한 사실이 아니라, 사람에 관한 생각의 방식이라고 규정하면서, 에릭슨이 정체성의 형성을 위해 중요하다고 강조한 자기 동일성의 개념도 하나의 표상이라고 하였습니다.

쉐이퍼는 왜 자기나 정체성의 개념에 열광하는지에 관해서 우리에게 흥미 있는 추론을 던져줍니다. 그 중의 하나가 현대의 자아심리학이 지나치게 복잡하고 멀게 느껴진다는 사실이 비인간적이고 엄격하다고 받아들여지면서 이게 불만이 된다는 것이지요. 그 결과, 주관적인 경험과 실제적인 임상 작업에 가까운 것처럼 보이는 이론적 개념들을 사용하고 수용하려는 경향이 고조되었다고 합니다. 그는 이를 하나의 과도기적인 현상으로 보았습니다. 그의 뒤를 이어서 아벤드(1974)도 정체성의 용어 사용에서 초래되는 혼란을 지적하면서, 단지 '성 정체성'만이 그 용어의 사용 의미가 적절하다고 지적합니다.

또 그 후에는 코헛(1971)에 의한 자기심리학self psychology의 발달에 묻혀서 정체성의 개념이 자기self의 개념에 흡수되어 가는 양상을 보이게 됩니다. 마음의 상위 매개로서의 자기self를 주장하는 코헛에 반대하는 입장을, 베레스는 「자기, 정체성, 그리고 나르시시즘」(1981)이라는 논문에서 밝힙니다. 그러면, 그 내용의 하나를 다음과 같이 인용해 볼까요.

우리는 청소년들의 '나는 누구인가?' 하는 물음에 익숙해져 있다. 나는 이 질문이 잘못되었다고 말하고 싶다. 정신증적 상태를 제외하고서, 의식적인 수준에서 개인은 항상 그 또는 그녀가 누구인지 알고 있다. 그 정도의 정체성은 분명하다. 사람이 알지 못하고 있는 것은 무의식적으로 '나는 무엇인가' 하는 점이다. 이것은 성 정체성, 그(그녀)의 사회적 위치, 그(그녀)의 자기 존중감 등의 많은 영역들로 확장해서 생각해 볼 수 있다. 정체성의 문제는 의식적인 질문인 '나는 누구인가'라는 것뿐 아니라, 무의식적인 의미의 관계에서도 다루는 것이 중요하다.

베레스는 현재 우리가 가지고 있는 구조 이론만으로도 이런 현상을 다룰 수 있다고 주장합니다. 그는 새로운 용어가 새로운 개념을 포함하는 것은 아니라고 봅니다. 특히 이것이 항상 진보를 야기하지도 않는다구요. 제가 이를 단순하게 말하자면, 새로운 용어가 무의식을 다루는 데 있어서 더 진보를 이루고 있지 않다는 비판이 담겨있다고 볼 수 있겠네요.

왈러스타인(1998)은 「에릭슨의 자아 정체성 개념의 재조명」이란 논문에서 에릭슨의 자아 정체성 개념을 재조명하면서 그 동안 미국정신분석학회의 주류에서 에릭슨이 부당하게 소외되었음을 환기합니다. 에릭슨의 기여가 제대로 인정받지 못했다는 것이죠. 왈러스타인은 1970년대에 이르러 무서운 기세로 힘을 키워온 자기심리학이나 그 이후의 대상관계

이론들의 부상의 이면에 에릭슨이 이미 자아 정체감을 통해 규명한 자기self의 개념이 무시되고 정당한 평가를 받지 못한 사실이 간과되어 있다고 지적했습니다.

쿠퍼(1994) 역시 코헛이 에릭슨의 영향을 받았음을 인정하지 않고 정체성의 개념을 자기self의 개념으로 흡수한 사실을 지적하면서, 사실상 에릭슨이 전 생애에 대한 인간의 심리 상태에 관한 정신분석적인 이론화를 시도함으로써 개인적인 적응의 측면에서 개방적인 태도를 취했다고 인정합니다. 그는 에릭슨의 이 태도야말로 현대의 정신분석이 무엇을 추구할 수 있고, 어떻게 적용할지에 관한 하나의 새로운 빛이 되었다, 라고 비유해요.

컨버그(2006)는 에릭슨의 정체성 개념에다 대상관계의 이론을 적용하면 그가 언급한 에고 정체성의 개념을 자기self 개념으로 통합할 수 있으며, 여기에 주요한 타자들others과의 개념의 통합을 포함해서 확장시킬 수도 있다고 보았습니다. 정상적인 조건 하에서는 (좋고 나쁨이) 통합된 자기감이 (좋고 나쁨이 포함된) 주요한 타자들의 통합된 표상화에 의해서 둘러싸이게 되고, 또 그럼으로써 자기와 대상(타자)이 각자의 성 특성과 역할 특성의 측면에서 볼 때 구분됩니다. 이러한 과정을 통해, 정상 정체성이 형성된다는 거예요.

라히만(2004)은 제이콥슨이 에릭슨을 비난한 것은 사실은 그녀가 '한 사람one person' 정신내적 모델을 취했기 때문이라고 설명하였지요. 요즘 말로 바꾸어 표현하자면, 그녀는 에릭슨의 정체성 개념을 그 개념이 포함하고 있는 '두 사람two person'의 정신내적 모델의 '관계성'을 간과한 때문이라고도 볼 수 있다는 겁니다.

우리는 지금 다시 왜 정체성을 얘기해야 하는 것일까요? 이 담론이 이즈음 한창 대두되는 문제인 세계화와 어떤 관계가 있을까요? 세계화의 진행 및 추세와 함께, 우리는 정체성의 상실이니, 미디어적 정체성의 대두니 하는 개념을 슬쩍 거론하기도 합니다.

산체스(2010)는 탈영토화, 혹은 다국적인 성격의 세계 생산성 시스템의 과정이 근대성의 맥락에서 우리에게 뚜렷한 안정감을 주면서 정체성을 제공해 주었던 구조로서의 틀과 문화적 관계항*cultural referents*의 위기를 초래했다고 합니다. 그는 또한 개인과 사회생활에 있어서 하나의 의미를 제공하였던 '정체성 관계항*identity referents*'의 와해도 초래하고 있다고 하였습니다. 이런 시대적인 변화의 현실이 정신분석에 어떤 질문을 제기하고 있는가를 살피는 일은 시의적절하다고 여겨집니다.

왈러스타인(2005)은 인류가 어쩌면 16세기 이래로 형성해온 세계 시스템의 붕괴에 기인한 '혼돈의 시대*an epoch of chaos*'의 초입 단계로 들어서고 있는 것이 아닌가 하고 주장하기도 했습니다. 이와 관련해, 저는 다음의 신문 기사문(조선일보, 2014.2.23.)을 따오겠습니다.

우리는 지금 상당히 이상한 시점에 와있다. 적어도 내가 아는 범위 내에서 종교는 원래 가르치던 것들의 힘을 많이 잃었다. 천당, 지옥, 연옥 같은 복잡한 개념을 믿는 사람은 예전처럼 많지 않다. 그 자리를 이제는 과학이 자리 잡았다. 인간과 침팬지가 DNA의 98%를 공유하고, 인간이 영장류로부터 진화했다는 것을 포함해서 말이다. 그러나 이것이 무슨 의미를 갖느냐는 확실치 않다. 예전에 아담과 이브 이야기는 율법을 어기면 벌을 받는다는 것을 가르쳤는데, 지금의 시스템은 인생에 대해 무엇을 가르치는지 아직 확실치 않다. 100년 후에는 대답할 수 있을지도 모른다. 지금 우리는 구체제가 무너지고 신체제의 의미를 아직 모르는 독특한 시점에 와 있다.

상당히 이상한 시점에 처해 있다는 세계 상황입니다. 지금의 세계를 바라보는 시선도 혼돈스럽게 두 갈래로 나누어질 수밖에 없습니다. 두 부류의 이론가는 세상을 다르게 보고 있습니다. 정체성의 개념도 두 가지로 나누어지는 것 같습니다.

한 부류는 문화와 정체성의 파편화와 불완전성을 강조하고 있고, 다른 부류는 현실은 온전히 유동적이지 않으며 다소의 단단한 정체성이 현재에도 힘을 가지고 있다고 봅니다. 한 극단에서는 진실은 상대적인 것이 되어 버렸다고 주장하면서 그것들이 정체성의 문화적 기반이 된다고 주장합니다.

그러나 기메네즈(2007)는 문화적인 파편화는 단지 문화의 객관화된 형태와 관련이 있고, 정체성은 아직도 사회적 경험에 굳게 뿌리를 내리고 있다고 하였어요.

번스타인(2006)은 지금과 같은 불확실성의 시대에 도덕적인 확실성 및 절대성을 찾는 욕구가 커지고, 이는 종교와 정치에까지 영향을 미친다고 하였습니다. 요즘의 미국과 유럽의 정치에서 보이는 극우 세력의 득세는, 또 최근의 중국의 정치 상황은 어쩌면 이미 그 영향을 보여주는 한 단초가 될지도 모르겠네요. 즉, 인간의 고통에 누가 책임이 있으며, 또한 우리의 복잡한 세상 및 시대의 현실 속에서 지속적으로 대두되고 있는 도덕적인 딜레마에 직면하면서 우리 자신이 결백하다는 점을 증명하기 위해서, 절대적인 확실성을 찾으려 하고, 좋고 나쁨의 차이를 강박적으로 찾으려고 하는 심리가 있다고, 번스타인은 말합니다.

세계화 못지않게 최근의 사회 현상에서 보이는 뚜렷한 변화는 테크놀로지의 발달로 인한 다양한 기기들이 의사소통의 수단으로 사용되고 있는 점입니다. 텔레비전, 비디오, 컴퓨터를 거쳐서 인터넷 및 스마트폰 등의 첨단 기기의 사용이 무서운 속도로 우리 사회와 문화에 들어와 있습니다. 게다가 인공지능이나 제4차 산업혁명이란 용어가 최근 우리사회에서는 더 이상 낯설지 않게 사용되고 있습니다.

이러한 첨단 기기를 통한 소통 방식을 통해서 우리는 지리적인 제약이 없이 정보에 접하고 있습니다. 전 세계에 걸친 압도적이고도 다양한 정보력은 순식간에 제약이 없이 수초 내에 수많은 사람과 공유하게 만들기도 합니다. 우리나라의 '방탄소년단'은 SNS상의 홍보를 통해서 전세계적인 인기몰이를 하고 있다고 전해지고 있고, 최근에는 미국의 유명한 음악지(誌) '빌보드'에서 '빌보드 200' 1위에 오르는 기염을 토했지요. 비영어권 음반이 1위에 오른 건 12년만이라지요. 공적인 공간과 사적인 공간, 사회적 영역과 친밀한 영역 사이의 장벽도 낮아지거나 모호해졌습니다.

에르만(2004)은 이를 두고 '미디어적인 정체성'이란 새로운 용어를 사용하였습니다. 변화된 요즘에 있어서 사회문화적인 환경의 영향 아래 형성되고 있는 정체성의 양상을 기술하고, 그렇게 형성된 정체성에 내포된 문제점과 위험성에 관해서도 그 나름으로 지적하고 있습니다. 전자 미디어에 의해 전달되는 가상 체험은 실제 생활의 경험과 같은 방식으로 개인에게 영향을 끼칩니다.

뇌 연구에서 확인된 바에 의하면, 가상의 경험이든 실제의 경험이든 간에 우리 뇌를 활성화시키는 신경생리 과정 및 정신 세계의 영향이 거의 동일하다는 것이지요. 미디어를 통한 소통은 본질적으로 이자적(二者的 : dyadic) 소통으로, 나르시시즘적인 관계 모드에 의해서 유지가 된다고 합니다.

미디어는 미디어를 보는 사람에게는 사회적 욕구, 다른 말로 하면, 관계를 하려는 욕구를 불러일으키지만, 미디어는 이에 반응하지 않습니다. 개인에게 활성화된 사회적(관계하려는)인 욕구는 좌절을 겪을 수밖에 없지요. 이로 인해 개인은 사회적(관계적)인 욕구의 만족을 포기하거나, 아니면 사회적(관계적)인 접촉으로부터 철수하게 됩니다. 요컨대, 미디어적인 정체성은 이처럼 미디어를 향유하는 사람에게 사회적인 욕구의 좌절을 가져다줍니다.

에르만에 의하면, 이와 같이 미디어적 정체성은 미디어와 의사소통하는 방식에서 오는 반응의 결여에 의해 생겨납니다. 이것은 사회적(관계적)인 만족감과 확인을 위한 욕구들을 실망시키는 형태의 소통이며, 나르시시즘적인 정체성의 한 변형이기도 합니다. 이런 테크놀로지 미디어에 의존하여 중독된 사람은 의사소통에 있어서 무의식적인 형태를 반복합니다. 즉, 이런 사람들은 그들이 익숙하고 그들이 환경과의 관계에서 가지고 있는 자기self의 개념과 일치하는 '좌절하는 관계'를 찾게 된다는 것이지요. 이런 관계가 그들에게는 상대적인 안전감의 느낌을 주기 때문입니다.

현대의 빠르게 변하는 사회 환경에서 인간이 겪는 정체성 위기를 잘 드러내 주는 분야가 상품의 소비 양상일 것입니다. 상품을 사는 일이 신경증적인 수준의 발달을 성취한 사람에게는 무의식적인 소망의 대체물로서의 의식적 표현을 나타내는 정체성의 확장일 수 있어요. 그러나 정체성 형성의 발달을 잘 이루지 못한 나르시시즘적인 성격의 발달 구조를 가진 경우는 상품 자체로 그들의 정체성을 형성하는 것처럼 비인간적인 정체성 형성도 보인다고 제프(2010)는 주장하고 있군요.

우리 사회도 앞에서 언급한 여러 현상들로부터 자유롭지 않은 것은 명확한 사실이에요. 우리나라는 미국(1969)에 이어 인터넷을 두 번째(1982)로 개발한 나라라고 합니다. 우리나라에서의 인터넷의 성장과 발전은 놀라울 정도예요. 2014년 3월 20일, 한 통신사의 6시간에 걸친 통신 장애로 인해서 스마트폰에 중독된 우리의 일상이 어떻게 한 순간에 '삶의 모든 영역에서 불편을 넘어 '불안과 공포'가 엄습할 수 있음'을 경험할 수 있는지, 라고 한 신문의 기사는 전했지요.

지하철에서 앉은 사람이나 서서 가는 사람이나 모두들 스마트폰에 얼굴을 묻고 있는 광경은 우리에게 이제 결코 낯설지 않습니다. 이런 모바일 기기의 범람이 우리의 정체성을 포함한 정신 건강에 어떤 영향을 미치고 있을지를 살피는 일은 우리 다음 세대를 위해서도 시급한 일이겠지요.

에릭슨이 말한 자아 정체성의 전통 개념에서는 청소년기의 정체성 위기를 거쳐서 비로소 어느 정도는 안정적인 정체성이 확립된다고 보았습니다. 청소년에게서 보이는 여러 가지의 임상 문제를 다룰 때 '정체성 위기'는 항상 나오는 주요한 이슈입니다. 이와 더불어 성 정체성도 임상에서 종종 다루는 문제입니다.

정체성은 그 동안 자기 및 나르시시즘의 문제와 연결되어 임상에서 언급이 되곤 하였습니다.

컨버그(2006)는 청소년의 정상 정체성 위기와 정체성 혼란을 구별해야 된다고 주장하였습니다. 그는 모든 심각한 인격 장애 또는 경계성 인격 장애를 특징짓는 것으로 정체성의 혼란이라는 신드롬으로 가정하기도 합니다. 정신분석에서는 정체성 형성의 시기를 더 초기로 보고, 특히 무의식적인 정체성의 중요성을 인식하면서 정체성을 자기*self*의 초기 구조로 간주하기도 합니다. 따라서 이제는 소위 말해서 정신병리가 '심각하다.'라고 일컬어지는 환자들의 문제를 다룰 때 '정체성의 혼란'은 더 이상 낯선 주제가 아니라고 봅니다.

호프만(2013)에 의하면, 이런 초기 정체성 형성에 문제를 가진 환자의 특징이, 아이가 대상과 같아지려는 게 아니라 대상을 위해서 존재하려고 시도하는 것처럼 그들 역시 자신의 정체성이 일관되지 않거나 심지어는 정체성을 상실했다거나 하는 일들을 경험하기도 한다고 합니다.

주지하듯이, 우리 인간은 사회적 동물입니다.

고유한 정체성의 형성은 사회적인 관계에서의 상호작용을 통해서 개별성과 독특함을 유지하는 동시에 외부로부터 그 확인을 받을 때 비로소 공고해집니다. 에릭슨에 의해 발전된 자아 정체성의 개념은 1950년대에 비록 동시대의 정신분석계에서는 주류의 이론으로 편입되지 못했지만, 그 이후의 정신분석 개념의 발달에는 많은 영향을 끼쳤습니다.

지금도 그의 이론은 아직도 제대로 인정받지 못한 감이 있습니다. 최근의 빠른 사회문화적인 변화는 각 개인의 정체성 위기를 초래해서 정신 건강에 적신호가 되기도 한다고, 저는 생각합니다. 따라서 개인의 정체성과 사회 변화의 관계를 숙고하는 일은 현재의 우리 세대의 정신 건강뿐 아니라, 미래 사회와 미래 세대의 정신 건강을 위해서도 중요하고 시급한 일이 될 것입니다.

제6부 **역사적인 관점에서의 생각**

1. 정신분석 발달사에서 배울 수 있는 것

우리는 과연 역사로부터 뭔가를 배울 수 있을까? 만약 배울 수 있다면 무엇을 배울 수 있을 것인가? 제가 이 짧은 에세이(발표문)를 통해서 생각해보고자 하는 바는 정신분석 발달사에 관한 그 질문입니다. 흔히 역사하면 너무 거창하게 들리지요. 따라서 조용하게 환자를 보는 것을 업으로 삼고 사는 한 명의 치료자로서 역사 배우기가 무슨 상관인가 싶지요.

하지만 큰 바람이 불어 닥치면 그 영향권 아래에서는 원하든, 원하지 않든 간에 움직일 수밖에 없을 터입니다. 요즘의 미투 운동이 한바탕 큰 바람이 되고 있듯이 말이지요. 우리가 거시 역사니 미시 역사니 해서 조금이라도 역사에서 배워서 현재에 써 먹으려고 하는 게 바로 그런 이유가 아닐까요?

정신분석의 발달사를 살펴서 무엇을 배우겠다는 제 생각은 뜻밖에 소박한 바람에서 시작이 되었습니다. 정신분석이 발달한 과정의 역사를 살펴서 우리나라에서의 정신분석 발달 과정에서는 시행착오를 줄이고 순기능을 더 증진시킬 수 없을까 하는 다소 단순하거나 순진하다고도 할 수 있는 바람을 저는 오랫동안 혼자 간직하고 있었습니다.

근래에 우리나라에서 정신분석이라는 단어를 종종 여러 매체를 통해서 접하곤 합니다. 정신과를 찾아오는 환자들도 이 용어를 이제 더 이상 낯설어하지 않는 듯하구요. 요즘의 최신 매체인 인터넷을 포함한 디지털 매체에서는 이에 관한 여러 정보들이 마치 홍수를 이루고 있는 것처럼 보입니다. 저는 약 24년 전에 정신분석 수련을 위해 미국으로 떠났습니다. 과연 돌아와서 이것으로 생계를 해결할 수 있는 환경이 될지를 걱정했던 저로서는, 그와 같은 저간의 실정이 반갑지 않을 수 없지요.

하지만 유럽과 미국을 중심으로 하는 서구의 정신분석 발달사에 비추어 우리는 어느 정도의 지점에 현재 서 있을까 하는 물음을 스스로에게 던지면서 마음 한 켠으로는 용어의 인플레이션이라는 생각이 들면서 걱정스럽기도 합니다.

저는 이 에세이를 통해 우선 정신분석이라는 용어를 서구의 전통적 정신분석—프로이트로부터 시작한 정신분석—에서 사용하는 용어로 한정해서 사용하려고 합니다. 왜냐하면 우선 저 자신의 수련 배경이 그러해서 가장 익숙하고, 고찰의 대상으로 삼기가 편리하기 때문이며, 그 외의 전통적인 정신분석과 연관된 다른 학파들의 발달사를 살펴 볼 수 있는 역량이 아직까지는 제게 부족하기 때문이기도 하지요.

정신분석 발달사를 살펴보는 방법은 여러 가지가 있겠지만, 저는 여기서 정신분석의 수련 시스템 발달사와 정신분석 단체의 발달사를 중심으로 살펴보려고 합니다. 그 다음에 정신분석 발달사의 측면에서 우리는 어느 위치에 있을지 가늠해 보면서 우리가 역사에서 배울 점은 무엇일까를 숙고해 보려고 합니다.

서구의 정신분석은 이미 120여년이 지난 시간의 역사를 견디고 살아남은 학문이며 치료 방법이지요.

루벤 파인(1979)은 정신분석의 역사를 다음과 같이 세 단계의 시기로 구분하고 있습니다.

제1단계의 시기는 처음의 시작에서 제1차 세계대전(1914~1918)의 시작까지로 봅니다. 언제를 시작으로 보느냐는 사람에 따라 차이가 있을 수 있는데요. 1895년은 프로이트가 브로이어와 함께 「히스테리 연구」를 출간한 시기이지요. 한편 1895년을 정신분석의 시작으로 보는 의견이 있는가 하면, 다른 한편으로는 『꿈의 해석』이 출판된 1900년을 공식적인 정신분석의 시작으로 보는 견해도 있습니다. 경우에 따라서는 1902년 프로이트가 자신의 집에서 네 명의 동료를 초대하여 수요 모임을 시작한 때를 기점으로 삼기도 하구요. 요컨대 이 시기는 프로이트가 전적으로 주도함으로써 발전을 추구한 시기입니다.

제2단계의 시기는 양자 세계대전 사이의 시기(1918~1939)로 보고 있습니다. 프로이트 외에 다양한 인물들이 등장해서 정신분석의 공식적인 조직화를 시작하며 이론적으로도 프로이트의 이론을 확장시키거나 다른 의견을 개진하고 심지어는 반대를 하거나 해서 분열이 생기고 불만이 싹튼 시기이기도 합니다. 하지만 국제적인 조직화를 달성하는 시기입니다.

제3단계의 시기는 1945년 제2차 세계대전이 종전한 이후의 시기로 전 세계적으로 여러 정신분석 연구소가 만들어지고 제2차 세계대전의 여파로 유럽에서 많은 분석가가 미국으로 이주를 해서 미국의 정신분석이 초창기에 뿌리를 내렸던 유럽 중심의 정신분석에 대해 입지를 다지고 외연을 넓히는데 크게 기여하였지요. 따라서 이 시기는 국제 정신분석학회와 나란히 미국 정신분석학회가 무시할 수 없는 세력으로 성장을 하게 되는 시기입니다.

정신분석 수련 시스템의 발달사를 볼 때, 미하엘 발린트(1948)의 시기 분류도 대체로 앞과 같습니다. 그는 제1기를 '역사 이전의 시기'라고 불렀습니다. 이는 1918년의 부다페스트 회의 혹은 1920년의 베를린 연구소의 설립 이전까지의 시기를 말합니다. 조직적이고 체계적인 수련 시스템이 없고 공식적인 수련의 감독도 없이 각자 정신분석에 관심이 있는 개개인이 알아서 공부하고 실행을 해보는 시기였지요. 이 시기에는 사회적으로 정신분석이 어떤 사회적인 특권이나 명예, 경제적인 이득을 가지고 있지 않았던 시기이구요. 따라서 누구나 정신분석에 관심을 가지고 다가오면 환영을 받았던 시기입니다. 그 결과, 정신과 의사뿐 아니라 심리학자, 교사, 목사, 법률가 등등에게 문이 열려 있었습니다.

나중에 야기되는 '(정신과 의사가 아닌) 비전문가(혹은 일반 전문가)에 의한 정신분석의 문제'의 시발점도 이 시기로부터 비롯합니다. 정신분석의 공식적인 수련 시스템이 생기기 이전인 1930년까지의 시기를 가리켜, 누군가는 '독학자의 진실성autodidactic veracity'을 가지고 정신분석을 시작한 시기라고 언급하기도 하였지요. 즉, 독학한 사람의 진실성에 기댈 수밖에 없었던 시기이니까요.

제2기는 정신분석이 무기력한 시기와 주목할 만한 힘을 가지는 시기 사이의 과도기transitional period로 보는데 정신분석 수련 시스템의 발달에도 1기와 3기의 특징이 혼재되어 있는 시기로 봅니다. 현재의 서구 정신분석을 수련하는 기관의 기준에 의해 세 가지의 교육 형태, 즉 개인 정신분석(교육분석)을 받는 것, 수업을 통해 학습하는 것, 정신분석 사례의 개인 슈퍼비전을 받는 것의 기초는 1918년의 부다페스트 회의에서 시작이 되어 1925년에 아이팅곤의 제안으로 인해 공식화되었어요. 이것은 프로이트가 정신분석 작업을 시작한지 30년이 지난 시점에 이르러 다져지게 되었지요.

그 이후에 국제 정신분석학회 산하의 수련 위원회와 미국의 정신분석 연구소 사이에서 수련 규정에 관한 주도권 다툼이 일어나고, 마침내 1937년에 미국의 연구소들이 일종의 정신분석 수련에서의 독립 선언을 하고 국제 정신분석 수련 위원회의 관장 하에서 벗어나게 됩니다. 제3기에 이르게 되면, 여러 정신분석 연구소가 설립이 되고, 수련뿐 아니라 이론적으로도 더 공고하게 안정을 다져가게 되지요.

앞서도 잠시 언급한 바와 같이 정신분석 발달사에서 셀 수 없을 만큼의 많은 분열과 불화가 있었다는 것은 잘 알려진 사실입니다.

페렌치는 이를 냉소적으로 다음과 같은 세 가지의 패턴으로 정리를 한 바 있었습니다. 첫째는 정신없이 바쁜 시기the hectic age요, 둘째는 게릴라전의 시기the time of guerrilla warfare이며, 셋째는 단체를 이루는 시기the setting up of organization입니다. 한편으로는 국제 정신분석학회의 발전사가 다른 곳에서의 정신분석학회의 발전사의 한 전형이 되었지요.

파인(1979)은 모든 정신분석 학회가 성장하는 데에는 다음과 같은 특징이 있다고 하였습니다. 처음에 카리스마를 가진 인물이 출현하게 됩니다. 국제 정신분석학회에서는 프로이트가 이 인물에 해당되지요. 그 다음에는 카리스마를 가진 인물을 중심으로 뭉치게 되면서 하나의 단체society(학회)를 만듭니다. 한 차례 단체가 결성되면, 단체의 발전은 그 내부로부터 엄격하게 규제를 받습니다. 마지막에 이르러서는 단체가 결성되면 확장은 일어나지만 근본적인 변화가 없는 상태로 유지된다는 거죠.

파인은 분석가들이 서로 뭉쳐서 학회를 만들고, 그 안에서 수련 시스템을 만들고 하는 것이야말로 공식적인 제외exclusion의 시스템이고, 이로 인해 사실상 정신분석의 발달에 운명적인, 혹은 치명적인 영향을 끼치는 것이라고 지적하였습니다.

정신분석은 그럼 왜 이런 닫힌 구조의 시스템을 발달시켰을까요?

정신분석의 배움은 책을 읽거나 강의를 듣거나 하는 등의 방법으로는 배우기가 어렵습니다. 가장 중요한 것은 자신의 경험을 통한 배움인데요. 이것은 정신분석가의 치료 도구가 자신의 마음이기 때문이지요. 따라서 개인 정신분석을 통해서 자신의 마음을 가능한 한 깊게 경험하고 이해해서 정신분석가로 일하는 동안에, 항상 자신의 마음을 도구로 자유롭게 사용할 필요가 있습니다.

그런데 이러한 배움을 경험으로 익혀서 온전히 자신의 도구로 자유롭게 사용하는 것은 상당한 시간이 필요한 지난한 과정을 거쳐야 가능합니다.

이러한 과정은 분석가로 일하는 한에 있어서 종결이 있을 수가 없지요. 분석의 능력을 갖춘 사람은 그렇지 않은 사람에 비해서 일정한 카리스마를 가질 수밖에 없습니다. 이미 분석 능력을 획득한 사람이 개인 정신분석이라는 일종의 도제식 시스템을 통해서 자신의 능력을 다른 사람에게 전수해 주는 방식이라고 말할 수가 있겠습니다. 이 시스템이 발전을 거듭해서, 수업을 통한 배움과 지도 감독 하에서 환자를 분석하면서 획득하는 배움을 통해서, 마침내 수련생에게 공감적, 인지적, 실행적인 기능의 통합이 기약되는 것이지요.

이제 그러면, 우리나라 정신분석의 발달이 어느 정도의 단계에 와 있는지를 직시해 볼까요? 저는 이 글을 쓰면서 정신분석의 발달에 필요한 구성적인 요인이 무엇일까 하는 생각을 떨칠 수가 없었습니다. 충분하게 개인분석(교육분석)을 잘 받고 그 외의 수련을 통해 다른 사람을 분석할 수 있는 능력을 갖춘 정신분석가, 언뜻 보기에 실용성의 측면에서 오늘날의 다른 다양한 치료 방법에 비해 경쟁력이 떨어져 보임에도 불구하고 자신의 삶에 있어서의 진실 추구를 가장 인간답게 사는 최우선의 방법이라고 생각하면서, 이런 험난한 치료 과정에 들어와서 견디고 탐구할 수 있는 환자, 정신분석이 추구하는 이런 가치를 인정하고 받아들이는 사회, 경제, 문화적인 환경을 깊이 생각해 봅니다.

다시 스스로에게 묻습니다. 우리는 어디쯤 서 있을까요!

저는 지금 우리나라의 상황은 정신분석의 발달사라는 측면에서 매우 흥미로운 상태라고 생각하고 있습니다. 서구의 정신분석 발달사의 제1기와 제2기가 혼재되어 있는 것이 우리의 현재 상황이 아닌가 하는 생각을 저는 합니다. 정신분석에 관심이 있는 개개인이 알아서 공부를 하고 '정신분석'이라는 이름하에 치료를 행하기도 하는가 하면, 한편으로는 여러 어려움을 딛고 서구에 가서 각자의 형편에 따라서 할 수 있는 만큼의 정신분석을 경험하고 우리나라로 돌아온 뒤에 정신분석을 가르치고 실행하기도 하고 있지요. 우리는 이런 취약성을 어떻게 다루고 해결해서 정신분석을 장기적으로 지속가능한 발전 분야로 만들 수가 있을까요?

요즈음에는 여러 최신 매체의 발달 및 소통 방법의 다양함으로 인해서 배움의 열망이 충분하다면 우리나라에 있으면서도 제한적이긴 하지만 지속적으로 서구의 경험과 감각이 깃든 정신분석의 세상을 배워 나아갈 수 있기도 합니다. 그렇다면 정신분석 발달사에서 일어난 부정적인 측면도 우리는 미리 간파해서 피해갈 묘방을 마련해 볼 수 있을까요?

저는 그 일환의 하나가 현재 우리의 위치를 정확히 자각하는 데서 출발해야 한다고 생각합니다. 우리가 아직 모르는 것이 많다는 점을 겸허히 받아들이고 열심히 임상 경험을 쌓아 나아가는 것. 또한 자신이 잘하고 있다는 것을 과시하기보다는 잘못한 사례를 거리낌 없이 드러내서 무엇이 잘못되었는지를 허심탄회하게 토의할 수 있는 분위기를 만드는 일. 분석가들과 분석 집단의 많은 이산 집합에는 분석가들의 나르시시즘의 문제도 중요하게 기여했다고 봅니다. 서로의 건강한 나르시시즘을 존중하되 다른 사람의 건전한 비판을 소중하게 받아들일 수 있다면, 불필요한 세력 다툼이나 공허한 임상 토론으로 시간을 허비하지 않을 거라고 생각합니다.

마틴 버그만(1993)은 정신분석의 역사를 되돌아보면서 그 발전에 기여한 사람들의 유형을 세 가지로 나누었습니다. 이를테면,

이단자

수정(변형)주의자

확장자

가 그들이지요. 그는 이단자의 사례로 아들러, 슈테켈, 융, 빌헬름 라이히를 들었습니다. 수정주의자로는 페렌치, 페데른, 하트만, 클라인, 위니코트, 라캉, 코헛, 볼비가 속한다고 그가 분류했구요. 확장자는 카알 아브라함, 눈베르크, 벨더, 페니헬 등이 속한다고 했습니다.

버그만에 의하면, 프로이트 생전에는 이단자와 확장자만 있었지만 프로이트 사후에는 주로 수정주의자들이 나타나게 되는데, 그들은 정신분석 이론을 재구성하고 정신분석의 기법을 수정하지만, 정신분석의 영역 안에 그대로 머물고 있다고 하였어요.

버그만은 다양한 견해가 발달한 것이 우리가 아는 것보다 아직 알지 못하는 것이 많다는 것의 반증이라고 했지요. 우리가 이러한 정신분석의 역사를 통해 발달한 여러 이론들과 입장들에서 배울 것은 무엇일까요? 우리는 그들이 씨름했던 파벌과 파당 등과 무관한 입장에 서 있습니다.

오히려 후발 주자로서의 우리는 다양한 이론을 수용해 환자를 순수하게 이해하는 귀중한 나침판으로 임상에서 적용해보고, 그것의 유용성과 가치가 있고 없음을 중립적으로 판별할 수도 있는 입장에 놓여 있습니다. 물론 이것이 가능하려면 먼저 정신분석적인 임상의 적용이 활발한 환경을 조성해야 하는 것은 두말할 필요도 없지요. 요즈음 정신분석 내의 다양한 이론을 수용해서 우리가 임상에서 통합적으로 이용함으로써 언젠가 우리가 새로운 이론을 계발해 정신분석의 발달사에 기여하게 될지 누가 알겠습니까?

정신분석의 수련과 단체 구성에 관한 발달사에 있어서 이미 지적이 된 바 있었지만, 공식적으로 제외하는 닫힌 시스템의 문제도, 우리에게는 새롭게 더 나은 시스템을 모색해 볼 수 있는 가능성을 역설적으로 제공하는 기회를 준다고 봅니다. 우리는 이제 새로 시작하는 입장에 놓여 있습니다. 지속적인 발전을 위해선 과연 어떤 시스템이 우리에게 도움이 될지에 관해 더 열린 시각으로 생각해볼 수 있는 기회도 있겠지요.

국제 정신분석학회나 미국 정신분석학회 등의 발전 과정을 무조건 그대로 모방하고 반복해서 따라가려고 하기 보다는 그들이 지금 고민하는 문제를 충분하게 감안해서 더 발전적이고 창의적인 시스템을 생각해 볼 수 있기도 하구요. 우리가 서구의 정신분석에 비해서 수십 년 뒤쳐져 있다는 현실을 직시하고 우리가 할 수 있는 것과 우리가 당장 할 수 없는 일을 겸허하게 받아들인다면, 오히려 더 많은 성장을 이룰 수도 있을 것이라고, 저는 생각합니다.

2. 전이 개념의 초기 발달사

여기에서는 프로이트가 전이 개념을 어떻게 발달시켰는지를 아주 짧게 살펴보겠습니다. 정신분석의 발달사에서 프로이트가 1905년 발표한 「도라 사례」의 논문은 정신분석의 치료 기법에서 이정표가 되는 논문입니다.

그 이유는 치료로서 실패한 도라 사례를 통해서 비로소 프로이트가 치료에서 전이 현상을 인식하고 그 현상을 잘 다루는 일이 얼마나 중요한지를 깨닫기 시작하였기 때문이지요. 프로이트가 이 도라 사례를 경험함으로써 전이 현상이 때로는 치료에 장애가 되는가 하면, 때로는 치료의 중요한 동맹이 되기도 한다는 사실을 깨닫게 되었지요. 또한 성공적인 치료 결과를 얻기 위해서는 적대적인 전이의 분석이 중요하다는 사실도 알게 되었습니다.

페렌치는 「투입과 전이」(1909)라는 논문에서 전이가 정신분석 상황의 신경증 환자에서뿐만 아니라 어디에서나 생긴다고 하면서 전이야말로 전치의 특별한 형태라고 보았지요. 이 현상은 특히 권위자나 의사를 향해서 잘 생기곤 한다고 말했습니다. 이제 전이 현상이 정신분석의 상황뿐 아니라 사회 내에서 일반적으로 관찰할 수 있는 현상이라는 점으로 인식되기 시작한 거지요.

하지만 여기에서 여러분이 생각해보셔야 할 사실은 사회 내의 인간관계에서 발생하는 전이 현상을 우리가 분리해 내어서보기는 쉽지 않기 때문에, 정신분석에서는 여러 가지의 치료 세팅, 치료 기법 등을 통해서 치료 상황에서 전이 현상을 발전시키거나, 더 활성화시켜서 우리가 좀 더 생생하게 인식하고 경험하도록 만든다는 것입니다.

프로이트는 「전이의 역동」(1912)이라는 논문을 통해서 전이 현상이 단순히 정신분석 과정의 부산물이 아니라 신경증 환자가 만족하지 않기 때문에 일어나는 현상이고, 따라서 전이 반응 역시 리비도에서 퇴행이 일어났다는 하나의 징표라고 지적하기도 합니다. 또한 전이와 저항에 관해 함께 놓고 논의하기도 하며, 그 차이를 말하기도 하구요. 전이를 긍정적─성적이고 에로틱한─인 전이와 부정적 전이로 구분하기도 합니다. 치료적인 관계 형성에 있어서 주요한 개념인 래포*rapport*는 성적이지 않은 긍정적인 전이 반응 가운데 속한다고 볼 수 있습니다. 요즈음의 개념으로는 치료 동맹에 속하는 셈이지요.

프로이트는 역시 「정신분석을 하는 임상의를 위한 권고」(1912)에서 처음으로 역전이를 언급하면서 그 유명한 '거울'에 관한 비유를 이야기합니다. 즉, 전이를 해소하기 위해서는 분석가가 익명성을 유지하는 게 필요하며, 또 익명성을 유지하기 위해서는 분석가가 환자에게 분석가 자신의 개인적 속성을 드러내지 않아야 거울처럼 환자의 문제를 비추어 줄 수 있다구요. 「치료의 시작」(1913)에서 전이가 저항이 되었다는 징후가 없는 한, 이를 건드리지 말라고 권유하고 있습니다. 한편 환자와 래포가 발달하지 않았으면 해석을 하지 말라고도 권합니다.

그의 논문 「회상, 반복, 그리고 훈습」(1914)에서는 환자가 전이 상황 내에서 행동화하려는 경향이 있음이 언급되구요, 전이 반응과 반복 강박의 개념과 서로 관련을 시켜 논의하기도 합니다. 이 논문에서는 처음으로 전이신경증을 언급합니다. 전이 신경증은 환자가 가지고 있던 신경증이 분석가를 중심으로 해서 주되게 드러나는 걸 말합니다. 치료 밖에서는 오히려 잘 지내는데, 치료에 와서는 마치 분석가가 자신의 모든 문제와 고통의 근원인양 경험하는 셈이지요. 요즘은 이 개념을 많이 이야기하지는 않습니다.

또 다른 그의 논문인 「전이-사랑에 관한 관찰」(1915)에서는 처음으로 '금욕(혹은 절제)의 규칙'을 이끌어냅니다. 이것은 정신분석의 기본이 되는 원칙으로서 환자의 욕구를 충족시켜 주는 게 아니라, 뭐랄까 박탈시키는 하나의 경험을 통해서 환자의 욕구와 갈망을 지속하게 하고 더 도드라지게 함으로써 이에 관한 분석 작업이 이루어질 수 있다고 보았습니다.

세월이 흘러 그는 전이 현상의 성격에 관한 이론적인 사고에 아주 커다란 변화를 보입니다. 그는 「쾌락원칙을 넘어서」(1920)라는 논문에서, 아동기의 반응이 전이에서 반복되는 이유로, 쾌락에의 희망에서가 아니라, 반복 강박에 의해 일어나는 경우를 설명합니다. 왜냐하면 쾌락원칙보다 더 원초적인 무언가가 작동하고 있다고 보았기 때문이죠. 그 원초적인 것이야말로, 쾌락원칙을 넘어서는 어떤 것이라는 거지요. 즉, 반복 강박을 죽음 본능의 표현이라고 본 것이지요. 물론 죽음 본능에 관해서는 분석가 간에 아직도 논란이 많습니다. 하지만 프로이트에게 있어서의 전이 반응이 리비도와 죽음 본능이라는 두 개의 표현으로 비로소 자리를 차지하기 시작합니다.

자, 여기까지 들으시면 여러분은 어떤 생각이 드시나요?

프로이트가 시간이 지나면서 점점 더 전이를 다루는 일이 만만치 않음을 깨달았다고 보이지 않으시나요? 또한 어떤 환자들의 전이 반응이 과연 정신분석에서 다루어지고 해소될 수 있을지에 관해서 비관적인 생각이 이미 드러나기 시작하는 듯도 합니다.

이 문제에 직면해서 프로이트 외에 여러 분석가들이 고민하고 이에 따라서 제 나름의 새로운 이론, 새로운 기법을 제시하려는 움직임도, 그래서 일어나기 시작하지요.

3. 정신분석에 있어서 치료 기법의 발달사

이 강의에서는 120여 년의 정신분석 발달사에서 치료 기법이 어떤 발달 과정을 거쳤는지에 관해서 말하려고 합니다. 이 책이 정신치료에 관한 책임에도 불구하고 정신분석에서의 치료 기법의 발달사를 살피는 이유는 무엇일까요? 제가 이미 말씀 드린 대로 여기에서는 정신분석 이론에 기반한 분석정신치료를 중심으로 이야기하려 합니다.

분석정신치료의 치료 기법도 결국 정신분석에서의 치료 기법을 기반으로 하여 분석정신치료에 맞게 변용과 적용을 거치게 마련입니다. 더군다나 초보 치료자는 치료 기법의 규칙에 관해서 지나치게 경직된 태도를 지니거나, 아니면 그런 규칙 따위는 상관없다는 식으로 은근히 무시하거나, 혹은 자신이 치료 기법의 규칙을 어기면 어떻게 하나 하는 걱정으로 인해 지나치게 소심하게 치료에 임하기도 하는 모습을 보이기도 하지요.

제가 치료 기법이 정신분석의 발달사에서 어떤 식으로 발견되고 발달해 왔는지를 이야기하는 이유는 바로 치료자인 여러분이 이러한 발달사를 알게 되면 치료 기법에 관해 조금은 여유를 가지고 접근 할 수 있지 않을까 하는 생각에서입니다. 역사를 아는 일은 뿌리를 아는 일이고, 이 것을 알게 됨으로 인해서 이런 뿌리를 튼실하게 만들게 되고 또 여러 풍파에 직면해서도 건강하게 살아남을 수 있는 힘을 가지게 되리라고 생각합니다.

　정신분석에서의 기본 원칙은 '너 자신을 알라.'입니다. 이 말은 모든 사람에게 상당히 친숙한 말이지요? 물론 여기서의 앎이란 지적인 앎을 가리키는 게 아니지요. 지적인 앎만으로 사람이 변하기는 아주 어렵습니다. 우리가 주변 사람을 돌아보면, 바로 알 수 있지요. 돌아가신 김수환 추기경은 "나의 사랑이 머리에서 가슴으로 내려오는 데 무려 70년이란 세월이 걸렸다."라고 했지요. '사랑하라.'라는 지적인 앎만으로는 우리가 변하기 어렵습니다. 이에 래커는 기법이란, 환자가 그 자신을 알도록 도와주는 일에 다름이 아니라고 말한 바 있었습니다.

　왜 기법이 필요한가? 이에 관해서 저는 배를 타고 항해하는 일이나 등산하는 일에 빗대어 설명해보려고 합니다. 정신분석의 이론이 분석정신 치료라는 항해나 등반에서 항해 지도나 등산 지도의 역할을 한다고 본다면, 기법은 목적지에 도달하기 위해서 어떻게 항해해야 할지, 또는 어떻게 산행해야 할지를 안내하는 역할로서 지도를 잘 보면서 이용하는 방법이라고도 볼 수 있겠지요. 항해나 등반을 위해서는 기후의 변화도 잘 살펴야 하겠지요, 또 바람과 파도, 눈비 속에서 어느 정도의 속도를 내야할지, 어디로 대피해야 할지, 우리의 컨디션은 이런 상황에서 어느 정도 견딜 수 있을지 등등을 고려하면서 이에 관한 문제점을 적절하게 다루어 처리할 때, 비로소 목적지에 무사히 도착할 수 있을 겁니다.

　만일 이론이 없이 기법만으로 항해나 등반을 한다면, 열심히 항해나 등반은 했지만 방향을 잃고 바다나 산 속에서 방황하거나, 혹은 원래 가고자했던 목적지와는 다른 곳에 도착할지도 모릅니다. 반대로 기법 없이 이론만을 가지고, 즉 항해지도나 등반지도가 있더라도 그 지도에 까

막눈이거나 어떻게 이용하는지 모르는 채로 항해나 등반을 한다면, 바다 한 가운데서 어떻게 풍랑을 헤치고 무사히 항해할 수 있을까요? 험한 기상 변화 속에서 무사히 등반을 마칠 수 있게 될까요?

정신분석은 서양에서 프로이트가 창시한 학문이자 치료 방법인데, 앞에서도 말씀을 드렸듯이, 그 당시에 서양에서도 이미 무의식의 개념이 있었습니다. 저는 동양의 여러 사상이나, 특히 불교 사상 등에 관해 잘 알지는 못하지만, 우리 동양에서도 무의식의 개념이 있었다고 생각합니다.

예를 들자면 유식불교에서의 이야기가 상당히 비슷하다고 생각합니다.

또한 우리나라 속담에 '세살 버릇 여든 간다.'라는 말도 정신분석에서 말하듯이 성격 형성에서 유년기의 중요성을 이미 잘 간파하고 있는 말이지요.

하지만 이 무의식의 중요성과 어떻게 이를 체계화했는지, 또 이를 어떻게 체계적으로 다룰 수 있을지에 관한 치료 기법의 발견과 발달에서 보이는 방법론의 측면에서 볼 때 프로이트의 업적을 부인할 수 없다고 봅니다. 바로 이 기법의 발견으로 인해서 어쩌면 우리에게도 프로이트가 좀 더 친숙하게 다가오는 게 아닐까 하고 생각합니다.

페니쉘(1941)은 정신분석의 현상적 데이터는 비이성적인 것일 수 있지만, 정신분석의 방법과 그 이론은 이성적으로 타당한 것이다, 라는 문제를 제기하기도 했지요.

정신분석의 치료 기법은 처음에는 최면 기법의 영향을 많이 받았습니다. 왜냐하면 프로이트가 1885년에 파리로 6개월 동안의 연수를 받으러 가서 그 당시에 최면술로 유명했던 샤르코 밑에서 임상을 관찰하는 기회를 갖고, 암시만으로도 히스테리성의 마비가 치유되는 등의 인상적인 임상 경험을 겪었기 때문이지요.

프로이트는 1886년에 결혼을 하게 되면서, 그 이전까지 자신이 추구하던 연구자로서의 길을 접고, 가족의 생계를 책임져야하는 가장의 본분을 다 하기 위해서 개인 진찰실을 여는 개업의의 길로 접어듭니다. 1889년에 자신의 최면 기술을 더 발전시키기 위해 샤르코의 라이벌이었던 베르하임에게 잠시 다녀오기도 하는 등 여전히 최면의 기법을 통해서 기질적인 원인이라고 보기 어려운 여러 신경증적인 증상을 보이는 환자를 치료하려고 노력합니다. 이런 노력의 첫 결실이 브로이어와 같이 쓴 「히스테리아에 관한 연구」(1895)라는 논문입니다. 이 논문에서 바로 유명한 안나 O의 사례가 나오는데 이는 브로이어가 최면으로 치료한 환자 사례입니다. 프로이트는 이 논문에 자신이 본 네 가지 사례를 밝히고 있고, 이 사례들을 통해서 우리는 프로이트적인 치료 기법이 어떻게 최면에서 다른 방향으로 전개해 나아갔는지를 잘 알 수가 있습니다.

에미 폰 N의 사례에서는 프로이트가 최면보다 환자가 그냥 자유롭게 말하게 내버려두는 것이 도움이 된다는 사실을 발견하지요. 일종의 '자유연상'이라는 방식의 착안을 얻었다고나 할까요?

그 후에 미스 루시 R의 사례에서는 이 '자유연상 방식'을 본격적으로 사용해 봅니다. 이 사례에서는 더군다나 최면이 안 걸렸기 때문이기도 합니다.

세 번째 사례인 카타리나 사례는 기법 상의 발견보다는 히스테리성 증상이 성적 트라우마와 관련이 있다는 연관성을 프로이트가 좀 더 확신하게 된 계기가 되어서 여러 가지의 의미가 남아있지요.

네 번째 사례인 엘리자베스 폰 R의 경우는 처음으로 히스테리성 증상의 분석을 완성한 데 의의가 있고, 또한 이 사례에서 처음으로 프로이트는 '저항'이란 용어를 사용하였습니다.

이 네 가지 사례를 통해서 프로이트는 어떻게 최면에서, 브로이어의 카타르시스 방법으로, 또 그 후에 프로이트 자신의 독창적 치료 기법이면서 현재까지도 정신분석 기법의 기본이라고 일컬을 수 있는 '자유연 상'의 방법에까지 치료 기법의 변화를 이루었는지를 잘 보여주고 있습니 다. 즉, 여기서는 프로이트가 어떻게 환자에게 이야기하게 만들 것인가 하는 문제의 방법에 관한 하나의 해답을 찾았다고 말할 수도 있겠네요.

정신분석 초창기의 기법은 주로 억압된 무의식의 기억을 밝혀내는 데 중점을 두었습니다. 이 당시의 분석의 과업은 주로 단순히 무의식을 의 식으로 만드는 것에 두었지요. 하지만 프로이트는 곧 이것이 잘못된 일 이라는 점을 알았습니다. 즉, 치료적으로 효과가 있는 일은 잊어버린 기 억을 얻는 데서 오는 게 아니라 이런 고통스런 기억을 상기하지 않으려 하는 '저항'을 극복하는 데서 온다는 걸 알게 되었던 거지요. 프로이트 는 처음에는 이러한 저항을 단지 '주장하는 것'의 방법으로 다루어 보려 고 했습니다. 예를 들면, 환자의 이마에 압박을 주면서 회상이 떠오를 거 라고 주장한다거나, 그 외의 다른 방법의 주장을 통해서 말입니다. 이 나 름대로 좌충우돌의 상황을 경험하면서 서서히 '자유연상'의 개념을 발 달시키게 됩니다.

프로이트의 초창기(1897~1923)를 이드 분석의 시기로 보통 이야기합니 다. 시점을 두고, 왜 1897년부터라고 할까요? 제가 앞의 강의에서 말씀 드렸듯이 프로이트가 무의식의 공상이 우리 마음에서 정신적인 현실로 서 그 힘을 가지고 있다는 걸 알게 된 시기가 1897년이지요. 1923년은 「자아와 이드」란 논문이 나오면서 이전의 시기에 사용하던 지형학적인 이론*topographical theory*에서 구조 이론*structural theory*으로 넘어오게 되는 시 기이지요. 구조 이론으로 넘어오면서부터는 단지 억압된 무의식의 기억 을 의식으로 가져오는데 중점을 두기 보다는 자아가 이드와 초자아 및 외부현실을 어떻게 다루는지에 더 초점을 두게 되는 이른바 자아심리학 의 시대를 엽니다.

하지만 첫 인상이 너무 강렬한 까닭일까요?

제가 뉴욕에서 정신분석 수련을 받았을 당시인 1990년대 중후반까지만 해도 뉴욕의 현대 정신분석가들이 아직도 정신분석이 초창기 이드분석의 시기에서 벗어나지 못하고 사실상 진정한 자아심리학의 시기로 이행하지 못하고 있다고 푸념하는 이야기를 들을 수가 있었습니다. 제가 1998년에 우리나라에 돌아왔는데 그 이후로 지금까지도 종종 프로이디안의 정신분석에 관해 이미 나름대로 여러 정의를 내리고 있는 분들을 접하곤 하였는데, 그럴 때마다 저는 이 분들 역시 초기 정신분석에 관한 이해에 머물러 있는 것이 아닌가 하는 인상을 받곤 했습니다.

1905년에 발표한 프로이트의 '도라 사례'는 정신분석 기법의 발달에서 하나의 전환점이 되는 사례이지요. 프로이트는 이 사례에서 '전이' 현상을 인식하게 되었으나 이 '전이' 현상을 치료 중에 환자와 다루는 일에는 실패하게 됩니다. 하지만 이 경험을 통해서 특히 적대적인 '전이' 현상을 분석하는 일의 중요성을 깨닫게 되지요.

페렌치는 1909년에 '전이'는 분석 상황 내에서만 아니라 어디에서나 생긴다는 그의 생각을 이끌어냈습니다. 따라서 그에게는 전이가 전치의 특별한 형태입니다. 또한 분석가뿐 아니라 특히 일반적으로 모든 의사가 전이의 대상이 되기 쉽다고 말했습니다. 사회적으로 전이가 일어나기 쉬운 대상으로는 정치인이나, 선생님 등을 들 수가 있겠지요.

프로이트는 한참 동안 주로 기법과 연관된 자신의 의견을 활발히 발표하는데, 이를 자세히 살펴보면 프로이트의 임상 경험이 쌓이면서 어떤 측면을 새롭게 조망하기 시작하는지를 엿볼 수 있습니다.

프로이트는 이제까지 축적해온 자신의 경험을 총망라해서 드디어 정신분석 기법에 관한 논문을 발표합니다. 기법만을 위한 논문은 거의 이 논문이 유일하다고 할 정도인데요, 그것은 「정신분석을 행하는 의사들에 주는 권고」(1912)라는 논문입니다. 이 논문에 그 유명한 '거울' 비유가 나오지요. 즉 분석가는 환자에게 거울의 뒷면과 같이 자신은 익명성을 유지해서 불투명한 입장을 취함으로써 환자에게는 마치 환자를 비추는 거울(의 앞면)과 같은 역할을 해야 한다는 말입니다. 지금은 더 이상 이 비유를 문자 그대로 고지식하게 해석해서 받아들이거나 신봉하거나 하지는 않습니다.

프로이트는 「치료를 시작하며」(1913)라는 논문에서 전이가 저항의 신호가 되지 않는 한 건드리지 말라고 권유합니다. 환자와 래포가 발달하지 않았다면 해석하지 말라고도 권유합니다. 치료자가 환자에게 진지한 관심을 보이고 환자의 저항에 관해 다루어주고 공감적으로 이해하려는 태도를 취하게 되면, 환자와의 사이에 이런 래포(친밀감)가 발달한다고 말합니다. 프로이트의 이런 설명에 관해서 그린슨은 어쩌면 이러한 기술이 '치료 작업 동맹working alliance'에 관한 최초의 기술이라고 생각한다고 말했지요.

또한, 프로이트는 「회상, 반복, 그리고 훈습」(1914)라는 논문을 통해서 환자가 전이 상황 내에서 행동화하려는 경향이 있음을 언급합니다. 전이 반응을 이제는 반복 강박의 개념과 연관해서 말하기 시작했습니다. 또한 처음으로 이 논문에서 전이 신경증의 개념에 관해서도 언급하고 있습니다.

이어서 「전이 사랑에 관한 관찰」(1915)이라는 논문에서는 처음으로 치료자가 지켜야 할 '금욕의 규칙rule of abstinence'에 관해 언급합니다. 정신분석의 기본 원칙으로서, 환자의 욕망과 갈망에 반응해서 치료자가 환자가 원하는 걸 주어서는 안 된다는 규칙입니다. 즉, 쉽게 풀어서 설명하자면, 환자가 분석가에게 사랑을 원한다고 해서 분석가도 환자를 사랑함으로써 사랑에 사랑으로 반응해서는 안 된다는 말입니다. 분석가가 이런 금욕의 규칙을 지킴으로 인해서, 환자의 욕구는 좌절되고 이로 말미암아 이 부분에 관한 분석 작업을 할 수 있게 된다는 설명입니다.

혹시 이 부분에 관해 오해가 있을 수 있어서 다시 부연해 설명한다면,

아이가 부모의 사랑을 원한다고 해서 부모가 아이의 사랑에 반응해서 아이와 성적인 사랑을 나누지는 않지요. 건강한 부모라면 누구나 그럴 겁니다. 부모가 아이의 성적 욕구에 반응해서 아이에게 어떤 성적 행동도 하지 않는 것이 정상적이고 건강한 일입니다. 하지만 역시 그럼에도 부모가 아이를 (추상적 의미에서) 사랑하지 않는 건 아니지요. 역사적으로 볼 때, 또 가끔 사회면을 장식하는 치료자와 환자의 성적인 일탈은 바로 이 부분의 중요성을 정확히 인식하지 못하거나 치료자의 개인적인 문제가 심각할 때, 이 치료의 경계를 넘기 때문에 일어나곤 합니다.

제가 여기서 이런 경우에 환자는 어떤 문제가 있을지에 관해서는 굳이 언급을 안 하는 이유는 다음과 같아요. 흔히 이야기되는 바, 모든 환자는 치료에 올 때, 똑 같은 일종의 의제를 가지고 오는데 이 의제는 바로 치료자를 변화시켜서 환자 자신들이 원하는 걸 가지려고 하는 것이라고 해요. 따라서 이러한 환자의 의제에도 불구하고 어떻게 이런 와중에도 치료 세팅과 경계를 지켜서 치료적으로 환자에게 도움을 줄 것인가 하는 과제와 책임감은 1차적으로 치료자에게 전적으로 놓여 있기 때문입니다.

더 쉽게 이야기한다면, 아무리 아이가 성적인 욕구의 파생물을 부모에게 드러낸다고 해도 건강한 부모는 그 욕구에 반응해서 실제로 성적인 행위를 아이에게 하지는 않습니다. 하지만 부모가 추상적 의미에서의 사랑을 하지 않는 건 아니지요. 그러므로 금욕의 규칙을 말할 때 그 정도dosage를 어떻게 할지는 환자가 견딜 수 있는 능력이 어느 정도 되는지에 따라서 달라질 수 있지만, 여기에서도 어떤 건강한 경계선은 가져야 하는 것이지요. 바로 이런 건강한 부모와 같은 역할을 치료자는 해야 되는 거라고 이해하시면 되겠습니다.

프로이트가 「쾌락 원칙을 넘어서」(1920)란 논문을 통해서는 전이 현상의 이해에 관해 주요한 변화를 보입니다. 쾌락의 추구를 향한 아동기에서 유래한 현상으로서 전이 현상이 일어나는 게 아닌 경우가 있다는 점에 주목한 것이지요. 이를 쉽게 설명하자면, 이런 전이 현상은 반복 강박의 일종으로서 죽음 본능의 징후라고 보는 것인데, 프로이트는 비로소 이 논문을 통해서 전이 반응을 리비도적인 본능과 죽음 본능, 양자의 징후로 간주하게 됩니다.

샤프는 1930년에 이르러 기법에 관한 논문에서 클라이니안 관점에서 전이에 관해 그때까지의 관점에 다른 새로운 시각을 덧붙여 논합니다. 우선 분석가에 대한 환자의 공상을 분석하는 일의 중요성을 말하고, 그 다음에 전이 반응은 어릴 때 주요 인물에 대한 감정 반응의 전치일 뿐만이 아니고 투사라고 말합니다. 투사란, 즉 환자가 자신이 무의식적으로 품고 있던 공상, 감정을 치료자에게 투사해서 치료자가 바로 그런 공상과 감정을 가지고 있다고 치료자를 탓하는 것이라고 말합니다. 샤프는 이에 따라서 전이를 분석하는 일은 따로 동떨어져 있는 과업이 아니라, 정신분석의 시작부터 끝까지의 과업이라고 주장합니다.

또한 프로이트는 「종결이 가능한 정신분석과 종결이 불가능한 정신분석」(1937)이란 논문에서는 장기간 지속되는 부정적인 전이와 행동화의 문제는 일종의 반복 강박이며, 이것은 곧 죽음 본능의 징후로 인해 생긴다고 지적했습니다.

스터바는 1929년과 1934년에 치료 과정에 관한 이해에 도움을 주는 두 개의 전이에 관한 논문을 발표합니다. 그는 환자의 자아가 두 개로 나뉘어서, 한 부분은 분석가의 관찰하는 기능과 부분적으로 동일시할 수 있다고 했습니다. 그럼으로써 환자는 분석에서 적극적인 참여자가 될 수 있다고 했지요. 환자는 한편으로 분석의 재료를 생성해내면서, 다른 한 편으로는 분석가와의 동일시에 의해서 그러한 분석 재료에 관해 분석 작업을 시도할 수 있게 된다고 하는 것이지요. 이러한 생각이 나중에는 치료 동맹 혹은 작업 동맹의 주요한 요소가 되기도 합니다.

페니쉘은 『정신분석 기법에서의 문제들』(1941)이라는 책을 발간합니다. 이 책은 정신분석 기법의 개요를 제시했다고 인정받는 중요한 책입니다. 페니쉘이 이 책에서 강조한 기법의 개요는 다음과 같습니다.

해석은 표면부터 해야 한다는 것과, 환자가 그 분석 시간에 다룰 재료를 주체적으로 결정한다는 것. 환자가 이걸 결정하는 방식은 그 시간에 무엇을 말하는가에 의해서 결정됩니다. 그러나 때로는 환자가 말하지 않는 것에 의해서 혹은 환자가 말하는 방식이나 무엇을 환자가 하는 가 하는 것에 의해서 이런 재료가 주체적으로 결정되기도 합니다. 다음의 단계에 이르면, 내용에 관한 해석 이전에 저항에 관한 해석을 먼저 하라는 것입니다. 마지막으로는 너무 깊거나 너무 얕은 해석을 하는 일은 피해야 한다는 것이지요.

제첼은 1956년에 '치료 동맹therapeutic alliance'의 중요성을 언급하면서 이를 전이와는 다르게 구분지어서 이해할 필요가 있다고 주장합니다.

위니코트는 1956년의 에세이에서 인생의 초기에 적절한 엄마의 돌봄을 경험하지 못한 환자의 경우에는 기법에서의 수정 내지는 변경이 요구된다고 주장합니다.

로왈드는 1960년에 발표한 「정신분석의 치료적인 작용」이라는 논문에서 전이 관계에서는 어떤 비언어적인 요소가 있음에 관해 주목하지요. 이것은 엄마와 아이 사이의 비언어적이고 성장을 촉진하는 상호작용과 비슷한 상호관계의 형태를 가진다고 보았어요. 이것이 아이가 자아 구조를 형성함에 있어서 도와주는 역할을 하는 엄마가 지닌 선택적인 기능이요, 중재성을 가지며 조직화하는 기능이라고 하였습니다. 즉, 아이가 가진 잠재성을 엄마가 그려낼 수 있어야 아이가 자신에 관해 이런 부분의 이미지를 가질 수 있게 된다고 합니다.

스톤은 1961년에 『정신분석적인 상황』이라는 책을 발간하는데 여기에서 충족의 필연성에 관한 개념을 각별히 취급합니다. 정신분석의 적용을 그 이전보다 더 넓히려는 시도와 함께, 그 이해와 적용에 관해서도 논의하고 있습니다. 다시 말하면, 이렇습니다. 그 이전에는 이를테면 너무 상태가 심해서 정신분석이 가능하지 않다고 보던 환자 군에 관해서도 분석이 가능한가 하는 여지를 찾기 위한 노력의 일환을 보이기 시작해요. 그러나 분석이 가능하기 위해서는 환자가 분석가에 관해서 더 신경증적인 전이 반응과 함께, 비교적 덜 신경증적인 관계도 발달시킬 수 있어야 한다고 보지요.

그 이후로 1960년대 후반과 1970년대에 들어서면서부터 본격적으로 경계성의 상태에 놓여있는 환자나 병적인 나르시시즘의 문제를 주된 문제점으로 가지고 있는 환자를 정신분석적인 방법으로 도와주기 위한 여러 가지 기법의 적용이 대두가 되면서 첨예한 논쟁을 불러일으키기도 합니다.

모호한 경계성 환자를 위한 다양한 기법에 관해서는 컨버그가 여러 가지의 의견을 개진하면서 많은 논문과 책을 출간하였습니다. 한편 나르시시즘적인 문제가 주가 된 환자에 관해서는 코헛이 사실상으로는 위니코트의 뒤를 이어서 환자의 과대성을 존중해줘서 스스로 이런 병적인 나르시시즘으로부터 나올 수 있도록 도와주어야 한다고 주장하기에 이릅니다.

그러나 코헛은 아이의 공격성을 과소평가한 면이 있습니다. 왜냐하면 그는 이러한 공격성이 나르시시즘적인 손상 후에 2차적으로 온 것이라고 보았기 때문이에요. 한편으로는 클라인 학파에서는 일찍부터 인간의 정신 병리는 죽음 본능에서 발생한다는 입장을 취하면서, 유아기의 무의식적인 공상의 해석이 무엇보다도 중요하다고 주장합니다.

흔히 논의되기로는 정신분석의 초기 50년의 역사에서는 환자 안에서 무엇이 일어나는가에 관심을 두었고, 그 뒤의 50년 역사에서는 환자와 치료자 사이에서 무엇이 일어나는가에 관심을 두었다고 합니다.

제 개인적인 의견으로는, 다음과 같습니다.

최근의 20여년의 시기에는 환자와 치료자 사이에 일어나는 일에 관심을 두는 것에 덧붙여서 치료자 안에서 무엇이 일어나고 이것이 때로는 어떻게 필연적인 실연화enactment 과정을 유발하는지, 즉 환자와 치료자가 함께 어떤 행동화를 전이-역전이 관계에서 실연화 하는지에 관해서 한결 진지하게 관심을 가지기 시작했다고, 저는 유심히 보고 있어요.

4. 정신분석에 기여한 여성 정신분석가들

안녕하십니까? 저는 민성혜라고 합니다. 제가 2012년 한국여성정신의학회 · 정신치료학회의 추계 합동학술 대회에 처음 발표를 의뢰 받고 고민한 점은 오늘의 대 주제와 제가 발표하는 소주제를 어떻게 연관시킬 것인가 하는 문제였습니다.

두루 아시다시피 우리나라에서의 정신분석의 발달 단계는 김동순 선생님과 같은 소수 선각자의 노력에도 불구하고 아직도 초기 발달 단계에 머물러 있다, 라고 볼 수밖에 없습니다. 그래서 저는 우리나라 현재의 여성 정신과 의사를 바라보면서, 미래의 여성 정신분석가를 기다리는 마음으로, 유럽으로부터 비롯된 정신분석의 발달 과정을 짧게 살펴보려고 합니다. 특히 그 중에서도 여성 정신분석가의 사회문화적인 역할을 중심으로 그들의 학문적 업적을 간단히 언급해보려고 합니다. 그리고 마지막으로 우리나라 여성으로서 처음으로 미국에서 정신분석가의 수련을 마치고 미국정신분석학회의 정(正)회원이 되었지만, 이제는 고인이 되신 김명희 선생님에 관한 짧은 소회를 통해서 오늘의 주제를 다시금 반추하는 기회로 삼으려고 합니다.

초기의 정신분석 발달 과정의 역사를 살펴볼 때에 놀라운 점은 아마도 20세기 초에 동시대적인 배경 하의 어떤 학문의 분야에서도 그 유례를 찾을 수 없는 여성의 뚜렷하고도 의미 있는 활약입니다.

저는 톰슨(1987)의 논문에서 소개된 여성 정신분석가에 대한 연구에서 주로 인용하려고 합니다. 톰슨은 초기 정신분석 운동 기간을 1902년에서 1930년까지로 보았습니다. 여기에 저는 미국으로 넘어간 정신분석 초기의 역사에 기여한 여성 정신분석가를 포함해서 약 1940년까지를 살펴보려고 합니다.

톰슨은 1930년까지의 시기를 세 단계의 시기로 구분하였습니다.

그녀가 구분한 제1기는 1902년부터 1909년까지로 일종의 비공식적인 조직의 시기라고 할 수 있습니다. 즉, 프로이트가 네 명의 동료—빌헤름 슈테겔, 알프레드 아들러, 막스 카하비, 루돌프 라이틀러—를 초대하여 1902년 가을에 수요 모임을 만든 시기로부터 시작합니다. 이 수요 모임은 점점 참석 인원이 증가해서 1906년에는 오토 랑크를 공식적인 서기(書記)로 두고 모임의 토의 과정을 세세하게 기록하기 시작하였으며, 1908년 4월에 이르러서는 모임의 이름을 비엔나 정신분석학회로 바꾸었고, 그 인원은 20명에 이르게 됩니다. 같은 달에 잘츠부르크에서 프로이트의 작업에 관심을 가진 42명의 사람이 모여서 정신분석회의를 열고 정신분석 저널의 발행을 시작하게 되는 시기이기도 합니다.

제2기는 1910년에서 1919년입니다. 이 시기에는 정신분석 운동이 국제적인 조직으로 도약을 하게 됩니다. 1910년 3월에 뉘른베르크에서 제2차 정신분석 회의가 열리고 산도르 페렌치가 국제정신분석학회의 설립을 제안하고 카를 융이 회장으로 선출됩니다. 그 이후 6년 동안에 걸쳐 유럽에 다섯 개 그리고 미국에 세 개의 산하 학회가 설립됩니다. 그러나 이러한 괄목할 만한 외적 성장과는 달리 내적으로는 여러 어려움과 혼란이 뒤따라 오는 시기이기도 했습니다. 구성원들 간의 이론적인 불일치가 심각한 갈등을 초래했는데, 처음에는 프로이트와 아들러의 사이에서,

그 다음에는 프로이트와 융과의 사이에서 두드러졌습니다. 그 결과, 1913년 10월에 융도 정신분석 저널의 편집자 직에서 물러나고, 그 다음 해인 1914년 4월에는 국제정신분석학회의 회장직을 사임하게 됩니다.

제1차 세계대전이 일어난 1914년에서 1918년 동안 정신분석은 공백기를 가지게 됩니다. 제1차 세계대전 후인 1918년에 비로소 부다페스트 회의가 열리게 되고 누렌버그의 제안으로 두 가지의 중요한 결정이 내려집니다. 하나는 정신분석가라는 '명칭'을 쓰려면 치료자 자신이 먼저 개인 정신분석을 받아야 된다는 점과, 다른 하나는 정신분석적인 치료를 대중에게 저렴한 치료비로, 혹은 무료로도 제공할 수 있는 치료소를 열 필요가 있다고 했습니다.

제3기는 1920년에서 1930년까지의 시기입니다. 이 시기는 정신분석의 조직이 다시 재정비되어 성장한 시기입니다. 1920년에 베를린에서 치료소와 정신분석 수련 연구소―최초의 수련 연구소는 1919년 헝가리에서 산도르 페렌치에 의해 주도된 연구소가 생기지만, 이는 곧 헝가리 혁명의 격동 속에 문을 닫게 되므로 흔히는 베를린 연구소를 최초의 연구소로 간주합니다―가, 비엔나에서는 1922년에 치료소를 그리고 1924년에 수련 연구소를 설립하고, 영국에서는 1924년에 치료소를, 1926년에는 연구소를 설립하기에 이릅니다.

1935년까지 유럽에서는 이런 시스템이 정착되고 미국에서도 따라하게 됩니다. 이 시기는 정신분석 수련이 공식화 되는 시기이기도 합니다. 따라서 수련에 영향력을 행사하는 조직으로 수련위원회가 생기고 영향력을 행사하게 됩니다. 이 중에서도 특히 베를린, 비엔나, 런던 등이 영향력을 가지고 있었습니다. 그 영향력의 극대화의 일환으로 1925년에는 국제수련위원회가 설립되어 전체의 수련 시스템에 영향을 행사하려고 하였습니다. 그러나 1937년에 이르러서 미국의 정신분석 연구소들이 일종의 독립 선언을 함으로써 처음의 의도를 계속 관철시킬 수는 없게 됩니다.

톰슨(2001)은 미국의 초기 정신분석 발달의 역사도 1911년부터 1941년까지로 보면서 이 역시 세 가지 시기로 구분하였습니다.

제1기는 1911년부터 1919년까지로 뉴욕, 워싱턴, 보스톤에 정신분석학회가 설립됩니다.

제2기는 1920년에서 1932년으로 제1차 세계대전으로 인해서 중단되었던 조직을 재정비하는 시기로, 많은 분석가들이 비엔나, 베를린, 런던 그리고 부다페스트를 개인 정신분석과 정신분석 수련을 받기위해 방문하던 시기입니다.

제3기는 1932년에서 1941년으로 획기적인 변화가 미국에서 일어나는데 미국의 연구소들이 국제정신분석학회의 수련 규정으로부터 탈피해서 자신들의 독자적인 수련 규정을 만들면서, 이를테면 독립선언을 하게 됩니다. 이 시기는 또한 1939년에 발발한 제2차 세계대전의 여파로 유럽에서 많은 분석가가 미국으로 이주하는 시기이기도 합니다.

1930년을 초기 정신분석 운동 시기의 종결 시점으로 잡는 이유를, 톰슨은 다음의 두 가지를 근거로 제시했습니다.

하나는 이 시기에 이르러서 비로소 이전의 프로이트 중심의 비공식적인 모임의 성격에서 벗어나 공식적인 기관의 구조를 갖춘 시기라는 점이며, 다른 하나는 1930년대는 유럽에서 파시즘이 대두되고 이로 인해서 새로운 정신분석발달의 역사를 쓰기 시작하는 새로운 시대이라는 점입니다.

이제 1902년에서 1930년 사이에 정신분석 운동에 동참한 사람의 사회문화적인 통계를 통해서 여성의 참여도와 그 기여도를 살펴보겠습니다.

톰슨에 의하면 1930년 말까지 14개의 정신분석학회에 속했던 회원의 숫자는 653명이었는데, 이 중에서 20퍼센트에 달하는 133명이 여성이었다고 합니다. 기여도를 살피는 기준의 하나로 톰슨이 선택한 것은 처음 회원이 된 이후에 사망할 때까지 계속 남아있었는지를 보았는데, 이는 전체 회원의 64퍼센트가 그러하였고 여성은 60퍼센트인 남성에 비해서 79퍼센트로 그 비율이 훨씬 높았습니다. 앞서 언급한 초기 정신분석 운동의 제1기에는 80명이 참여하였으나 단지 두 명만이 여성이었다고 합니다.

흥미로운 현상의 하나는 제2기에서 제3기에 걸쳐서 여성분석가의 숫자는 두 배 이상으로 증가한다는 사실입니다. 이는 같은 시기에 남성분석가의 수가 비슷하게 유지되는 것과 잘 대비가 됩니다. 이 시기에 참여한 여성분석가의 사회적인 배경을 보면 직업을 확인할 수 있었던 105명 중에서 81명이 의사로 대다수를 차지하고 있었으며, 10명은 다른 분야의 박사학위 소지자, 8명은 교사였습니다. 이 사실을 두고 볼 때, 그들은 모두 매우 높은 자격을 지닌, 전문 집단의 구성원이었습니다.

이제 제2기에 속하는 여성분석가 중에서 정신분석의 발전에 기여가 높은 분석가를 몇 사람 소개하겠습니다.

카렌 호르나이는 베를린 연구소에서 수련생의 수련을 책임진 6명의 분석가들 중에서 유일한 여성분석가로 1932년 미국으로 이주하기 전까지 그 자리를 유지하였습니다. 그녀는 미국에서 시카고와 뉴욕의 정신분석연구소에서 활동하다가 그곳에서 나온 뒤에 1940년에는 그녀 스스로 자신의 정신분석연구소American Association for Advancement to Psychoanalysis를 설립하고, 1952년 사망할 때까지 이 학회를 이끌었습니다. 그녀는 1922년에 비엔나 정신분석 치료소에서는 아동지도센터를 열었는데, 헤르민 휴-헬무스가 1924년 사망할 때까지 여기에서 지도 감독의 역할을 담당했습니다.

헬레네 도이치는 1925년에 비엔나 연구소의 설립 초기부터 미국으로 이주하는 1935년까지 연구소를 이끌었으며, 수련 프로그램을 만드는 일 등에 주도적인 역할을 담당하였지요. 그녀는 미국으로 이주해서는 1939

년에서 1941년까지 보스톤 정신분석연구소의 소장 직을 맡는 등 지도자적인 역할의 인물로 활동하였습니다. 조앤 리비에르는 영국에서 1926년에 학회에서 처음으로 위원회에 속하게 되었고 또한 수 년 동안 정신분석 국제 저널International Journal of Psychoanalysis의 번역 편집자 역할을 맡고, 1930년에는 브리티시 정신분석학회의 수련 책임자 여섯 명 중에서 네 명의 여성 중의 한 명이 되었죠.

다른 세 사람은 엘라 프리먼 샤프, 실비아 페인, 멜라니 클라인이었습니다. 멜라니 클라인은 처음에는 헝가리와 베를린 학회의 회원이었으나 1926년 어니스트 존스의 초청으로 런던으로 이주해 와서 런던의 연구소 내에서 소아를 위한 정신분석과 수련을 지휘하였습니다. 실비아 페인은 브리티시 학회의 회장으로 1944년과 1954년에 선출되어서 안나 프로이트와 멜라니 클라인의 논쟁으로 분열의 위기로 연구소와 학회가 심각한 갈등을 겪던 시기에 노련한 중개로 이 학회의 분열을 막는 데 기여하였어요.

마리온 켄워시는 1919년에 뉴욕 정신분석 학회에 합류하여 1958년부터 1960년까지 미국정신분석학회에서 여성으로서는 처음으로 회장이 되었습니다. 루시 돌레이도 워싱톤과 볼티모어의 학회에서 활동하면서 그 학회의 회장을 두 번이나 역임하였습니다. 베네데크는 1936년에 시카고로 이주하여 시카고 연구소의 수련 프로그램에서 주요한 역할을 담당하였어요.

제3기에는 베를린 연구소에 소속된 여성분석가들이 적잖이 활동을 했습니다.

뮐러 브라운 슈웨그는 1923년 이 연구소의 소아분석을 담당하는 일을 맡았지요. 알리스 발린트는 1923년에 베를린 학회에 들어왔으나 1926년에는 고향인 부다페스트로 돌아가서 그곳의 교육분석가가 되었습니다. 그밖에 클라라 하벨과 프리다 프롬-라이히만은 베를린 학회의 프랑크부르트 지회의 회원인데 하펠은 1927년에 국제수련과 연관한 위임을 맡은 위원회에서 일하였고 나중에는 미국의 디트로이트로 이주, 정착하여서 디트로이트 학회의 회원이 되었습니다. 프리다 프롬-라이히만은 1930년데 중반에 미국으로 이주하여서 워싱턴DC 외곽의 체스트넛 롯지와 연계해서 일하면서 정신분열증 치료로 전국적인 명성을 얻었어요. 에디스 웨이커트도 베를린에서 미국으로 이주하여 워싱턴 학회에서 교육분석가로서의 역할을 하고 수련을 담당했습니다. 에디스 제이콥슨도 베를린에서 뉴욕으로 이주하여 뉴욕정신분석학회의 회원이 되어서 그곳에서 교육분석가의 역할을 하면서 수련생을 가르쳤지요. 비엔나 연구소에 있던 1920년대의 여성은 대부분 소아정신분석 세미나에 참석하였고 그 이름은 다음과 같습니다 : 그레테 비블링, 마리앤느 크리스, 제나 왈다-홀, 애니 라이히, 베르타 그리고 스테피 볼스타인, 마아가렛 말러, 에디스 스터바, 애니 엔젤 카탄, 에디스 벅스바움, 잔 랑플-드 그로, 안나 프로이트……

지그문트 프로이트의 딸인 안나 프로이트는 1922년에 비엔나 학회의 회원이 되었고 1925년에는 수련위원회의 위원으로 선출되어서 서기의 역할을 하였어요. 그녀는 1926년에 비엔나 학회에서 소아정신분석에 관한 강의를 담당하였지만, 프로이트 가족이 영국으로 이주한 뒤에 그녀는 함스테드 아동치료소를 설립하고 1982년에 사망할 때까지 그 곳의 책임자로 일합니다. 그녀는 또한 수년간에 걸쳐 정신분석 저널의 편집자로 일하기도 했습니다.

잔 랑플-드 그로는 네델란드로 가서 그곳의 정신분석학회에서 교육을 하며 교육분석가로 활동했어요.

그러나 비엔나에서 수련받은 다른 사람들은 주로 미국으로 이주했습니다. 그레테 비블링은 보스톤에 정착해서 그곳의 수련위원회의 장이 되고, 1958년에는 그곳의 회장이 되었습니다. 그녀는 1962년에는 미국

정신분석학회의 회장이 되기도 하고 1961년에는 하버드 의대의 임상교수가 되었는데, 이것은 여성으로서 처음으로 임명된 사례였다고 해요. 그 외에도 많은 여성 분석가들이 미국에서 폭넓게 활동했어요.

클라라 톰슨은 워싱톤-볼티모어 정신분석학회의 초대 회장이었고 정신분석 교육을 하면서 교육분석가로 활동하였고 나중에는 뉴욕정신분석학회 회원이 되었지만 1941년에 카렌 호르나이와 함께 그곳을 나왔습니다. 그 후에 호르나이와도 헤어지고 1946년에는 뉴욕에서 윌리엄 알란슨 화이트 연구소—소위 설리반 연구소라 일컫는 곳입니다—의 설립을 도왔습니다.

지금까지 제가 말씀 드린 내용을 요약하자면, 제2기 여성분석가의 38퍼센트 정도가, 그리고 제3기 여성분석가의 35퍼센트 정도가 연구소나 학회에서 주요한 역할을 담당하였다고, 말씀드릴 수 있습니다. 이 사실과 관련해서 떠오르는 일이 하나 있습니다. 제가 뉴욕에서 정신분석 수련을 받을 때 뉴욕대학의 학생상담실에 일종의 자원봉사자의 신분으로서 주 이틀간 나가서 단기 정신치료를 한 적이 있습니다. 그때 상담 받으러 온 한 여학생이 저에게 당신의 수련 배경은 무엇이냐, 라고 물었습니다. 제가 '나는 프로이디안의 정신분석을 수련하고 있다.'라고 했더니, 그 여학생은 놀랍다는 듯이, 저에게 페미니즘에 반(反)하는 것으로 알려진 프로이디안을 여성인 당신이 공부하고 있다는 게 흥미롭다고 말했습니다. 이 학생의 반응에서 보듯이, 또 보통 일반인들 사이의 인식과는 달리, 20세기 초에 많은 여성들이 그 정도의 주요한 역할을 담당한 분야가 또 어디에 있을까, 하고 저는 생각합니다.

다음으로는 미국에서 활동한 두 명의 여성분석가를 잠시 소개할까 합니다.

엘리자베스 제첼은 뉴욕에서 태어났지만 런던에서 의학 교육을 받았고, 1930년대에 브리티시 학회에서 정신분석 수련 과정을 밟았습니다.

그녀가 남긴 짧은 회고문을 보면, 그 당시에 멜라니 클라인과 조앤 리비에르, 수잔 아이작의 연구를 듣는 기회가 있었고, 이를 얼마나 즐겼는지를 기억해내고 있습니다. 또한 그녀는 무엇보다 위니코트에게서 실제 엄마-아이 관계의 중요성을 배울 수 있었다고 회상하고 있지요.

제첼은 1949년에 미국으로 돌아와서 보스톤 학회의 회원이 되어서 교육분석가 및 주요 강사로서 활동하였습니다. 흔히 제첼의 이름은 '치료동맹'이라는 용어를 떠올리게 할 만큼 중요한 인물이 되기도 합니다. 또 그녀는 치료 동맹과 전이를 구분해서 생각하는 것의 유리한 면을 주장하기도 했습니다. 이외에도, 그녀는 자아심리학에 경도된 미국의 분석가에게는 멜라니 클라인의 작업의 가치에 주목할 것을 촉구하는가 하면, 클라인 학파의 분석가에게는 다른 분석가들의 작업을 충분히 인식하지 못하고, 이를 인정하지도 않는다고 비판했지요.

필리스 그리나커는 시카고에서 태어나서 1916년에 의대를 졸업한 후에 볼티모어로 와서 존스홉킨스 병원의 스위스 출신의 미국 정신과 의사인 아돌프 메이어 밑에서 레지던트 수련을 받았습니다. 그녀는 1920년대 후반에 뉴욕으로 옮겨가서 1932년에 뉴욕정신분석 연구소에서 정신분석 수련을 시작했고, 1930년대와 1940년대에 임상적으로나 이론적으로 독창성을 가지고 다른 어느 분석가보다도 더 뛰어난 성취를 이루었습니다. 특히 창의성과 페티시즘, 창의적인 사람 및 영아발달의 영역에서 훌륭한 업적을 남겼어요. 그녀는 임상에서 분석을 통한 재구성의 중요성과 '차폐 기억screen memory'의 중요성을 주장합니다.

그러면, 이제 초기 여성분석가의 학문적 기여도에 관해, 소아정신분석, 이론, 임상에서의 기여도로 나누어 살펴볼까 합니다.

그 첫 번째로는 소아정신분석입니다.

비엔나에서 처음으로 아동을 치료한 사람은 교사였던 헤르민 후그-헬무트입니다. 그녀는 1911년에 프로이트에게 자신의 논문을 보내고,

1912년에도 소아에 관한 논문을 발표했어요. 1919년에는 「한 소녀의 일기」라는 제목으로 편집한 것도 발표하는데, 여기에는 한 소녀가 자신의 성을 자각해가는 과정이 매우 솔직한 묘사로 담겨있어서 그 당시에 사회적인 큰 반향을 일으킵니다. 또한 1912년의 「소아정신분석의 기법」이란 논문에서는 소아정신분석의 목적이 '성격-분석'이라고 주장하는데, 이를 오늘날의 표현으로 바꾼다면, 소아정신분석의 목적은 교육이라고 주장한 겁니다. 그녀는 또한 7세나 8세의 아이의 치료에 '놀이'가 매우 중요하다고 하였으나, 이러한 관찰에 근거한 구체적인 기법을 발전시키지는 않았어요.

멜라니 클라인과 안나 프로이트는 소아를 분석하는 적절한 기법이 무엇인지를 놓고 처음부터 첨예하게 대립하며 논쟁을 벌였습니다. 멜라니 클라인은 1919년 헝가리 정신분석학회에서 「소아의 발달」이라는 논문을 발표하죠. 이 논문에서 소아는 카우치에 눕혀서 자유연상을 하게 할 수는 없으므로, 장난감을 주고 놀이를 하게 하면서 정신분석적으로 관찰해야 한다고 했어요. 이러한 관찰을 통해서 그녀는 소아의 놀이에 관한 상징적인 내용을 직접적으로 해석하는 것이 중요하다고 믿게 됩니다. 멜라니 클라인의 이러한 자신의 경험에 근거해서 주장한 내용들이 오늘날에 주목됩니다. 소아의 공상이 엄마와의 초기 대상관계에서 주요한 역할을 한다는 것. 불안과 공격성에 대한 반응으로 부정, 분열, 함입, 투사의 방어를 발달시킨다는 것. 오이디푸스 콤플렉스 이전에 초자아의 형성이 오이디푸스기 보다 선행되어 일어난다고 하는 것……말이지요.

그러나 안나 프로이트는 클라인이 주장했듯이 소아의 놀이가 자유연상과 온전히 동등하다든가, 혹은 소아가 직접적인 분석적인 해석을 흡수할 수 있다든가 하는 걸 받아들이지 않았지요. 대신에, 안나 프로이트가 소아를 치료하는 방식은 소아의 방어와 저항을 주로 분석하는 것이었습니다.

비엔나에서 안나 프로이트와 보육원 교사를 위한 최초의 정신분석 세미나를 열었던 도로시 벌링엄은 에디스 잭슨의 도움으로 보육원을 만들었는데, 이것이 벌링엄과 안나 프로이트가 후에 만든 함스테드 전쟁 보육원의 전신이 되었습니다. 벌링엄은 엄마-아이의 관계에서 생기는 특별한 공감 및 결속력에 관한 논문을 발표하였고, 소아정신분석의 성공이 장기적으로 소아분석가가 아이의 엄마와 어떤 관계를 맺는가 하는데 달려 있다고 했어요. 마가렛 말러는 소아기 정신병에 관해 연구하였으며, 분리-개별화의 과정을 기술하여 그에 관한 책을 출판하기도 했죠.

다음은 이론에 대한 기여도입니다.

우선 여성성의 발달에 관해 말씀드리겠습니다.

많은 분석가들이 1920년대와 1930년대에 여성에게 있어서의 성의 본질과 여성성의 발달에 관심을 보였습니다. 카렌 호르나이는 이 주제를 탐구한 초유의 여성 정신분석가였습니다. 그녀는 1922년 베를린 회의에서 「여성의 거세 콤플렉스의 기원」이란 논문을 발표했고, 그 이후에도 그에 관한 여러 논문을 발표하였죠. 그녀의 논점은 다음과 같아요. 남근 선망은 어린 여자아이가 아빠와의 오이디푸스적인 관계에서 불가피하게 겪는 고통 후에 따라오는 2차적인 형성물이라는 겁니다. 또한 그녀는 사회문화적인 규범으로 인해서 여성이 충분한 정서적이고 지적인 발전을 억제하게 된다, 라고 했어요. 한편 헬레네 도이치는 1924년에 「생식기능과 관계된 여성의 심리」라는 논문을 발표하였고, 1944년에는 『여성의 심리』라는 책을 발간합니다. 그녀는 여자아이의 발달에서 동일시가 중요함을 강조하였고, 만약에 엄마와의 동일시에 실패하면 엄마답게 되는 여성의 능력과 모성이 손상된다고 주장하였지요. 그녀는 여성이 모성을 통해서 가장 깊은 만족감을 얻게 된다고 주장한 것으로 유명합니다.

멜라니 클라인은 매우 어린 소아와 작업한 자신의 경험을 토대로 여성성의 발달을 설명했어요.

첫째는 어린 여자아이의 가장 깊은 곳에 내재되어 있는 두려움은 자신의 신체 내부가 약탈당하고 파괴될 거라는 공상에서 기인한다고 생각해요. 이러한 공상을 갖게 되는 이유는 아이가 엄마의 유방에 대해 구강기의 좌절을 겪은 뒤에 구강기의 만족의 대상을 아빠의 남근으로 바꾼다는 데 있죠. 따라서 아이의 공상에는 엄마의 신체가 아빠의 남근을 포함해서 자신이 갖고 싶은 모든 걸 품고 있다고 봐요. 이로 인해, 엄마의 몸을 공격하는, 남근을 포함한 모든 내용물을 박탈하고 싶은 가학적인인 공상이 생겨난다는 거지요.

그러나, 아이는 곧 엄마가 아이 자신의 몸의 내용물을 파괴시키는 방식의 보복을 할 것이라는 두려움을 갖게 됩니다. 클라인은 이러한 두려움은 남성에게 있어서의 거세 불안과 대등한 위치에 둘 수 있는 여성에게 있어서의 불안이라고 주장합니다.

둘째는 어린 여자아이가 매우 초기에 이미 자신의 질*vagina*의 존재를 무의식적으로 알고 있다는 겁니다. 이러한 앎을 억압하려는 경향이 강렬하게 생기는 이유는 여자아이가 갖고 있는 자신의 몸의 내부와 연관한 불안 때문이라고 합니다. 클라인은 프로이트의 두 가지 관점은 동의했는데, 이것은 여자아이가 남근을 소유하고 싶은 소망을 가지고 있다는 점과, 여자아이 자신에게는 이런 남근이 주어지지 않았다고 생각해서 엄마를 미워한다는 점입니다.

그러나, 프로이트와 사뭇 다른 의견을 낸 클라인은 여자아이가 남근을 구강 만족의 대상으로 함입하려고 원하는 것이지, 이것이 남성성—남자가 되고 싶어서—을 갖기 위한 것은 아니라고 했어요. 클라인은 자신의 이런 주장과 일치하는 견해로서 호르나이의 주장을 인정해 수용합니다. 즉, 호르나이의 주장은 여자 아이의 거세 콤플렉스야말로 오이디푸스적인 상황에서의 좌절에 기인하는 것이지, 남근 자체의 선망에서 오는 게 아니다, 라는 거예요.

클라인 또한 도이치의 다음과 같은 의견에 동의합니다. 말하자면, 여자아이가 아빠의 남근과 엄마의 유방을 동등한 것으로 간주하고 이것을 아래로 전치하여 그 결과로 질*vagina*의 역할에 빨아들이는 구강으로서의 수동적인 역할을 부과한다는 겁니다. 그럼에도 불구하고, 클라인은 도이치가 주장한 바, 성적인 성숙이 일어나기 전까지는 전치가 일어나지 않는다는 점에 있어서는 반대의 의견을 표명하기도 합니다.

조엔 리비에르, 마저리 브리얼리는 영국 분석가 중에서 여성성의 발달에 관해 기여한 분석가입니다. 이들은 클라인의 영향을 받아서 여자아이의 리비도적인 발달의 관점에서 구강기의 중요성을 강조해요.

리비에르는 프로이트가 어린 여자아이의 출생부터 타고나는 선천적인 여성성의 특성을 인식하지 못했다고 비판하지요. 여성의 운명은 프로이트가 말한 바 있었듯이─남근이 없음으로 인해서─만족이 불가능한 상실감에 바탕을 두는 게 아니라고 하였습니다. 그녀는 여자아이의 구강 리비도가 지나친 불안의 위협에서 벗어나 자유롭게 발달한다면 여성이 자신의 내부에 좋은 걸 소유하고 있고 이를 소중하게 여기는 데서 만족감을 느낀다고 합니다. 브리얼리 또한 프로이트의 의견에 반대해 다음과 같은 주장을 펼칩니다. 즉, 여성성에 있어서 질만 중요한 게 아니라, 그에 못지않게 클리토리스가 상당한 중요성을 가진다고 말하면서 질과 클리토리스가 서로 상호작용한다고 봐야지, 한 개가 다른 것을 대체한다고 볼 필요가 없다고 했지요.

프로이트는 여자가 완전한 여성성을 얻기 위해서 두 가지 과업을 성공적으로 수행해야 하는데, 그 하나는 자신의 에로티시즘을 클리토리스에서 질로 이동시켜야 하고, 다른 하나는 원래의 사랑의 대상이었던 엄마에서 사랑의 대상을 아빠로 변경해야 한다고 말하였지요.

브리얼리에 의하면, 여자아이가 오이디푸스 콤플렉스를 해결하려는 동력이 결여된 게 아니라, 반대로 위반하는 것과 복수를 당할 것에 관한 불안이 너무 강해서 이에 굴복하게 된다고 보았구요. 결국 여자아이는 아빠와의 관계에서 오이디푸스적인 소망을 포기하지만 지나친 불안으로 인해서 퇴행하면서 여성성에 손상을 받을 정도의 억제가 생긴다는 거예요. 이런 불안의 강도는 구강기의 장애와 연관이 있다고 하였었는데 여성에서 초자아의 발달은 종종 전(前)-생식기 단계에서 멈추어지게 된다고 합니다. 그 결과, 매우 잔인하고 원초적이며 사랑이 적은 초자아를 가지게 된다는 거죠. 따라서 여성은 종종 이러한 가혹한 초자아에 항거하기 위해서 자신을 보호하는 일을 외부로부터 얻으려고 한다는 거지요.

브리얼리의 견해로는 이런 것이 바로 프로이트가 관찰한 바, 여성이 부모에게 더 의존하고 사랑의 상실에 대한 두려움을 많이 가지고 있는 걸 설명해준다고 해요. 브리얼리의 결론은 조화로운 여성성을 지닌 성격이 형성되려면, 여러 가지의 욕동들 사이의 균형이 이루어지고, 이것이 유지될 수 있어야 한다는 데 있는 거지요.

에디스 제이콥슨도 역시 1930년대에 이 주제에 관해서 기여한 바 있었습니다.

그녀에 의하면, 여성에게 있어서 독립성과 초자아의 강도는 '생식기의 자존감genital self-esteem'과 연관이 있습니다. 여자아이가 자신이 남근이 없다는 걸 발견한 후에 자신의 생식기를 거부하는 경우를 두고 나중에 그 여성이 자신이 사랑하는 대상의 칭찬에 더 의존하는 경향이 있다고 했어요. 하지만 어린 여자아이가 자신도 남근과 마찬가지로 동등하고 가치 있는 생식기를 가지고 있다고 믿는 경우는 그녀의 초자아 형성이 훨씬 더 성공적인 경우라는 것이지요. 그 외에도 많은 여성 정신분석가들이 이 주제에 관해서 깊이 논의한 바 있었어요.

그 외의 영역에 관해 짧게 말씀드리자면, 라이히에게는 역전이와 나르시시즘에 관한 논문이, 샤프는 꿈의 해석에 관한 책이 유명하며, 제이콥슨의, 우울증에 관한 연구는 독보적입니다. 프리다 프롬 라이히만은 정신병과 정신분열증에 관한 치료에 있어서 학계에 기여한바 결코 적지 않았어요.

임상적인 영역의 기여도에 관해 말씀드리자면, 많은 여성 정신분석가들이 임상가로서 소질이 있었고, 또 이에 관한 인정을 받았습니다. 보통 성공적인 치료자의 특성으로 이야기되는 공감, 따뜻함, 직관은 일반적으로 '여성적'인 것으로 생각되는 특성입니다. 이로 인해 여성이 특히 치료자의 역할에 적합하다는 주장이 대두되기도 합니다. 물론 이런 생각이 위험할 수도 있습니다. 왜냐하면 치료자가 환자에게서 양성―남성적, 그리고 여성적―에 관한 투사를 다 받아들여야 하기 때문이죠.

이제 마지막으로 드릴 말씀이 있습니다.

우리나라 여성으로 처음으로 미국정신분석학회의 정회원이 되었던 김명희 선생님에 관한 소개를 짧게 드리겠습니다.

저와 김명희 선생님는 이른바 '의미 있는' 관계였습니다. 그도 그럴 것이, 저의 첫 번째 분석가가 바로 김명희 선생님이었기 때문입니다. 하지만 저는 분석 환자로서만 선생님을 만났었기 때문에, 김명희 선생님이 예측하지 않았던 자동차 사고로 휴가 중에 돌아가시기 전까지는 선생님에 대해서 개인적으로 아는 사실이 거의 없었어요. 이 자리에서 소개드리고자 하는 건 선생님 사후에 수행된 추모식에서 받은 선생님의 약력과, 일종의 회지라고 할 수 있는 『PANY Bulletin』에 소개된 것에서 하워드 슈워츠라는 분석가가 김명희 선생님을 추모하는 글에서 발췌하여 재구성한 이야기뿐입니다.

김명희 선생님은 1932년 11월 8일에 부산 근교의 시골에서 출생하였으며, 1남 4녀 중의 첫째이자 장녀로 태어났습니다. 아버지는 어릴 때 여의고, 별명이 호랑이인 어머니가 5남매를 키웠다고 합니다. 그녀는 1957년에 서울대 의대를 수석으로 졸업했는데 이 당시에 서울대 의대의 같은 학년에 여학생이라고는 김명희 선생님을 포함해서 단 두 명밖에 없었다고 합니다. 한국전쟁 중에 부산으로 온 서독의 의사였던 피터 라이만을, 선생님이 엑스턴extern으로 병원에 자원하면서 만나게 됨으로써 마침내 1959년에 미국으로 가서 생활하게 됩니다. 그녀는 '할리우드 식의 러브스토리'—하워드 슈워츠의 표현—를 완성함으로써 1962년에 결혼하기에 이릅니다. 미국으로 간 뒤에는 인턴을 뉴저지에서, 정신과 레지던트를 뉴욕에서 마치게 되면서 1965년에 뉴저지에 정착합니다. 이때까지 딸 두 명을 출산합니다. 뉴저지에서 계속해서 소아정신과 펠로우를 수행한 후에, 1972년부터 1996년까지 뉴저지의 스프링필드에서 정신과, 소아정신과, 정신분석을 두루 담당하는 소위 개업의로서 진료를 시작하게 됩니다. 1981년에는 10년간의 정신분석 수련 과정을, 뉴욕의 정신분석연구소IPE : Institute for Psychoanalytic Education에서 마치고 졸업한 이후에 정신분석가로 활동하게 됩니다. 그리고 뉴저지의 한 의대에서 강사로, 또한 로버트 우드 존슨 의대에서는 임상 조교수로 정신분석적인 치료를 학생들에게 가르쳤습니다. 그 분은 1996년 4월 18일 칠레에서 휴가를 보내던 중에 자동차 사고로 돌아가셨습니다. 돌아가실 당시에 큰 따님은 하버드대에서 국제정치학 박사과정에 있었고, 작은 따님은 피아니스트로 활동하고 있었습니다.

이상으로, 저의 발표를 마칠까 합니다.

제 보잘것없는 발표를 경청해 주셔서 무어라고 감사의 말씀을 드려야 할지 모르겠습니다. 감사합니다.

제7부 **분석가나 치료자가 되기 위한 훈련 과정**

1. 분석정신치료자가 되고 싶나요?
2. 지도감독(supervision)은 왜 필요하지요?
3. 이 일이 제 적성에 맞는 걸까요?

1. 분석정신치료자가 되고 싶나요?

배우기 방법에 대한 하나의 시선은 말콤 글래드웰의 저서 『아웃라이어』(2008)에서 살펴볼 수가 있습니다. 이를테면, 그가 주장한, '1만 시간의 법칙'을 통해서 말예요. 제가 앞에서 훈습에 관해 강의한 바 있었습니다. 여기에서 소개한 박문호의 '핵심 개념'을 먼저 숙달해야 한다는 것과 함께, 그 숙달에 필요한 시간이 최소한 '1만 시간'이 되어야 한다는 말콤 글래드웰의 견해가 우리에게 시사점을 던져주고 있지요.

저는 한창 말콤 글래드웰의 '1만 시간의 법칙'이 주목되고 있을 때, 그 방식을 정신분석 분야에 적용시킨다면, 과연 '1만 시간'이 어느 정도의 숙달이 이루어지는 시간일까 하는 의문에 싸여서 우리나라에서 그 책이 번역된 2009년 경에, 제가 본격적으로 미국에 가서 정신분석 공부를 시작한 1994년부터, 개업을 해서 하루 종일 정신치료와 정신분석 환자만을 보는 2009년 당시까지 제가 정신분석 수련에 쏟은 시간을 계산해 본적이 있었어요. 제 계산에는 단지 주 5회의 제 개인 정신분석—총 11년에 걸친, 제 첫 번째 분석가의 뜻하지 않은 죽음으로 인해서 두 번째 분석가와 두 번째 정신분석을 해야만 했던 총 두 번의 정신분석 시간을 포함해서—과, 개인 슈퍼비전 시간과, 제가 환자를 본 시간만을 계산해 보았는데 곧 알게 된 사실은 정신분석의 분야에서 '1만 시간'이란 것은 슬프게도, 그 책에서 이야기했듯이 다른 사람보다 뛰어난 능력을 발휘할 수 있는 숙련의 시간이 되기에는 턱없이 부족한 시간이로구나 하는 깨달음이었습니다.

제가 개인적으로 정신분석 책이나 논문을 읽고 공부하는 시간은 넣지 않았는데도 불구하고, 2009년 그 당시에 저는 이미 '1만 시간'보다 훨씬 많은 시간을 정신분석에 써 왔는데도 불구하고, 저는 뛰어난 정신분석가가 되기는커녕, 제가 수련을 받은 뉴욕 정신분석학계의 기준에 비추어 볼 때, 과연 평균 수준의 정신분석가가 되기는 한 걸까, 하는 의문을 가져보기도 했답니다.

이 사적인 얘깃거리를 장황하게 늘어놓는 이유에는 정신분석을 공부하고 수련하고 숙달한다는 것이 얼마나 지난한 과정인지 하는 걸 말하고자 하는 제 의도가 깔려 있습니다. 여러분을 좌절하게 하는 환경적인 요인을 하나 더 적시하자면, 우리나라의 실정에서 정신분석을 공부하는 일은 아직도 어려운 일입니다.

우리는 서구처럼 100여년이 넘는 정신분석 발달사를 가지고 있지 못합니다. 정신분석을 심도 있게 공부하거나 수련을 받기 위해서는 치료자가 자신의 개인 정신분석을 받는 일이 필수적인데 우리는 그럴 수 있는 환경이 아니었지요. 몇몇의 용기 있는 분들이 이미 오래 전에 외국에 나가서 그곳의 정신분석 연구소의 문을 두드렸지만, (특히 전통적인 정신분석 연구소에서는 그 문을 열어주지 않았습니다.) 아마도 언어 장벽을 비롯한 여러 가지의 장애 요인으로 인해서 소기의 목표를 달성하지 못했을 겁니다. 따라서 처음에는 아마도 누군가 정신분석에 관한 외국 서적을 구해 읽고 자기 나름대로 환자를 보면서 적용해 보는 단계가 있었을 것입니다. 이때는 남이 구하지 못한 책 한 권을 가지고 읽고 그걸 읽었다는 것만으로도 뿌듯했을 수도 있습니다.

그 다음 단계는 앞서 말씀드렸듯이 실제로 정신분석이 어떻게 행해지고 있는지를 배우고 싶어서 외국에 공부하러 갔지만, 아마 그 당시의 보수적이고 완강한 시스템의 장벽을 넘기란 힘이 들었겠지요. 각자 자신에게 기회가 닿은 곳에서 경험할 수 있는 만큼을 경험하고 돌아왔을 거란 생각이 듭니다.

또 그 다음 단계가 어찌어찌하여 여러 요인들이 맞아 떨어지고 환경의 변화가 일어나서 드디어 몇몇 사람이 그 어렵다는 프로이디안 정신분석 연구소에 들어가서 공부를 하게 되지요. 역시 언어와 문화의 장벽이 높음을 겪지만 그 이전 세대보다는 더 실감나게 정신분석이 어떤 것인지를 구체적으로 경험하고 돌아와서 여기에서 진료를 하면서 적용해 보게 되었지요. 저는 바로 지금 말한 이 세대에 속하는 셈입니다. 어쩌면, 뉴욕에 가서 프로이디안 정신분석 연구소에 들어가 수련을 받을 수 있게 된 행운이라고 할 수 있겠습니다. 최근에 와서는 언어 장벽도 그 이전 세대보다는 훨씬 덜 느끼는 젊은 세대가 외국에 가서 정신분석 수련을 받고 돌아오는 단계가 시작되고 있습니다.

과거에 길도 없을 때, 책에 의지해서 오솔길을 혼자 걸어가다 길을 잃기도 했을 우리 앞 세대의 선배들에 비하면, 지금의 우리는 아주 많이 발전된 환경적인 여건에 놓여있다고 생각합니다. 요즘은 게다가 인터넷 기술의 눈부신 발달로 인해 지리적으로 멀리 떨어져 있어도 정신분석의 생생한 현재의 발달을 실시간으로 접하면서 배울 수 있는 기회가 많이 생겼습니다. 제 생각에는 지금까지는 길가의 돌을 치우면서 길을 만들어 나아가고 이제는 적어도 자갈길로 울퉁불퉁하지만 길이 비교적 잘 만들어진 상태라고 생각합니다. 앞으로 우리나라에서 이 길에 아스팔트를 입혀서 비교적 편하게 나아가면서 지속적인 발전을 이룰 수 있을지의 여부는, 이제 초보 치료자로 입문하신 여러분 세대의 몫이라고 생각합니다.

자, 그럼 분석정신치료자가 되려면 어떻게 해야 되나요, 라는 질문을 가지고 구체적으로 생각해볼까요?

우선 서구에서 정신분석가가 되기 위한 수련 과정은 보통 세 가지로 구성되어 있습니다. 첫째가 분석가 자신이 일명 교육분석이라고 일컬어지는 정신분석을 자신이 환자가 되어서 받는 일과, 둘째로는 정신분석의 이론과 사례에 관한 토의를 하는 교육과정—4년 정도의 교육과정으로 주 1회나 주 2회로 직접 수련생들과 교육을 담당하는 분석가가 만나서 약 4시간 내지 5시간 정도의 시간을 가지고 미리 정해진 수업 코스에 따라서 수업이 행해지지요—을 거치고, 마지막인 셋째로는 수련생이 자신이 보는 분석 환자의 사례를 가지고 직접 개인 슈퍼바이저인 분석가를 만나서—보통 주1회 만나게 되지요—개인적인 지도감독을 받게 됩니다.

서구에서는 정신분석가가 되기 위한 수련에 비해서 분석정신치료자가 되기 위한 수련의 과정은 덜 엄격하기도 합니다. 이를테면 위의 세 가지 수련 코스 중에서 분석정신치료의 수련 과정에서는 치료자의 개인(교육)치료를 의무 사항이 아니라 선택 사항으로 삼기도 하니까요. 하지만 저는 분석정신치료자가 되려면 치료자가 자신의 개인정신치료를 받는 경험을 하는 것이 아주 중요하다고 생각합니다. 왜냐하면 분석정신치료에서도 치료의 가장 중요한 도구가 바로 치료자의 마음이기 때문입니다. 치료자가 자신의 마음이 어떻게 움직이고 있는지를 잘 알고 있어야, 환자의 내면을 그 만큼 깊게 이해하면서 다루어줄 수가 있습니다.

쉐이퍼(1983)는 '분석적인 태도'를 잘 배울 수 있는 순서를 정해서 설명한 바 있었습니다. 그럼, 그가 마련한 모형에 따라, 순차적으로 배워야 할 일들을 열거해 볼까요?

1. 분석가 자신이 개인 정신분석을 받는 일

2. 수련생이 자신의 사례를 지도감독(슈퍼비전) 받는 일

3. 사례 세미나에 참석해서 배우는 일.

4. 분석 과정의 이론 및 기법에 관한 강의를 듣거나 이를 가르치는 코스에서 배우는 일.

5. 혼자서 독자적으로 책을 읽는 일.

저는 분석정신치료자가 되기 위해서 익혀야할 분석적인 태도를 잘 배울 수 있는 순서도 이와 같다고 생각합니다. 하지만 대부분의 수련생들이 처음에 분석정신치료에 관해 관심을 가지게 되는 통로는 아마도 분석에 관한 책을 읽거나 혹은 분석치료에 관한 세미나나 사례 토의를 통해서라고 생각합니다. 분석에 관한 책을 읽거나 사례 토의를 통해서 이 분야에 관심을 가지게 되었다면, 분석정신치료에 관한 수련을 제공하는 프로그램을 찾아서 지원해서 수련을 받으면 비교적 수월하겠지만 우리나라에서는 사실 아직도 이러한 프로그램이 많지는 않지요.

우리나라의 현실에서는 아마도 수련생 각자가 접근이 가능한 치료 프로그램에서 수련을 받으면서 자신이 환자를 볼 때 분석정신치료의 치료 방식에 관해 흥미를 느끼게 된다면, 우선은 분석정신치료를 치료자 자신의 개인치료로 받아볼 수도 있겠지요. 이로 인해 개인적으로 치료 방식이 치료자에게 도움이 되는 경험이라면, 그 치료자는 환자를 볼 때 조금은 더 분석적인 관점으로 이해해 보려고 하겠지요. 그 다음에야 좀 더 적극적으로 우리나라에서 분석정신치료를 수련하는 프로그램을 찾아서 지원해볼 수도 있겠습니다. 혹은 치료자가 외국어에 숙달되어 있다면, 요즘처럼 진보된 인터넷의 환경 속에서, 외국의 프로그램에 들어가서 공부하는 길도 찾아볼 수가 있을 것입니다.

어느 길을 택하더라도 분석정신치료자가 되는 길은 시간이 꽤 많이

걸린다고 생각하시는 것이 좋습니다. 빨리 그럴듯한 치료자가 되고 싶다는 생각보다는 차근차근 임상 경험을 쌓아 나아가 치료자 자신의 내면에 대한 숙고가 깊어짐에 따라서 이루어지는 일이라고 받아들이는 것. 이러한 현실적인 목표를 가지는 수련생이 결국은 원하는 목표에 도달하리라고, 저는 생각합니다.

세상의 모든 일과 비슷하게, 어떤 일을 진지하고 심도 깊게 잘 하려면 시간이 많이 필요하지요. 분석정신치료자가 되는 일도 마찬가지입니다. 저의 솔직한 설명이 여러분의 의욕을 꺾지 않았으면, 하는 바람이 있습니다.

2. 지도감독*supervision*은 왜 필요하지요?

개인 정신치료에 있어서 지도감독에 관한 이야기는 여러 각도에서 논의를 개진할 수 있겠습니다만, 저는 우선 제가 슈퍼바이지, 즉 지도 받는 위치에 있었을 때의 경험을 주로 이야기하겠고, 그 다음에 정신분석에서 슈퍼비전이 역사적으로 어떻게 발전되어 왔는지에 관해 간략히 소개하겠습니다. 또한 슈퍼바이지(교육생, 수련생)가 슈퍼비전을 통해서 전문가로서 정체성을 발달시키는 과정을 살펴본 후, 슈퍼바이저의 입장에서 제가 미국에서 돌아온 뒤 약 20년간 경험해온 바를 말씀 드리면서 이를 이론적으로 정리하도록 하겠습니다.

우선, 슈퍼비전은 어떻게 해야 이상적인지를 살펴보지요.

슈퍼비전은 배움에 도움이 되는 안전한 분위기를 제공해야 하고, 수련생이 감정을 경험하고 견디는 일에 대해 지지하고 그 견딤의 가치를 인정하고 도와주어야 하며, 치료 상황에서 벌어지는 현상을 새로운 측면에서 깨달을 수 있도록 도와주어야 하지요. 또한 수련생의 나르시시즘적인 몰입을 적절한 방향으로 향할 수 있도록 도와주어야 합니다.

저의 개인적인 슈퍼비전의 경험은 세 시기로 구분이 됩니다.

첫째는 정신과 전공의 시절에 한국에서 수련 받으면서 여러 선생님들께 동료들과 그룹으로 모여서 같이 받는 개인정신치료에 관한 그룹 슈퍼비전의 경험입니다.

두 번째는 정신과 전문의가 된 뒤에 미국, 뉴욕에 가서 그곳의 정신분석 연구소IPE에서 정신분석 수련을 받으면서 개인으로 따로 받았던 슈퍼비전-정신분석 수련 과정의 커리큘럼에 따라서 수업에서 그룹으로 사례 토론 등을 한 경험은 제외하고 말씀드리겠습니다-입니다. 그리고 마지막으로는 미국에서 한국으로 돌아와서, 분석정신치료와 정신분석을 전문으로 하는 개업을 해서 환자를 보면서 뉴욕의 슈퍼바이저들과 전화를 주고받은 형식의 개인 슈퍼비전입니다.

제가 정신과 전공의로서 개인 정신치료의 지도감독을 받았던 처음의 경험 두 가지를 말씀드릴까 합니다.

제 첫 번째 정신치료 지도 경험은 부부이신 이동식, 김동순 두 선생님이 세브란스 정신과에 오셔서 매주 해 주시던 개인 정신치료에 관한 그룹 슈퍼비전을 통해서입니다. 당시 아마 2년차 초기였을 겁니다. 저는 영동세브란스(지금의 강남세브란스 병원) 병원에서 근무하다가 막 신촌 세브란스 병원으로 로테이션해서 들어오는 순서였습니다. 원래는 제 발표순서가 아니었으나, 제 동기가 전화를 해서 저보고 사례를 올릴 수 있겠냐고 의사를 타진해 왔습니다. 그렇지 않아도 영동세브란스 병원에서 처음으로 개인정신치료 환자를 보기 시작하면서 답답하고 힘들던 차라, 슈퍼비전을 받아봤으면 하던 저는 흔쾌한 마음으로 승낙했습니다. 이동식 선생님은 1년차 때 그룹 슈퍼비전을 참관하면서 뵈었고, 선생님의 은발 머리가 제 돌아가신 아버지를 떠올리게 함으로써 슈퍼비전 시간이 은근히 기대가 되기까지 했습니다.

그러나 제 첫 번째 사례를 올린 그 슈퍼비전 시간이 끝난 후, 전체 정신과 전공의들의 반응은 '민성혜가 형편없이 깨졌다.'라는 것이었습니다. 주관적으로 제가 느끼기에는 이동식 선생님은 제가 환자를 면담한 방식에 화가 나신 듯했고, 심지어는 한심해하시는 듯이 여겨졌으며—지금 생각해보면 그러실 만했다고 저도 이해가 갑니다—옆에 계시던 김동순 선생님이 분위기를 수습해 보시려고, 그래도 저를 지지해 주시려고 노력하시는 모습을 보였습니다.

 그로부터 몇 달이 흐른 후 한편으로 기다리고 기다리던 이재승 선생님으로부터 개인정신치료에 관한 그룹 슈퍼비전을 받을 수 있는 기회가 저에게 왔습니다. 저는 이때를 준비하기 위해서 개방 병동에 입원한 환자와 이미 매일 면담을 하고 있었어요. 이재승 선생님의 슈퍼비전 시간에는 처음으로 제 사례를 올렸는데, 이번에도 제 느낌으로는 이재승 선생님도 화가 나신 것 같았어요. 그런데 지난번과 다른 점이 있다면 이재승 선생님이 제게라기보다는 제 윗년 차 선생님들에게 화를 내시면서 아랫년 차인 저를 제대로 슈퍼비전을 해주고 있는지를 물으셨다는 사실입니다. 환자는 개방병동에서 가족들과 만나면서 계속 자극을 받고 있었고, 게다가 저와 매일 면담하면서 더욱 더 퇴행하면서 증상이 호전되기는커녕 더 심해지고 있는 상태였거든요.

 이 두 가지의 첫 슈퍼비전의 경험을 통해 볼 때 수련생이 겪는 기대와 실망, 혼란 및 다양한 감정 반응의 한 단면을 짐작하실 수가 있으리라 생각해요.

 미국의 정신분석 연구소에서 수련생을 선발할 때 두 가지 기준을 중요하게 고려한다고 합니다. 물음의 형태로 표현하자면 이렇습니다.

 첫째는 이 수련생이 치료될 수 있는 사람인가?

 둘째는 이 수련생을 교육시킬 수 있겠는가, 즉 교육이 가능한 사람인가?

그 외로는 수련생이 심리적인 소양을 가지고 있는지, 수련생이 가진 신경증이 너무 오래되고 깊거나 견고해서 완화의 가능성이 전혀 없는 건 아닌지. 수련생이 자신의 신경증을 유지하는 데 투자하고 있던 심리적인 에너지를 거둬들이고, 그 에너지를 새로운 개념을 받아들이고 숙달하는 데 사용할 수 있을까 등을 본다고 합니다. 이 모든 건, 결국 수련생이 자기 자신과 환자에게서 '무의식'의 존재를 인정하고 이에 관해 탐구할 진지한 의사가 있느냐 및 그럴 능력이 있는지와 연관된다고 보겠지요.

프로이트는 이 세상에서 잘 수행하기가 거의 불가능한 직업으로 세 가지를 들었습니다. 가르치는 일, 치유하는 일, 나라를 다스리는 일입니다. 그런데 정신분석 또는 분석정신치료의 교육에는 이 중에서 두 가지가 포함되어 있습니다. 즉, 가르치는 일과 치유하는 일입니다.

사람의 인격 형성에는 부모가 미치는 영향이 매우 크다는 사실은 여러분 모두가 인정하시리라 생각됩니다. 전공의나 수련생이 전문의로서 혹은 전문가로서의 인격 또는 정체성을 형성하는 데는 매일매일 수련 현장에서 전공의나 수련생을 지도하시는 선생님들이 부모와 같은 역할을 한다고 해도 지나치지 않습니다. 외부의 슈퍼바이저의 역할은 개인의 인격 형성에 학교 선생님이 미치는 영향 정도라고 생각합니다. 아무리 좋고 훌륭한 학교 선생님이 계시더라도 한 개인의 인격 형성에 부모가 미치는 영향력에 비하면 생각보다 크지 않을 듯싶습니다. 어떤 가정에서 자랐느냐의 결정체가 지금 우리 자신이듯이, 어떤 수련 환경에서 어떤 선생님의 영향을 받고 지냈느냐가 그 사람이 전문인으로서의 인격 및 정체성을 결정하는 데 상당히 중요하게 역할하리라 생각됩니다.

정신과 전문의가 되기 위한 수련 과정에는 여러 프로그램이 포함되어 있습니다. 그 중에서 분석개인정신치료나 역동개인정신치료를 왜 포함시켜야 하는지, 내지는 과연 이 과정을 전공의 수련 과정에 포함시켜야 할지에 관해서, 수련의 한 주체로서 수련을 담당하고 계신 지금 이 자리에 계신 선생님들 사이에서 의견의 일치가 이루어져야 한다고 생각합니다. 저는 정신과 의사이기 때문에 심리학 등의 연관된 다른 분야에 관해서는 과문한 탓에 잘 알고 있지 못합니다. 하지만 적어도 사람의 마음을 다루는 분야라면 마찬가지일 거라고 생각합니다. 왜냐하면 분석적인, 혹은 정신역동적인 개인정신치료를 시도한다는 것은 환자의 증상과 행동을 관리 내지 조절해주는 것 이상을 목표로 삼기 때문입니다.

그러기 위해서는 수련생이 환자의 경험을 포용하는 태도를 취해야 하며, 충분한 시간을 투자해야 가능한 작업이라는 것을 충분히 이해해야 합니다. 이 점을 배우는 과정이 우선적인 단계라고 할 수 있겠습니다.

그러면 이제 슈퍼비전의 역사를 살펴보겠습니다.

정신분석 발달의 초창기에는 비공식적인 형태의 가르침으로 이루어져 왔습니다. 1922년 베를린 회의에 이르러서야 비로소 기준이 생기게 됩니다. 지금의 관점에서 보면 상당히 미약한 기준이지만 말입니다. 이 당시의 기준은 최소 6개월간의 교육분석과 최소 2년의 임상 경험을 기준으로 삼았습니다. 현재의 서구의 정신분석 교육 과정을 생각하면 이 기준이 얼마나 미흡한지 알 수 있습니다.

제가 알기로는 적어도 전통정신분석을 수련하게 하는 정신분석 연구소는 수련생의 개인 정신분석을 주 4회 내지 주 5회로, 약 7년에서 8년 정도, 때로는 10년 넘게 받아도 별로 길게 받는다고 생각하지 않습니다. 다른 사람의 정신분석을 해주어야 할 자격을 갖추려면 정신분석가 자신의 정신분석은 더 길고 깊게 이루어져야 한다고 보기 때문이지요.

또한 슈퍼비전도 수년의 기간 동안 오래 받거니와, 모든 수련이 끝나도 분석가로 살아가는 한에 있어서는 서로 믿을 수 있는 동료 분석가 네다섯 명 정도가 일종의 모임을 만들어서 지속적으로 사례를 둘러싸고 허심탄회하게 이야기를 주고받을 수 있어야 합니다. 이는 분석가가 전문가로서의 수준을 유지해야 하기 때문입니다. 또한 나중에 말씀드리겠지만 분석가로 살아가면서 겪을 수 있는 일종의 직업병(?)이랄지, 아니면 위험을 같이 다루고 서로 지지하는 든든한 동료 집단을 가지려고 하는 거랄지, 하는 거지요.

슈퍼비전이 시작된 데는 한스 샥이 에팅곤에게 자신의 환자들이 분석 시간 중에 자신 스스로에 관해 이야기하기보다 자신이 보고 있는 환자에 관한 이야기를 너무 많이 한다고 불평한 것에 이유가 있었다고 합니다. 헝가리, 부다페스트의 페렌찌와 오토 랑크(1924)는 다른 교육 방법을 채택했는데 치료자 자신이 분석을 받는 과정에서 자신의 분석 환자를 보기 시작하면 자신이 분석을 받고 있는 분석가에게 그 사례를 가져가서 조언을 받는 방법이었어요. 이를 '헝가리언 방식'이라고 불렀습니다. 즉, 자기 분석가와 슈퍼바이저를 동일인으로 삼는 거지요.

하지만 1930년대 후반에 이르러 대부분의 정신분석 연구소에서는 이 방식을 거부했어요. 여러 가지의 부작용과 치료적인 경계 설정의 문제 등이 드러나서였겠지요. 이 문제는 나중에 슈퍼비전에서 치료자의 개인 문제를 다룰 것인지, 다룬다면 어디까지 다룰 것인지에 관해 논의가 필요할 때 재론하겠습니다.

플레밍과 베네데크(1966)는 배움에는 세 가지의 방식이 있다고 하였습니다.

처음 방식은 흉내를 냄으로써 배우는 방식입니다. 자신이 왜 그렇게 해야 하는지 하는 이유랄까 근거를 모르면서 그대로 따라하면서 무작정 배우는 일이지요. 두 번째 방식은 '교정적인 배움corrective learning'이라고 해서 환자를 이해하는 데 있어서 여러 가능한 방식을 치료자가 채택한 이론 및 기법과 연관하여 토의하면서 배우는 일입니다. 세 번째 방식은 지금까지 축적된 앎 외에 새로운 것을 임상 경험에 덧붙여서 치료하는 독창적인 방식을 만들어 내는 일입니다. 어쩌면 이들이 말한 세 가지 방식이란 결국 우리가 정신분석가나 정신치료자의 길에 들어서서 배움을 통해 발전하기 위해 거쳐야 하는 하나의 과정이라고 간주됩니다.

슈퍼비전의 방식에도 수련생의 개인 스타일을 최대한 잘 발전시켜주는 방식을 택할 수도 있으며, 이와 달리, 그레이(1993)의 주장처럼 수련생이 교육이 끝난 뒤에도 수 년 간에 걸쳐 수련생 자신의 스타일을 발전시킬 수 있다고 보기도 하구요. 교육을 받는 중에는 슈퍼바이저의 견해를 수련생에게 잘 가르치는 일이 슈퍼바이저로서의 의무라고 말하는 방식을 택할 수도 있겠지요.

제가 그동안 미국에서 정신분석을 공부한 후 돌아와서 근 20년 가까이 개인정신치료에 관한 슈퍼비전을 담당하면서 처음 부딪치는 어려움은, 수련생이 개인정신치료 상황에서 환자를 볼 때, 수련생 자신의 마음을 열어 두어서 마음의 여러 반응을 자신이 충분히 경험하되 그 경험을 반사적 반응으로 드러내지 않고 어떻게 조절하면서, 혹은 자제하면서 감당하느냐 하는 점을 가르치는 일에 다름이 아니었습니다.

특히 정신과 전공의의 경우에는 의대 교육 과정이나 인턴 과정을 거치면서 환자가 죽느냐 사느냐하는 등의 중요한 순간에 의사가 자신의 감정을 억압하고 필요한 처치에 집중할 수 있게 되도록 훈련하는 일이 필요하고도 권장되는 덕목인 환경에서 교육받아왔지요. 의사뿐 아니라 여타의 교육적, 직업적인 상황에서 의식적으로 감정을 억압하는 일은 종종 바람직하게 여겨지곤 합니다.

그러나 무조건 치료자의 감정을 억압하는 게 아니라 최대한 예민하게 환자에 의해 자극을 받고 활성화되는 치료자 자신의 내부 감정을 경험하되, 그 감정을 적절히 조절하고 제어해서 반사적인 방식으로 반응하지 않고, 환자의 치료에 도움이 되는 방식으로 이용하고 사용할 수 있는 능력을 키우는 일은 쉽게 획득될 수 있지 않습니다. 플레밍과 베네데크

(1966)는 분석가가 되기 위한 소양으로서 심리적인 예민성, 공감적인 이해 능력, 또 유려한 반응성을 들었습니다.

그럼, 이러한 치료자로서의 발달 단계를 개인의 발달 과정과 비교해서 여섯 단계로 구분한 의견을 소개해 볼까요? 1986년 프리드만과 카슬로는 슈퍼비전 과정에는 여섯 가지 단계가 있다고 했어요.

    1. 흥분과 예기불안을 느끼는 시기
    2. 의존 및 동일시 시기
    3. 적극성을 보이면서도 계속되는 의존성을 가지는 시기
    4. 활력이 넘치면서 스스로 책임을 떠맡을 수 있게 되는 시기
    5. 정체성이 확립되고 독립적으로 되는 시기
    6. 안정감을 가지고 서로 협력이 되는 시기

여기에서 4기에 이르러서야 수련생은 자신이 진짜 '치료자'라는 걸 인식하기 시작한다고 해요. 이 시기에 이르러서야 또한 수련생은 '정신치료가 정말 환자에게 도움이 되는구나.'라고 느끼게 된다고 하구요.

수련생 자신이 받은 개인정신치료의 경험, 그 동안 읽은 문헌들, 슈퍼비전에서의 토의 등이 비로소 합쳐져서 통합이 이루어지기 시작하는 거지요. 이 시기에서 수련생은 정신치료의 이론과 임상 사이의 관계를 실제로 알게 되고, 또한 어떤 한 이론에 더 동일시하게 되는 태도도 나타나게 되어요. 여러 가지의 다른 이론도 시도해 보려고 하겠지만, 아직은 전체적으로는 체계화시키지 못하는 시기입니다.

이 시기의 슈퍼비전에서는 주로 환자에게 초점을 두던 일에서 더 나아가서 치료자의 역전이에 관해 살펴볼 수 있기도 합니다. 이제는 수련생이 자신의 역전이를 살펴 볼 수 있을 만큼 안전하게 느끼기 때문이기도 해요. 이 시기 이전까지의 수련생은 주로 따뜻하고 공감을 잘해 주는

슈퍼바이저를 최고로 간주하고 선호했다면, 이제는 문헌에 더 정통하고 지적인 면을 보이면서 실제 임상에서도 다재다능하고 박학다식한 슈퍼바이저를 더 선호하기 시작하게 된다고 합니다.

초창기에는 좋은 슈퍼비전이 되기 위해선 슈퍼바이저의 지지적인 스타일이 필요충분조건이었다면, 이 시기부터는 이런 스타일은 필요조건은 되겠지만 충분조건이 되지 못하지요. 이때 수련생은 이제 무조건 슈퍼바이저의 말이 옳다고 생각하고 의존하던 태도에서 벗어나서 자신의 전문가로서의 정체성을 굳히기 시작합니다. 그 결과, 이전에 슈퍼바이저에게 고분고분하고 순응하던 태도를 보였다면, 이제는 슈퍼바이저를 진짜로 동일시하기 시작하고, 이 동일시가 내재화의 전조가 되는거지요. 또한 슈퍼바이저가 자신이 바라는 더 실험적인 방식을 동의해 주지 않는다고 느낀다면 슈퍼바이저를 무시하거나 싫어하기도 하지요. 이 시기에 슈퍼바이저가 너무 수련생을 과도하게 조정하려고 하면 수련생의 창의적인 기쁨을 빼앗는 일이 될 수도 있어요.

그 다음의 단계. 즉, 제5의 시기와 제6의 시기에 관해선 프리드만과 카슬로가 다음과 같이 보았네요.

수련생의 정체성과 독립성이 확립된 시기인 제5의 시기는 수년간 지속된다고 하고, 일종의 전문가로서의 청소년기와 비슷하다는 비유도 있어요. 일종의 반항기를 보내지만 수련생마다 그 반항의 정도는 다르겠지요. 이 시기의 수련생은 자신이 슈퍼바이저보다 더 나은 전문적인 영역과 개인적인 영역이 있음을 의식하게 됩니다. 예를 들면, '나는 슈퍼바이저보다 환자의 화를 더 잘 견딜 수 있구나.' 혹은 '환자의 속도가 느린 것을 슈퍼바이저보다 더 잘 견디는 구나.' 등등의 경우일 수가 있겠습니다. 우리가 청소년의 경우에서 보듯이, 완벽하지 않은 권위자의 측면을 겪는다면 수련생이 슈퍼바이저를 평가절하하는 것 같은 태도를 보일 수 있습니다. 이 시기에 있어서의 슈퍼바이저는 수련생의 자발적인 움직임을 지지해 주면서 동시에 언제든지 수련생이 도움을 요청하면 도움을 줄 수 있는 태도를 유지하는 게 바람직하겠지요.

이제 마지막 발달 단계인 제6의 단계를 살펴봅시다. 수련생이 전문가로서의 자신의 성장을 무사히 잘 이루어 왔다고 볼 수 있어서 드디어 자신에 관해 전문가로서의 안정감을 느끼고, 선배, 동료 치료자, 슈퍼바이저 등과 서로 협력하는 느낌을 갖게 됩니다. 이제는 수련생이 전문가로서의 정체성이 통합되고 안정되기 때문에, 초창기에 이른바 '대가'만을 인정했던 태도에서 바뀌어서 이제는 동료들의 경험과 정보도 소중하게 여기는 단계로 올라서는 거지요. 이 시기에 이르러서야 자신의 슈퍼바이저를 덜 이상화하고, 또한 덜 평가절하하게 됩니다. 왜냐하면 배움에 필연적으로 따르는 나르시시즘적인 취약성이 줄어들어서입니다. 슈퍼바이저와의 관계에서 자신이 배울 건 배우고 이용할 건 이용할 수 있게 되는 거지요. 역전이도 적극적으로 치료에 도움이 되는 방향으로 이용할 수 있게 된다고 합니다.

이상으로 말한 바, 배움에 필연적으로 따르는 나르시시즘적인 취약성은 바로 제가 수련생을 슈퍼비전해 주면서 다루기가 가장 어려운 점의 하나였습니다. 이 나르시시즘의 문제는 또한 슈퍼바이저도 피해갈 수 없는 문제의 하나입니다. 슈퍼바이저 입장에서 아주 많이 수련생에게 주고 싶은 것, 그로 인해 수련생을 압도하고 싶은 소망을 가질 수도 있습니다. 또한 수련생이 잘하고 있으면 슈퍼바이저의 자존감이 올라간다고 받아들이는 일도 그러하지요. 수련생 중에서는 마찬가지로 환자가 치료에서 도움을 받고 잘 되는 것에 목숨(?)을 걸 듯 하는 경우도 있습니다. 환자의 치료 결과를 자신의 자존감과 지나치게 연결한 경우에 그러할 수 있고 이는 수련생이 배우는 데 있어서 걸림돌이 되기도 합니다.

멜만(1974)이 말했듯이 정신치료자가 되기 위한 배움의 과정에서 퇴행, 무력감, 나르시시즘적인 불안정성을 겪게 되는 일은 자연스러운 일이고, 이 사실은 치료자의 자존심을 공격하게 되는 일입니다. 치료자가 기억하면 도움이 되는 것은 정신치료의 결과는 뚜렷하게 측정하기 어려울 뿐 아니라, 늦게 나타나며, 게다가 그 결과는 치료자에 의해서만이 아니라 자주 환자에 의해 결정된다는 사실일 것입니다.

초보 정신치료자가 겪는 어려움 중의 하나는 환자의 감정, 고통, 원초적 병리에 일시적이긴 해도, 치료에 필수적인 동일시를 추구하다보면 치료자 자신의 정신 건강의 안정성이 흔들리는 걸 경험하는 일입니다. 그 결과, 치료자의 자존심을 유지하기가 어려워지구요. 따라서 슈퍼바이저는 이를 고려해서 수련생을 도와주어야 하겠지요.

슈퍼비전이 교육적 맥락에서 중요한 점의 하나는 수련생의 경험이 정상적이라는 걸 알려주는 일입니다. 하지만 이런 지지적인 태도가 너무 과도하면, 피상적이고 미숙하게 만족감을 안겨다 주게 되어서 수련생이 자신의 반응과 역전이를 탐구하는 걸 방해할 수도 있습니다. 세상사가 대부분 그렇겠지만, 역시 중요한 건 어떻게 균형을 취하느냐 하는 문제이겠지요.

균형을 말할 때 또 하나 빼놓을 수 없는 문제가 있습니다. 슈퍼비전에서 수련생의 자기 노출을 어느 정도 허용 할지에 관한 문제입니다. 슈퍼바이저와 수련생 사이에 있어서 교육적으로 유용하고 개인적으로 안전한 지점을 찾아서 균형을 이루는 일은 중요합니다. 왜냐하면 정신치료에서 환자와 치료자의 관계와 마찬가지로, 슈퍼바이저와 수련생의 관계도 결코 평등할 수가 없기 때문이지요.

한 사람이 다른 사람에게 도움을 구하러 가는 일에선 결코 평등한 관계가 만들어지기가 어렵습니다. 이 문제에 대한 타라쵸의 입장은 다음과 같습니다. 그는 슈퍼바이저는 수련생을 마치 정신치료 내에서 환자를 보듯이 하는 태도를 보임으로써 수련생을 아이처럼 만들지 않는 범위 내에서, 선생의 권위적인 위치를 유지하는 게 좋다고 했습니다. 즉,

슈퍼바이저가 마치 수련생의 정신치료자가 된 듯이 행동하지 말라는 얘기입니다. 요컨대, 그는 먼저 환자 쪽의 측면을 다루고, 마지막으로는 수련생의 문제 부분의 측면을 다루라고 권유합니다.

수련생은 자신이 유능한 치료자로서 성장하기 위해서는 사뭇 느리면서, 한없이 고통스러울 정도로 지루한 과정을 건너뛸 수 없다는 뼈아픈 인식에 마침내 도달하게 될 것입니다. 우리가 쉽게 배우고 익혀서 잘 할 수 있는 일은 사실 많지 않습니다. 수련생이 자신의 기대에 자신이 미치지 않는다는 그러한 실망감을 얼마나 견디고, 치료자로서의 융통성을 가질 수 있느냐에 따라서, 수련생이 좋은 치료자의 길로 매진할 수 있겠지요. 이 험난한 길 위에서, 수련생에게 정신치료에 있어서 환자에게 하듯이 수련생의 다양한 정동 반응에 관해서 그 역사적 뿌리와 전이적 파생물을 탐구하기보다는 수련생 자신이 자신의 독특한 정동 신호를 구분하게 하면서 그 정동이 어디에서 나오는지 호기심을 키울 수 있도록 도와주는 일이 바로 슈퍼바이저의 임무가 될 것입니다.

그러나 여기에서도 우리나라의 현실과 견주어보면, 몇 가지 생각해 볼 일이 있습니다. 서구에서는 전문적인 정신치료자가 된다고 하는 것은 이미 수련생이 자신의 개인정신치료나 정신분석을 받아야만 한다는 걸 의미한다는 일이라고 거의 암묵적으로 동의하고 있지요.

하지만 제 생각으로는 우리나라에서는 아직 정신치료자로서의 수련을 받더라도 수련생 개인의 치료가 필수적으로 수반되지 않은 경우가 적잖이 있기 때문에, 이런 때 슈퍼비전의 과정에서 종종 마주하는 수련생 개인의 문제를 어디까지 건드려야 할지, 아니면 그냥 내버려두어야 할지에 관해서는 슈퍼바이저의 고민이 한층 깊어만 갑니다.

3. 이 일이 제 적성에 맞는 걸까요?

이 직종이 자신의 적성에 맞을지를 고민하는 수련생을 위해서 먼저 정신치료자 혹은 정신분석가가 된다는 건 어떤 일일까를 생각해 보려고 합니다.

제가 정신과 의사가 되기로 결정했을 때, 마음속 깊이 간직한 사실상의 로망은 정신분석가가 되는 일이었습니다. 하지만 어떻게 해야 정신분석가가 되는지에 관한 현실적인 방법은 전혀 알지 못했고, 막연히 정신과 의사가 되면 정신분석가가 되는 길을 알 수 있을 것이라고도 생각했습니다. 걸어가는 길이라도 알게 되지 않을까 해서요. 그 당시는 물론 실제 정신치료자 내지 정신분석가로 살아가는 일이 어떤 것인지에 대해서는 별로 생각하지 못했어요.

정신과 전공의로 수련을 받으면서 주변에서 우리나라에서 정신치료나 분석을 업으로 삼는 일의 고단함에 관한 얘기를 반복적으로 들을 수가 있었습니다. 그래도 정신분석가에 대한 꿈과 로망은 줄어들지 않았습니다. 이것들이 제가 정신과 전문의가 된지 6년째 되던 해에 정신분석을 공부하겠다고 뉴욕으로 무작정 떠나는 원동력이 되기도 했습니다. 1994년의 일입니다.

뉴욕에서 정신분석 수련을 받으며 수십 년 간 정신분석가로 살아온 분들의 이야기를 들을 수 있는 기회가 여러 번 있었는데 모두 공통적인 소감을 말하곤 하였습니다. 요약하여 들려드리자면, '정신분석가로서 일생을 살 수 있었던 것에 대단히 만족한다, 단 이 직업으로 돈을 많이 벌지는 못한다.'라는 것이었습니다.

미국에서 돌아온 1998년부터 2018년 현재까지 20여 년간에 걸쳐 정신치료 및 정신분석을 전문으로 하는 일을 하고 있는데, 처음에 힘들었던 일 중의 하나는 하루의 긴 시간을 면담실 안에서 지내야하는 일이었습니다. 초기의 10여 년은 하루 평균 10시간 정도를 꼬박 면담실 내에서 지냈거든요. 두 번째로 힘든 일은 그 10시간 동안을 45분씩인 면담 시간 사이의 쉬는 시간인 5분 내지 10분을 제외하고는 모두 의자에 꼼짝하지 않고 앉아 있어야 하는 일이었습니다. 의자에 오랜 시간을 일정한 자세로 앉아 있기 위해서는 정신 건강 못지않게 신체 건강이 매우 중요하다는 것이 제 생각입니다.

여러분 가운데 혹시 정신치료나 정신분석을 우아하게 일하는 직종이라고 착각해서 이 분야의 치료자가 되고 싶어 하는 분이 있다면, 다시 한 번 생각해 보는 게 좋을 수도 있겠습니다. 저는 오히려 중노동에 가깝다고 생각합니다. 정신적인 중노동일 뿐 아니라 신체적으로도 중노동이라고 봅니다.

정신적으로 중노동이라는 점은 아마도 쉽게 수긍하실 것입니다. 왜냐하면 대부분의 환자는 남에게 하기 어려웠던 이야기를 치료자와 나누게 되지요. 그러는 도중에 환자는 말 자체만 하는 게 아니라 말을 하면서 그와 동반된 정서를 경험하게 됩니다. 환자가 경험하는 정서란 치료자에게도 영향을 미치게 되고, 이를 어떻게 잘 감당하고 소화해서 치료에 도움이 되게 해야 할 것인가가 치료에서 중요한 일이 됩니다. 환자와의 정서적인 반응 및 교감을 하루 종일 겪는 일은 치료자에게도 상당한 부담이 될 수 있습니다. 일에서 경험한 정서 반응에서 빠져나와서 본래의 자신의 위치로 돌아오기 위해선 치료자가 유지하고 있어야 할 정신적인 건강의 힘이 매우 중요합니다.

치료자는 분석정신치료자로 일하는 경우에 환자와의 관계에서 가능한 한 중립적인 태도를 유지하려고 노력하면서 분석적인 태도를 취하게 되는데요. 다시 말하면 일반의 사회적인 인간관계에서 우리가 사람들과 주고받는 자연스런 반응을 드러내지 않으려는 태도를 유지하는 것과 비슷합니다. 물론 치료적인 목적을 위해서 그렇게 하지만, 사실 이건 한편으로는 치료자에게는 그만큼 부담을 주는 일이기도 하지요. 즉, 자연스런 반응을 억제해야 하기 때문이지요. 이런 이유로 치료자가 대인관계를 포함한 자신의 개인생활에서 만족을 느끼며 사는 일이 중요합니다.

분석정신치료는 시간이 오래 걸리는 작업이고 모호한 상태를 견디면서 우리 마음을 깊게 들어가는 작업이기 때문에, 치료자로서는 모호성을 잘 견뎌내고 시간이 길게 걸리는 만큼 이에 상응하는 인내심을 가지고 기다릴 줄 아는 능력을 키워야 합니다. 항상 모든 일이 명쾌하게 맞아떨어져야 하거나 즉각적인 결과를 선호하는 성향을 가지거나 하는 치료자의 경우는 분석정신치료의 이러한 과정이 갑갑하고 견디기가 힘들다고 느껴질 수 있겠지요.

앞에서도 언급한 바가 있었지만, 분석가나 분석정신치료자가 되기 위한 훈련 기간에 슈퍼비전을 받는 것의 중요성을 빼놓을 수가 없지요.

저는 공식적인 수련 기간이 끝난 이후에도 뉴욕의 분석가들이 삼삼오오 자신들과 마음이 맞는 동료들과 소그룹을 이루고 지속적으로 만나면서 자신들의 사례에 관해 허심탄회한 의견을 교환하는 걸 보았습니다.

저의 경우도 미국에 실제로 체류한 기간은 4년 남짓한 기간이지만 한국에 돌아와서도 저의 개인분석을 전화로 지속하면서 일 년에 한두 차례씩 뉴욕에 가서 분석가를 만나곤 하는 일을, 제 개인분석이 종결될 때까지 지속했습니다. 슈퍼비전의 경우도 한국에 돌아와서 전화로 뉴욕의 슈퍼바이져와 주 1회로 지속했지요.

그런데 저의 경우는 여기서 동료들과 소그룹을 이루어 저의 사례를 토의하기는 어려웠습니다. 바로 환자의 비밀보장을 위해서이지요. 제가 보는 환자군의 속성상 여기서 그런 모임을 가지기는 어렵다고 판단해서, 제가 취한 방법은 뉴욕의 슈퍼바이저와 지속적으로 제 사례에 관해 토의하는 일이었습니다. 지금도 저는 주 1회에 제 슈퍼바이저와 전화로 사례를 토의하고 있지요.

분석가로 사는 일의 지난한 과정을, 제가 1994년에 정신분석 수련을 시작하면서 정신분석학계에 발을 담갔을 때 알았을까요? 천만에요! 돌이켜 보면, 이런 어려움에도 불구하고 포기하지 않고 지속할 수 있었던 원동력의 하나는, 바로 정신분석의 수련 과정을 통해서 제가 계속할 힘을 얻었던 게 아닌가 싶네요.

　　어쩌면, 치료자로서 분석정신치료를 수행하는 일의 속성과 어려움을 기꺼이 감수하려면, 무엇보다도 한 인간을 내적으로 돕는 일에 대한 동기와 관심을 가지고 있어야 하겠지요. 자신이 이 일에 적성이 맞는가 하는 문제를 지금 고민한다면, 각자가 그 점을 생각해 보시면 도움이 될 것 같습니다.

　　여러분은 지금 어떠신가요?

　　여기까지의 제 얘기가 여러분에게 하나의 자극이 되어서 분석정신치료라는 매력적인 분야에 도전해 볼 의욕이 생기셨나요? 이렇게 되기를 바랍니다. 여러분의 건투를 빕니다. 감사합니다.

더 읽을거리

- 윌리암 N 골드스타인 지음, 박용천, 박성호 옮김, 『정신치료 시작을 위한 입문서』, 중앙문화사, 2009.
- Anthony Bateman and Jeremy Holmes, *Introduction to Psychoanalysis: Contemporary Theory and Practice*, Routledge, 1995.
- Seth Eichler, *Begginings in Psychotherapy: A Guidebook for New Therapists*, Karnac, 2010.
- Glen O. Gabbard, *Long-Term Psychodynamic Psychotherapy: A Basic Text*, American Psychiatric Publishing, Inc., 2004.
- Joel Kotin, *Getting Started: An Introduction to Dynamic Psychotherapy*, Jason Aronson Inc., 1995.